100 Begriffe aus dem Staatskirchenrecht

100 Begriffe
aus dem Staatskirchenrecht

Herausgegeben von

Hans Michael Heinig
und Hendrik Munsonius

2., überarbeitete und
ergänzte Auflage

Mohr Siebeck

ISBN 978-3-16-153501-7

Die Deutsche Nationalbibliothek verzeichnet diese Publikation in der Deutschen Nationalbibliographie; detaillierte bibliographische Daten sind im Internet über *http://dnb.dnb.de* abrufbar.

© 2015 Mohr Siebeck Tübingen. www.mohr.de

Das Buch wurde von Gulde-Druck in Tübingen gesetzt und auf alterungsbeständiges Werkdruckpapier gedruckt und von der Buchbinderei Nädele in Nehren gebunden.

Vorwort

»Nun sag, wie hast du's mit der Religion?« Dieser Frage
sieht sich auch der Staat ausgesetzt, der zur Kenntnis nehmen muss, dass Menschen sich zu einer Religion beken-
nen oder nichts davon wissen wollen. Beide Haltungen
sollen in einer freiheitlichen Ordnung zu ihrem Recht
kommen. Aufgrund ihrer Geschichte haben die verschiedenen Staaten ganz unterschiedliche Arrangements für
ihr Verhältnis zu den Religionen und Religionsgemeinschaften entwickelt. Im deutschen Verfassungsrecht gehen die Regelungen über die Religionsfreiheit und Religionsgemeinschaften zurück auf die Weimarer Reichsverfassung von 1919. Weil die beiden großen christlichen
Kirchen lange Zeit auf dem religiösen Feld dominierten
und immer noch die weitaus mitgliederstärksten Akteure
sind, scheint das Staatskirchenrecht besonders auf sie zugeschnitten. Dabei ist es erklärtermaßen offen für die ver-
schiedensten Religionen und Weltanschauungen. Doch
erst unter den gegenwärtigen Bedingungen einer ver-
schärften religiös-weltanschaulichen Pluralität testet die
gesellschaftliche Wirklichkeit die Klugheit des 1919 gefundenen und durch das Grundgesetz 1949 bestätigten
Verfassungskompromisses.
 In den letzten Jahren wuchs die Aufmerksamkeit für
Fragen religionsrechtlicher Ordnung. Vor diesem Hintergrund will dieser Band (auch) diejenigen erreichen, die
sich für Religionspolitik und Religionsrecht interessieren,

ohne staatskirchenrechtliche Experten zu sein. Die »100 Begriffe« sollen durch überschaubare Information und weiterführende Hinweise helfen, das geltende Staatskirchenrecht besser zu verstehen und mit Niveau zu diskutieren. Die erfreuliche Nachfrage hat zwei Jahre nach dem Ersterscheinen eine 2. Auflage erforderlich gemacht. Dazu wurden alle Artikel durchgesehen, einige neu verfasst und die Begriffe »Bahai« und »religiöses Existenzminimum« aufgenommen.

Wir danken den Autoren, die sich darauf eingelassen haben, die Begriffe in, so hoffen wir, verständlicher Sprache und mit begrenztem Umfang darzustellen. Wer die Artikel näher studiert, wird, bei aller Übereinstimmung im Grundsätzlichen, Unterschiede bei Akzentsetzung und Bewertung im Detail feststellen. Dies ist nicht Ausdruck einer Verlegenheit, sondern zeigt die Lebendigkeit eines Rechtsgebietes, das alle angeht und viele bewegt.

Hans Michael Heinig
Hendrik Munsonius

Inhaltsverzeichnis

Begriffsverzeichnis

Begriffsverzeichnis

Begriffsverzeichnis

Abkürzungsverzeichnis

ABl.	Amtsblatt
Abs.	Absatz
ASchO.NRW	Allgemeine Schulordnung des Landes Nordrhein-Westfalen
AEMR	Allgemeine Erklärung der Menschenrechte durch die Generalversammlung der Vereinten Nationen von 1948
AEUV	Vertrag über die Arbeitsweise der Europäischen Union
AfrChMVR	Afrikanische Charta der Rechte der Menschen und Völker
AMRK	Amerikanische Menschenrechtskonvention
AO	Abgabenordnung
AöR	Archiv für Öffentliches Recht
Art.	Artikel
AWO	Arbeiterwohlfahrt
BAGFW	Bundesarbeitsgemeinschaft der freien Wohlfahrtspflege
BayVerfGHE	Entscheidungen des Bayrischen Verfassungsgerichtshofes
BayVBl.	Bayrische Verwaltungsblätter
BbgSchulG	Brandenburgisches Schulgesetz
Bd.	Band / Bände
BDG	Bundesdisziplinargesetz
BDSG	Bundesdatenschutzgesetz
BestG.NRW	Bestattungsgesetz Nordrhein-Westfalen
BFHE	Sammlung der Entscheidungen des Bundesfinanzhofs

Abkürzungsverzeichnis

EG	Europäische Gemeinschaft
EGMR	Europäischer Gerichtshof für Menschenrechte
EGV	Vertrag zur Gründung der Europäischen Gemeinschaft
EMRK	Europäische Menschenrechtskonvention
EKD	Evangelische Kirche in Deutschland
etc.	et cetera (und so weiter)
EU	Europäische Union
EUV	Vertrag über die Europäische Union
ev.	evangelisch
Ev.Theol.	Evangelische Theologie
EvStL	Evangelisches Staatslexikon, Neuausgabe, 2006
ex.	ehemaliger
f.	folgende (Seite)
ff.	folgende (Seiten)
FS	Festschrift
GG	Grundgesetz
ggf.	gegebenenfalls
GMBl.	Gemeinsames Ministerialblatt
GRC	Charta der Grundrechte der Europäischen Union
GUS	Gemeinschaft unabhängiger Staaten
HdbStKirchR	Handbuch des Staatskirchenrechts der Bundesrepublik Deutschland, 2 Bd.
Hess.	Hessen
Hg.	Herausgeber
HG NRW	Hoschulgesetz Nordrhein-Westfalen
Hl.	Heilig
HGrG	Haushaltsgrundsätzegesetz
HRG	Hochschulrahmengesetz
i. d. R.	in der Regel

Abkürzungsverzeichnis

Abkürzungsverzeichnis

StPO	Strafprozessordnung
str.	strittig
StVollzG	Strafvollzugsgesetz
TA Lärm	Technische Anleitung (des Bundesumwelt-amtes) zum Schutz gegen Lärm
TierSchG	Tierschutzgesetz
u.a.	unter anderem / und andere
u.a.m.	und anderes mehr
UEK	Union Evangelischer Kirchen
u.U.	unter Umständen
VDD	Verband der Diözesen Deutschlands
VELKD	Vereinigte Evangelisch-Lutherische Kirche Deutschlands
VerwArchiv	Verwaltungsarchiv
vgl.	vergleiche
VVDStRL	Veröffentlichungen der Vereinigungen deutscher Staatsrechtslehrer
WRV	Weimarer Reichsverfassung
ZAR	Zeitschrift für Ausländerrecht und Ausländerpolitik
ZDF	Zweites deutsches Fernsehen
ZDG	Zivildienstgesetz
ZevKR	Zeitschrift für evangelisches Kirchenrecht
z.B.	zum Beispiel
ZRG Kan.Abt.	Zeitschrift der Savigny-Stiftung für Rechtsgeschichte. Kanonistische Abteilung
z.T.	zum Teil
ZWST	Zentralwohlfahrtsstelle der Juden in Deutschland

Literatur, Nachschlagewerke

von Campenhausen, Axel / de Wall, Heinrich: Staatskirchen-recht, 4. Auflage, 2006

Classen, Claus Dieter: Religionsrecht, 2006

Czermak, Gerhard: Religions- und Weltanschauungsrecht, 2008

Heinig, Hans Michael / Walter, Christian (Hg.): Staatskirchen-recht oder Religionsverfassungsrecht? Ein begriffspolitischer Grundsatzstreit, 2007

Jeand'Heur, Bernd / Korioth, Stefan: Grundzüge des Staatskir-chenrechts, 2000

Link, Christoph: Kirchliche Rechtsgeschichte, 2. Auflage, 2010

Unruh, Peter: Religionsverfassungsrecht, 2. Auflage, 2012

de Wall, Heinrich / Muckel, Stefan: Kirchenrecht, 4. Auflage, 2014

Walter, Christian: Religionsverfassungsrecht, 2006

Winter, Jörg: Staatskirchenrecht der Bundesrepublik Deutsch-land, 2. Auflage, 2008

Betz u. a. (Hg.): Religion in Geschichte und Gegenwart, 8 Bd., 4. Auflage, 1998–2005 [RGG]

von Campenhausen, Axel / Riedel-Spangenberger, Ilona / Se-bott, Reinhold (Hg.): Lexikon für Kirchen- und Staatskir-chenrecht, 3. Bd., 2000–2004 [LKStKR]

Heun, Werner u. a. (Hg.): Evangelisches Staatslexikon, Neuaus-gabe, 2006 [EvStL]

Listl, Joseph / Pirson, Dietrich (Hg.): Handbuch des Staatskir-chenrechts der Bundesrepublik Deutschland, 2 Bd., 2. Aufla-ge, 1994/95 [HdbStKirchR]

Im Internet: www.staatskirchenrecht.de

Ämterfreiheit

I. Dass die freie Verleihung kirchlicher Ämter zum Kernbereich der → Religionsfreiheit gehört, versteht sich eigentlich von selbst. Und doch kennt das Grundgesetz eine ausdrückliche Garantie dieser Freiheit in Art. 140 GG i. V. m. Art. 137 Abs. 3 S. 2 WRV. Dort heißt es: Jede Religionsgesellschaft »verleiht ihre Ämter ohne Mitwirkung des Staates oder der bürgerlichen Gemeinde«.

II. Die Norm verdankt sich vor allem der verfassungsrechtlichen Vorgeschichte. Sie ist Ausdruck des seit 1919 geltenden Trennungsprinzips (vgl. Art. 137 Abs. 1 WRV: »Es besteht keine Staatskirche«; → Trennung von Staat und Kirche) und rekurriert auf eine lange Tradition des Ringens zwischen den politischen Mächten und kirchlichen Kräften um die Vorherrschaft bei der Besetzung leitender kirchlicher Ämter. In der evangelischen Kirche sicherte bis 1919 naturgemäß das landesherrliche Kirchenregiment (→ Landeskirchen) dem Souverän maßgeblichen Einfluss auf die innerkirchliche Personalpolitik. Doch auch die katholische Kirche sah sich massiver Einflussnahme ausgesetzt. Bereits seit dem Investiturstreit wählten Domkapitel in den Reichsbistümern die Bischöfe, ansonsten lag das Nominationsrecht in der Regel beim Monarchen. Erst im 19. Jahrhundert konnte der Papst effektiv in größeren Teilen der Weltkirche eine Ernennung ohne staatliche Mitwirkung durchsetzen.

III. Vor diesen Hintergrund war es konsequent, dass die Weimarer Nationalversammlung 1919 im Zusammenhang mit der Abschaffung aller staatskirchlichen Elemente auch die Freiheit der kirchlichen Ämtervergabe herausstrich. Diese Garantie ist eine besondere Ausprägung der generellen Garantie freier Ordnung und Verwaltung der eigenen Angelegenheiten einer Religionsgesell-

schaft nach Art. 137 Abs. 3 S. 1 WRV (→ Selbstbestimmungsrecht). Die Ämterfreiheit ist im Lichte dieser
Bestimmung auszulegen. Das hat Konsequenzen für den
Schutzgehalt: Was ein kirchliches Amt ist, bestimmt sich
nach religiösem Selbstverständnis. Es umfasst das Haupt-
wie Ehrenamt, Ämter von Ordinierten ebenso wie von
Nichtordinierten, von Geweihten ebenso wie von Laien.
In der Sache schützt die Norm die Freiheit in der Entscheidung über die Besetzung von Ämtern als solche, aber
auch über ihre Errichtung und Ausgestaltung, über erforderliche Qualifikationen sowie über das Verfahren der
Auswahl und Ernennung. Aus Gründen der von Art. 137
Abs. 3 S. 1 WRV ihrerseits geschützten Organisationsfrei-
heit nehmen den Religionsgesellschaften zugeordnete
Einrichtungen (etwa diakonische Werke und Verbände)
an der Ämterfreiheit teil. Andererseits unterliegt sie als
Ausprägung der Garantie einer freien Ordnung und Verwaltung der eigenen Angelegenheiten auch der für diese
maßgeblichen Schranke des für alle geltenden Gesetzes.

Sogenannte konfessionelle Staatsämter (z. B. Professuren für Theologie) fallen nicht unter Art. 137 Abs. 3 S. 2
WRV (→ Theologische Fakultäten / Lehrstühle). Die
kirchliche Mitwirkung bei der Besetzung solcher Ämter
folgt aus der allgemeinen Kirchenautonomie.

IV. In Rechtsprechung und wissenschaftlichem Schrifttum spielt die Sonderbestimmung zur Ämterfreiheit keine
besondere Rolle.

1. Von gewisser Bedeutung ist sie für die Frage der Jus-
tiziabilität innerkirchlicher Rechtsakte, soweit dienstrechtliche Fragen berührt sind. Nach der lange Zeit vorherrschenden Rechtsprechung sind staatliche Gerichte
wegen der Ämterautonomie in sog. Statusfragen (der Begründung und Beendigung von öffentlich-rechtlichen

Dienstverhältnissen von Pfarrern und Kirchenbeamten) unzuständig. Nach anderer Ansicht schließt die Ämterautonomie staatlichen Rechtsschutz nicht *per se* aus, sondern sei nur beim Prüfungsmaßstab des Gerichts zu berücksichtigen (→ Gerichtlicher Rechtsschutz, → Grundrechte).

2. Daneben taucht in der Praxis vor allem die Frage auf, inwieweit Religionsgesellschaften durch Staatskirchenvertrag (→ Verträge) auf das Freiheitsrecht des Art. 137 Abs. 3 S. 2 WRV verzichten können. Drei Konstellationen spielen hierbei eine Rolle: Zum einen hat sich die römisch-katholische Kirche durch Konkordate für die Mehrzahl der Bistümer in Deutschland zum Kapitelswahlrecht verpflichtet. Demnach wird der Ortsbischof nicht durch den Papst nominiert, sondern durch Domkapitulare aus einer vom Vatikan vorgelegten Dreierliste gewählt. Zum anderen kennen zahlreiche Konkordate und Staatskirchenverträge sog. »politische Klauseln« (→ Ernennung von Geistlichen). Mit diesen verpflichten sich die Kirchen, der Landesregierung Gelegenheit zu geben, politische Bedenken gegen die Berufung einer bestimmten Person in ein geistliches Amt geltend zu machen. Die Freiheit der kirchlichen Ämterbesetzung wird schließlich auch durch Vereinbarungen zu Qualifikationsanforderungen von Geistlichen beeinträchtigt. In zahlreichen Staatskirchenverträgen verpflichten sich die beiden Kirchen, Theologen nur dann ein geistliches Amt zu übertragen, wenn diese ein mindestens dreijähriges theologisches Studium an einer staatlichen Hochschule in Deutschland absolviert haben (sog. *Triennium*). In all diesen Konstellationen ist von Verfassung wegen eine restriktive Handhabung angezeigt. Durchgreifende Vetorechte des Staates werden mit diesen Regelungen nicht begründet. Denn

auch durch Staatskirchenvertrag dürfen das Trennungsprinzip, die religiös-weltanschauliche → Neutralität und
die → Religionsfreiheit als objektiv-rechtliche Grundsätze des Religionsverfassungsrechts nicht verletzt werden.

Literatur: *Solte, Ernst Lüder*: Die Ämterhoheit der Kirchen, in:
HdbStKirchR I, S. 561–572.

Hans Michael Heinig

Amtshaftung

Die Amtshaftung dient der Wiedergutmachung rechtswidriger Grundrechtseingriffe. Aus historischen Gründen ist sie bis heute als mittelbare Staatshaftung konzi-
piert. Die Haftung für Amtspflichtverletzungen trifft
zunächst den Beamten oder sonstigen öffentlichen Bediensteten, wird dann aber auf den Staat übergeleitet und
von diesem übernommen.

Die persönliche Haftung des Beamten wurde im 19.
Jahrhundert mit der schon damals umstrittenen Mandats-
theorie begründet, die dem Staat rechtswidrig-mandatsü-
berschreitendes Handeln seiner Beamten nicht zurechnen
wollte: »*Si excessit, privatus est*«. Dass auch der Gesetzgeber des Bürgerlichen Gesetzbuchs nur die persönliche
Haftung Beamter für Amtspflichtverletzungen und keine
allgemeine reichsrechtliche Staatshaftung regelte, hatte
eher kompetenzielle Gründe. Die meisten Einzelstaaten
und das Reich trafen ergänzende Regelungen, welche die
auf § 839 BGB beruhenden Forderungen gegen ihre jeweiligen Beamten auf den Staat überleiteten. Art. 131 WRV
schrieb die Haftungsübernahme dann für alle Beamten
reichsweit fest. Diese Rechtslage übernahmen die Väter
und Mütter des Grundgesetzes – inhaltlich unverändert –

mit Art. 34 GG: »Art. 34 GG leitet die durch § 839 BGB begründete persönliche Haftung des Beamten auf den Staat über: § 839 BGB ist die haftungsbegründende Vorschrift, während Art. 34 GG die haftungsverlagernde Norm darstellt« (BVerfGE 61, 149 [198]).

Auf die Religionsgemeinschaften mit → Körperschaftsstatus und ihre Repräsentanten sind die genannten Vorschriften nur dann anwendbar, wenn sie in öffentlich-rechtlicher Form Staatsgewalt ausüben. Dies ist beispielsweise der Fall, wenn Geistliche in staatlichen Beamtenverhältnissen tätig werden (→ Theologische Fakultäten / Lehrstühle; → Seelsorge in Polizei / Militär / Gefängnis / Krankenhaus), → Kirchenbeamte und sonstige kirchliche Bedienstete im Auftrag des Staates an öffentlichen Schulen → Religionsunterricht erteilen, → kirchliche Schulen nach Maßgabe staatlicher Rechtsvorschriften Zeugnisse erteilen und Prüfungen abnehmen oder kirchliche Behörden die → Kirchensteuern selbst erheben. Da die Kirchensteuererhebung nicht staatlichen, sondern ausschließlich kirchlichen Zwecken dient, sind die Kirchen bei der Verwaltung ihrer Steuern durch eigene Behörden als haftende Körperschaften i. S. d. Art. 34 S. 1 GG anzusehen. In den übrigen Fällen üben die kirchlichen Bediensteten Staatsgewalt primär im staatlichen Interesse aus. Für Amtspflichtverletzungen haften daher nicht die Kirchen, sondern die staatlichen Körperschaften, für die diese Personen tätig geworden sind.

Nicht zur Anwendung kommen die Vorschriften über die Amtshaftung dagegen, soweit die öffentlich-rechtlich korporierten Religionsgemeinschaften von ihrer mit dem → Körperschaftsstatus verbundenen Befugnis Gebrauch machen, einen Teil ihrer Angelegenheiten in den Formen des öffentlichen Rechts zu ordnen und zu verwalten (→

Selbstbestimmungsrecht der Religionsgemeinschaften). Die öffentlich-rechtlich korporierten Religionsgemeinschaften sind in keiner Weise in den Staat integriert und unterfallen daher grundsätzlich nicht dem Staatshaftungsregime. Die Frage der Wiedergutmachung rechtswidriger Grundrechtseingriffe stellt sich bei ihnen nicht, da die staatlichen → Grundrechte in der Kirche nicht unmittelbar gelten. Dies verkennt der BGH, wenn er den Sektenbeauftragten einer öffentlich-rechtlich korporierten Religionsgemeinschaft, der sich in den Medien kritisch über soziale Vorgänge äußert, in Ausübung eines »öffentlichen Amtes« i. S. d. Art. 34 GG handeln sieht und eine Einstandspflicht der kirchlichen Anstellungskörperschaft unter dem Gesichtspunkt der Amtshaftung annimmt (BGHZ 154, 54 ff.).

Auch eine analoge Anwendung der Vorschriften über die Amtshaftung kommt nicht in Betracht: Soweit sie keine Staatsgewalt ausüben, was nur ganz ausnahmsweise der Fall ist, haften die öffentlich-rechtlich korporierten Religionsgemeinschaften für ihr öffentlich-rechtliches Tätigwerden nach den privatrechtlichen Vorschriften (hier: § 823 BGB i. V. m. §§ 89, 31 BGB).

Literatur: *Ehlers, Dirk*: Die Haftung der Religionsgemeinschaften mit öffentlich-rechtlichem Körperschaftsstatus, ZevKR 44 (1999), S. 4–50 – *ders.*: Anmerkung [zur genannten BGH-Entscheidung], JZ 2004, S. 196–199 – *Feurer, Heiko*: Amtshaftung und Staatskirchenrecht, 2010.

Christoph Goos

Anerkennung

I. Im Zusammenhang von → Staatskirchenrecht und → Religionsverfassungsrecht wird nicht selten in Bezug auf → Religionsgesellschaften/-gemeinschaften der Begriff der »Anerkennung« verwendet. Es entsteht dabei der Eindruck, als sei es in Deutschland geltendes Recht, dass es einer ausdrücklichen staatlichen Anerkennung bedarf, um als Religionsgemeinschaft zu gelten und als solche die Rechte aus dem Grundgesetz beanspruchen zu können. Dieser Eindruck ist falsch. Das rechtliche Instrument einer »staatlichen Anerkennung« ist im deutschen Staatskirchenrecht nicht vorgesehen.

II. Grundsätzlich stehen allen Religionsgemeinschaften die privatrechtlichen Organisationsformen offen. Daneben kennt das Grundgesetz für Religionsgemeinschaften die Rechtsform der Körperschaft des öffentlichen Rechts. Die Verleihung dieser Rechtsform darf nicht mit einer »Anerkennung« verwechselt werden. Der → Körperschaftsstatus kommt neben den Kirchen und Religionsgemeinschaften, die ihn schon vorkonstitutionell innehatten, für solche Religionsgemeinschaften in Betracht, die bestimmte Voraussetzungen erfüllen. Dann wird er auf Antrag von einer staatlichen Stelle verliehen. Seine Zuerkennung zieht bestimmte Rechtsfolgen im weltlichen Recht nach sich. Es gibt aber eben keine Regelungen im deutschen Recht, die eine ausdrückliche Anerkennung oder Registrierung als Religionsgemeinschaft zur Voraussetzung für das Erlangen dieses oder eines anderen weltlichen Rechtsstatus machen. Dieser Umstand ist Ausdruck der besonderen Freiheitlichkeit des deutschen Religionsverfassungsrechts. Es besteht insoweit ein Unterschied zur Rechtslage in einigen anderen europäischen Ländern, etwa in Österreich.

III. Die staatlichen Freiheitsangebote im Religionsverfassungsrecht des Grundgesetzes (individuelle, kollektive, korporative, negative und positive → Religionsfreiheit, → Trennung von Staat und Kirche, → Selbstbestimmungsrecht) kommen als »konstitutioneller Grundstatus« grundsätzlich allen Gruppierungen zu, die Religionsgemeinschaft sind, unabhängig von ihrem Status nach weltlichem Recht. Unter Religionsgemeinschaft ist nach der Rechtsprechung des Bundesverwaltungsgerichts »ein Verband zu verstehen, der die Angehörigen ein und desselben Glaubensbekenntnisses oder mehrerer verwandter Glaubensbekenntnisse zu allseitiger Erfüllung der durch das gemeinsame Bekenntnis gestellten Aufgaben zusammenfasst. Allein die Behauptung und das Selbstverständnis, eine Gemeinschaft sei ein Religionsgemeinschaft, reicht nicht aus; vielmehr muss es sich auch tatsächlich, nach geistigem Gehalt und äußerem Erscheinungsbild, um eine Religionsgemeinschaft handeln.« Auch wenn damit eine gewisse Fokussierung auf bestimmte Gemeinschaften vorgenommen wird, wird bewusst vermieden, Religionsgemeinschaften mithilfe einer gesetzlich geregelten »staatlichen Anerkennung« zu definieren oder zu kategorisieren.

IV. »Anerkennung« ist eine psychologische, philosophische und soziologische Kategorie, aber keine religionsrechtliche. Die Methode der »staatlichen Anerkennung« widerspricht dem System der religionsverfassungsrechtlichen Freiheit in Deutschland, weil sie die Gefahr birgt, dass sie zu ungerechtfertigten Ausgrenzungen von Gruppierungen führt und den Eindruck hinterlässt, als treffe der Staat eine Bewertung der oder gar eine Entscheidung über die Qualität von Religionsgemeinschaften oder als lege er unterschiedliche Maßstäbe der Wertschätzung an.

Dem neutralen Staat (→ Neutralität) steht dies aber nicht zu. In Zeiten wachsender Pluralisierung der Religionsgemeinschaften ist das offensichtlich. Festzuhalten ist also: In Deutschland gibt es kein System einer »Anerkennung« von Religionsgemeinschaften, die als Voraussetzung für die Geltendmachung der religionsverfassungsrechtlichen Rechte vom Staat zugesprochen oder womöglich versagt werden kann.

Literatur: *Heinig, Hans Michael*: Öffentlich-rechtliche Religionsgesellschaften, 2003 – *von Campenhausen, Axel / de Wall, Heinrich*: Staatskirchenrecht, S. 115 f.

Christoph Thiele

Arbeitsrecht, kirchliches

Wer bei der Kirche oder einer kirchlichen Organisation beschäftigt ist, arbeitet dort entweder auf der Grundlage eines nach → Kirchenrecht gestalteten, beamtenähnlichen Dienstverhältnisses. Dieses findet seine Grundlage allein in Regelungen, die von der jeweiligen Kirche beschlossen worden sind (→ Ämterfreiheit). Oder aber er wird auf der Grundlage eines Arbeitsvertrages tätig. Dieser unterliegt dem staatlichen Arbeitsrecht. Dieses enthält allerdings etliche Sonderregelungen oder Ausnahmen zugunsten der Kirchen, die entweder ausdrücklich in Gesetzen vorgesehen sind oder von der Rechtsprechung unter Hinweis auf das → Selbstbestimmungsrecht der Kirchen entwickelt wurden. Auch solche Ausnahmen werden ggf. durch kirchenrechtliche Regeln ausgefüllt. Rechtlich findet das kirchliche Arbeitsrecht seine Grundlage im Recht auf Selbstbestimmung der Religionsgemeinschaften, theologisch im Leitbild des kirchlichen Dienstes als → Dienstgemeinschaft.

Unabhängig von der Rechtsform des Beschäftigungsverhältnisses weist das kirchliche Arbeitsrecht mit Blick auf die einzelnen Arbeitsverträge zwei Besonderheiten auf. Zum einen kann ein kirchlicher Arbeitgeber im Grundsatz von seinen Mitarbeitern die Zugehörigkeit zur entsprechenden Kirche verlangen. Dies betrifft zunächst die Personalauswahl bei Einstellung und Beförderung. Ebenso ist eine Entlassung möglich, wenn ein bei einem kirchlichen Arbeitgeber Beschäftigter später aus der Kirche austritt. Traditionell wird vielfach angenommen, dass der kirchliche Arbeitgeber dabei den Kreis derjenigen Arbeitnehmer selbst bestimmen kann, von denen er gemäß dem theologischen Selbstverständnis der kirchlich Beschäftigten als Dienstgemeinschaft eine Mitgliedschaft verlangen darf. Bis heute wird zudem weitgehend akzeptiert, dass dies für alle Personen gelten muss, die – und sei es in untergeordneter Funktion – am kirchlichen Verkündigungsauftrag teilhaben. Dies wird weit verstanden, schließt also auch Bereiche wie die Diakonie ein, so dass etwa auch Ärzte und Krankenschwestern eines kirchlichen Krankenhauses erfasst werden. Dagegen wird in jüngerer Zeit aus verfassungsrechtlichen Gründen, vor allem aber angesichts des im europäischen Unionsrecht (→ Europarecht) enthaltenen Verbots der Diskriminierung (→ Gleichbehandlung) aus religiösen Gründen teilweise angenommen, dass dieser Grundsatz Grenzen finden muss bei Personen, die mit dem kirchlichen Verkündigungsauftrag unmittelbar überhaupt nichts zu tun haben (Hausmeister, Buchhalter etc.). Das Allgemeine Gleichbehandlungsgesetz, das europarechtliche Vorgaben in deutsches Recht umsetzen soll, sieht eine solche Abstufung freilich nicht ausdrücklich vor, doch wird zum Teil eine entsprechende Auslegung gefordert. Differenzierungen kennt zudem das Kirchenrecht selbst. So unterscheidet die sog. Loyalitätsrichtlinie der EKD zwischen Verkündigungsdienst, der Mitgliedschaft in der evangelischen Kirche voraussetzt, und anderen Diensten, in denen Nichtmitglieder (bevorzugt Mitglieder anderer christlicher Kirchen) beschäftigt werden können.

Zum anderen kann von allen religionsgemeinschaftlichen Arbeitnehmern ein loyales Verhalten erwartet werden; das schließt die Beachtung der elementaren Regeln ein, die die jeweilige Religionsgemeinschaft für die Lebensführung vorgibt. Schwere Verstöße, etwa im katholischen Bereich die Wiederverheiratung (weltlich) Geschiedener, können daher mit einer Kündigung sanktioniert werden. Die beiden Großkirchen haben hier besondere Regelwerke mit abgestuften Sanktionen vorgesehen. Mit den nationalen und europäischen Grund- und Menschenrechten der Betroffenen ist dies vereinbar, sofern der Arbeitgeber bei seinen Maßnahmen den Grundsatz der Verhältnismäßigkeit wahrt (→ Loyalitätsobliegenheiten).

Für Rechtsstreitigkeiten sind bei auf der Grundlage eines Arbeitsvertrages beschäftigten Arbeitnehmern die staatlichen Gerichte zuständig, die bei der Wahrnehmung ihres Rechtsprechungsauftrages allerdings das → Selbstbestimmungsrecht der Religionsgemeinschaften beachten müssen. Die Entscheidung von Streitigkeiten mit auf kirchenrechtlicher Grundlage Beschäftigten ist Sache von Kirchengerichten, deren Entscheidungen von den staatlichen Gerichten, einschließlich des Bundesverfassungsgerichts, traditionell überhaupt nicht überprüft werden. Diese völlige Exemtion aus der staatlichen Kontrolle findet allerdings zunehmend Kritik (→ Gerichtlicher Rechtsschutz).

Bei der Gestaltung des kollektiven Arbeitsrechts haben die Kirchen einen Sonderweg (→ Dritter Weg) entwickelt, der zumeist an die Stelle von Tarifverträgen tritt. Wo es solche Verträge gibt, wird aber (von der Rechtsprechung jüngst gebilligt) regelmäßig das Streikrecht ausgeschlossen. Das Betriebsverfassungsgesetz findet keine Anwendung; stattdessen bestehen Mitarbeitervertretungen auf kirchenrechtlicher Grundlage.

Literatur: *Classen, Claus Dieter*: Religionsrecht, § 12 – *Richardi, Reinhard*: Kirchliches Arbeitsrecht, 6. Auflage, 2012 – *Thüsing, Gregor*: Kirchliches Arbeitsrecht, 2006.

Claus Dieter Classen

Bahai

I. Beim Bahaitum handelt es sich um eine Mitte des 19. Jahrhunderts von *Bahaullah* (1817–1892) gestiftete monotheistische Religion, die mittlerweile in 190 Ländern verbreitet ist, weltweit ca. 6 Millionen Anhänger zählt und auch wegen ihres universalen Anspruchs als Weltreligion bezeichnet wird. In Deutschland gibt es seit 1905 Bahai, derzeit hat die Gemeinde rund 6.000 Mitglieder.

Das Bahaitum wird, wenn ein Schlagwort nottut, als »Religion der Einheit« bezeichnet; damit wird auf miteinander verwobene Lehrsätze des Glaubens Bezug genommen: jenen von der Einheit Gottes, der Einheit der Gottesboten (und damit der Einheit der Religionen), sowie der Einheit der Menschheit. Der Bahai-Lehre zufolge lässt Gott in Erfüllung seines Bundesversprechens den Menschen durch aufeinander folgende Offenbarungen immer während Führung angedeihen. Sein Wort ist ewig, dessen allein durch die Fassungskraft der Menschen und die Entwicklung der Menschheit begrenzte, fortschreitende Offenbarung ein zyklisch wiederkehrendes *continuum*, das historisch fundiert und in die Zukunft hinein offen ist. Zu diesen Offenbarungen zählen nach der Bahai-Lehre etwa die *Mose*, *Jesu*, *Mohammads* und *Bahaullahs*. Die nicht zu verkennenden Differenzen zwischen den verschiedenen Sendungen werden mit der Zweidimensionalität jeder religiösen Botschaft erklärt: Der die geistige Wirklichkeit betreffende Kern des göttlichen Gesetzes unterliegt weder Wechsel noch Wandel und bleibt über die Zeitalter gültig. Dagegen trägt wie alles in der stofflichen Welt auch die auf sie bezogene religiöse Wahrheit – gleichsam die Peripherie der religiösen Botschaft, etwa die Soziallehre – ein dem historischen Verschleiß geschuldetes Verfallsdatum: entsprechend den Erfordernissen der Zeit wird sie in jedem prophetischen Zyklus adaptiert. Zu den zentralen Lehren des Glaubens zählen die Gleichstellung der Geschlechter, der Auftrag an jeden Menschen, selbständig nach der Wahrheit zu forschen, die fundamentale Übereinstimmung von Religion und Wissenschaft sowie ein modernes Bildungsideal.

II. Nach dem Vorgesagten verwundert es nicht, dass die Glaubenslehre der Bahai keinen Anlass zu rechtlichen Auseinandersetzungen gegeben hat; vielmehr wird die Gemeinschaft immer wieder als Beleg für die Integrationskraft des Systems des deutschen Staatskirchenrechts auch für nicht-abendländische Religionsgemeinschaften angeführt. Gleichwohl hat die deutsche Bahai-Gemeinde Gelegenheit geboten, die Offenheit des deutschen Staatskirchenrechts höchstrichterlich auszubuchstabieren, und durch zwei für das Staatskirchenrecht katalysierend wirkende Gerichtsentscheidungen rechtswissenschaftliche Prominenz erlangt.

1. In seinem »Bahai-Beschluss« (BVerfGE 83, 241) musste das Bundesverfassungsgericht sich mit der Frage auseinandersetzen, ob und wie weit durch das Grundrecht auf → Religionsfreiheit Modifikationen der gefestigten Dogmatik des bürgerlichen Vereinsrechts geboten sind, wenn es auf zwingendes Binnenrecht einer Religionsgemeinschaft stößt. Die deutsche Bahai-Gemeinde ist als einheitliche Gemeinschaft auf Bundesebene mit über 100 Ortsgemeinden hierarchisch gegliedert; da sie keinen Klerus kennt, werden die nationale und die örtlichen Gemeinden von demokratisch gewählten »Geistigen Räten« geführt, und diese Räte (nicht aber die Gemeinde selbst) waren unter dem staatlichen Recht als rechtsfähige Vereine verfasst. Der nationale ist den örtlichen Räten hierarchisch vorgeordnet, was nach damals herrschender Auffassung und gefestigter Rechtsprechung im Widerspruch zur nach dem Vereinsrecht gebotenen Vereinsautonomie stand. Der Beschluss des Bundesverfassungsgerichts klärte drei staatskirchenrechtlich bedeutsame Fragen: *Erstens* stellte es fest, dass die Berufung auf die Religionsfreiheit – wie bei den Bahai – gerechtfertigt sei, wenn es sich bei der fraglichen Gemeinschaft »tatsächlich, nach geistigem Gehalt und äußerem Erscheinungsbild, um eine Religion und eine [→] Religionsgemeinschaft« handle, und dass diese Beurteilung den staatlichen Organen und Gerichten obliege – eine diesbezügliche Behauptung und das Selbstverständnis der anspruchsstellenden Gemeinschaft allein genügt nicht. *Zweitens* erklärte das Gericht, dass aus der religiösen Vereinigungsfreiheit das Recht folge, rechtlich verfasst am allgemeinen Rechtsverkehr teilzunehmen, ohne dass damit Anspruch auf eine bestimmte Rechts-

form bestünde. Das Gericht bekräftigte damit, dass auch Religionsgemeinschaften nur aus dem festen Menü staatlich angebotener Rechtsformen bei grundsätzlicher Bindung an die jeweiligen Voraussetzungen auswählen können (»*numerus clausus* der Rechtsformen«). *Drittens* sei es im Rahmen des bürgerlichen Rechts möglich und verfassungsrechtlich geboten, das zwingende religiöse Binnenrecht zu berücksichtigen.

2. Auch das die Bahai betreffende Urteil des Bundesverwaltungsgerichts (Urteil v. 28.11.2012, Az. 6 C 8/12, Zev-KR 58 [2013], 401) hängt mit der rechtlichen Verfassung der Bahai-Gemeinde zusammen. Trotz der vereinsrechtlichen Erleichterungen, die das Bundesverfassungsgericht den Bahai gewährt hatte, konnte die Gemeinschaft ihr Binnenrecht nicht vollständig umsetzen; vor allem aus diesem Grund strebte sie den → Körperschaftsstatus an, eine Rechtsform, die Religionsgemeinschaften neben einer Reihe von Privilegien gerade die Freiheit einräumt, innerhalb einer staatlich angebotenen Rechtsform in größtmöglicher Freiheit religiöse Organisationsvorgaben umzusetzen. Das Grundgesetz verlangt für die Verleihung des Körperschaftsstatus, dass die Religionsgemeinschaft nach ihrer Verfassung und der Zahl ihrer Mitglieder die Gewähr der Dauer bietet. Zwar war unstreitig, dass die Bahai-Gemeinde eine Religionsgemeinschaft mit ausreichender Verfassung sei und aufgrund des über hundertjährigen Bestehens und des aktiven Gemeindelebens auch die Gewähr der Dauer biete; das zuständige Land Hessen verweigerte aber die Verleihung des Körperschaftsstatus mit Blick auf die Zahl der Mitglieder der Gemeinde. Hinter der Verweigerung stand u. a. die höchstrichterlich ungeklärte Frage, ob das Kriterium der »Zahl der Mitglieder« als isolierte Tatbestandsvoraussetzung oder bezogen auf

die »Gewähr der Dauer« zu verstehen sei. Das Bundesverwaltungsgericht urteilte in letzterem Sinne und verpflichtete das Land Hessen, der Bahai-Gemeinde in Deutschland die Körperschaftsrechte zu verleihen. Dass daraufhin der Status einer Körperschaft öffentlichen Rechts erstmals an eine nicht-jüdisch-christliche Religions-gemeinschaft verliehen wurde, unterstreicht die grundsätzliche Offenheit des Staatskirchenrechts für alle Religionsgemeinschaften. In unmittelbarem Zusammenhang mit dem Urteil wurde denn auch der Gemeinschaft *Ahmadiyya Muslim Jamaat* durch das Land Hessen die Körperschaftsrechte verliehen; ferner urteilte das VG Arnsberg, dass dem hinduistischen Tempelverein in Hamm der Körperschaftsstatus zu verleihen sei (Urteil v. 7.6.2013, Az. 12 K 2195/12, nicht rechtskräftig).

Literatur: *Hutter, Manfred*: Die Bahā'ī-Religion im globalen Kontext, in: Lehmann (Hg.), Weltreligionen. Verstehen, Verständigung. Verantwortung, 2009 – *ders.*: Handbuch Bahā'ī. Geschichte – Theologie – Gesellschaftsbezug, 2009 – *Towfigh, Emanuel V.*: Die rechtliche Verfassung von Religionsgemeinschaften. Eine Untersuchung am Beispiel der Bahai, 2006.

Emanuel V. Towfigh

Baulasten für Kirchen

Der Begriff der Baulast umschreibt allgemein Handlungs-, Duldungs- oder Unterlassungspflichten in Bezug auf ein Grundstück. Die Baulast ist ein Rechtsinstitut des öffentlichen Rechts und zugleich des kirchlichen Vermögensrechts (→ *res sacrae*). Unter der Baulast für Kirchen (→ Kirchengebäude) bzw. einer »Kultusbaulast« ist die rechtliche Verpflichtung einer natürlichen oder juristi-

schen Person zu verstehen, kirchliche Gebäude erstmals
zu errichten, zu erweitern, instand zu halten oder wieder-
herzustellen. Die Baulast an Kirchengebäuden lässt sich
bis in das Eigenkirchenwesen und das hochmittelalter-
liche Patronatswesen zurückverfolgen. Sie beruht auf
einem Flickenteppich unterschiedlichster Rechtsformen
und verliert sich in Umfang und Verpflichtung oft im
Dunkel der Geschichte. Zudem verschmelzen sich in ihr
Normierungen des → Kirchenrechts und des → Religionsverfassungsrechts. Neben den primär durch die Baulast verpflichteten Kirchenstiftungen und Kirchengemeinden sind vor allem die Bundesländer und die staatlichen Gemeinden Träger der Baulast. Die Baulast an
kirchlichen Gebäuden ist – anders als im Bauordnungs-
recht – nicht an das Eigentum an den Gebäuden, auf die sie
sich bezieht, gebunden. Sie bezieht sich auf Gebäude, die
für die Gottesdienstausübung bestimmt sind, also Kirchen, aber auch auf die Wohngebäude der Kirchenbe-
diensteten, die mit der Abhaltung des Gottesdienstes be-
traut sind, sowie Nebengebäude. Auf die Form der Widmung und den Status einer öffentlichen Sache kommt es
hierbei nicht an. Die Reichweite der Baulast kann sich auf
einzelne Gebäudeteile beschränken, sie kann aber auch
über die bloße Bausubstanz hinaus die Inneneinrichtung
als Zubehör erfassen. Die Baulast ist im Regelfall als Be-
darfsleistung ausgestaltet und auf Kostendeckung gerich-
tet. Baulasten beruhen auf Landesrecht, Gewohnheits-
recht, Observanz, Herkommen und erwerbender Verjährung sowie besonderen Rechtstiteln. Die Baulasten der
Länder folgen zumeist aus einer finanziellen Leistungs-
pflicht im Zuge des Übergangs kirchlichen Vermögens in
weltliche Hand durch Inkorporation oder im Gefolge der
→ Säkularisation. Die quantitativ erheblichen kommu-

nalen Baulasten finden ihren Ursprung zumeist in der Fürsorge der mittelalterlichen Städte für die Bedürfnisse der Pfarreien. Besondere Rechtstitel sind neben dem → Patronat etwa Anerkenntnis, Vergleich und Vertrag. Baulasten wurden in manchen Bundesländern durch Staatskirchenverträge (→ Verträge) in pauschale Leistungspflichten in Geld überführt (vgl. bspw.: Art. 16 Nds. Konkordat, Art. 17 Nds. Kirchenvertrag). Die Rechtsgrundlagen der Baulasten unterliegen im Übrigen den allgemeinen Rechtsinstituten des Wegfalls der Geschäftsgrundlage und der *clausula rebus sic stantibus*. Veränderungen in der Funktion der Gebäude, aber auch in der konfessionellen Gliederung der Bevölkerung einer Kommune können damit prinzipiell den Umfang der Baulasten verändern oder gar ihre Geltung in Frage stellen. Baulasten für Kirchen genießen allerdings den Schutz der Kirchengutsgarantie des Art. 138 Abs. 2 WRV i. V. m. Art. 140 GG (→ Kirchenvermögen). Sie können daher den Begünstigten nicht einseitig entzogen werden. Jedenfalls die Baulasten der Länder fallen als → Staatsleistungen unter die Regelung des Art. 138 Abs. 1 WRV i. V. m. Art. 140 GG. Sie unterliegen damit der Ablösung nach bundeseinheitlichen Grundsätzen gem. Art. 138 Abs. 1 S. 2 WRV und sind so in ihrem Bestand bis zur Ablösung garantiert. Soweit Baulasten von Art. 138 Abs. 1 und Abs. 2 WRV i. V. m. Art. 140 GG erfasst werden, begegnen sie auch vor dem Hintergrund der religiös-weltanschaulichen → Neutralität und Parität keinen Bedenken. Baulasten der politischen Gemeinden sind zudem mit der Garantie der kommunalen Selbstverwaltung aus Art. 28 Abs. 1 GG vereinbar. Während die kommunalen Baulasten für Kirchen in den alten Bundesländern bruchlos und verfassungsgarantiert fortbestehen, nimmt die Rechtsprechung für die Baulasten in den neuen Ländern an, dass sie im Zuge der Neuordnung der Eigentumsverfassung durch den Einigungsvertrag in Fortfall gekommen seien (BVerwGE 132, 358), soweit keine staatskirchenvertragliche Neuordnung vorgenommen wurde. Wiewohl gegen diese Rechtsprechung auch die Geltung der Kirchengutsgarantie des Art. 138 Abs. 2 WRV i. V. m. Art. 140 GG im Einigungsprozess angeführt werden kann, belegt sie doch die Notwendigkeit der vertraglichen Novation der Baulasten, um diese auf zeitgemäße und rechtssichere Grundlagen zu stellen.

Literatur: *Lindner, Thomas*: Baulasten an kirchlichen Gebäuden, 1995 – *Droege, Michael*: Baulasten an kirchlichen Gebäuden, in: HdBStKirchR, 3. Auflage [in Vorbereitung], § 63; *ders.*: Die Gewährleistung des Kirchenguts und die Diskontinuität der staatlichen Rechtsordnung, ZevKR 55 (2010), S. 339–369.

Michael Droege

Beschneidung, religiös motiviert

Die rechtliche Zulässigkeit religiös motivierter Beschneidung von Jungen bildet den Kern einer leidenschaftlich geführten religionsrechtlichen Debatte. Nach einer Entscheidung des LG Köln, nach der die religiöse Beschneidung eines Jungen eine grundsätzlich strafbare Körperverletzung sei, hat der Bundesgesetzgeber § 1631d BGB erlassen, nach dem eine Beschneidung *unabhängig* von der elterlichen Motivation, also auch aus Gründen der Ästhetik oder der kulturellen oder familiären Üblichkeit bei nicht einsichts- und urteilsfähigen Jungen zulässig ist. Schranken wurden nur im Hinblick auf den Modus des Eingriffs gesetzt, der den Regeln der ärztlichen Kunst entsprechen, allerdings nicht von einem Arzt ausgeführt werden muss, § 1631d Abs. 2 BGB.

Der Gesetzgeber hat damit einen Ausgleich zwischen konkurrierenden Grundrechtspositionen von Eltern und Kindern getroffen. Während auf Seiten des Kindes vor allem das Recht auf körperliche Unversehrtheit sowie vorrangig die negative Religionsfreiheit betroffen sind, ist auf Seiten der Eltern das Erziehungsrecht aus Art. 6 Abs. 1 S. 1 GG, allerdings nicht ihre Religionsfreiheit selbst betroffen.

Die öffentliche Kontroverse um die Beschneidung ist nach der BGB-Novelle zum Erliegen gekommen. Unter den gewandelten gesetzlichen Vorzeichen präsentiert sich das Rechtsproblem heute als Frage nach der Verfassungsmäßigkeit des § 1631d BGB. Diese hängt wesentlich von der Tatsachenfrage ab, ob man Beschneidungseingriff und Beschneidungsfolgen für medizinisch erheblich oder für marginal hält. An diese Bewertung knüpft das rechtliche Urteil an, ob Eltern in die genitale Unversehrtheit ihres Sohnes durch Beschneidung eingreifen dürfen. Während reversible oder körperfunktionsförderliche Eingriffe in die physische Integrität des Kindes erkennbar zulässig sind, sind es etwa entstellende oder körperfunktionsbeeinträchtigende Eingriffe nicht. Ein Beispiel ist die sog. »pharaonische Beschneidung« von Mädchen, die eine unzulässige Genitalverstümmelung und Menschenrechtsverletzung ersten Ranges ist.

Die rechtspolitische und die rechtswissenschaftliche Diskussion leiden dabei unter der Ungewissheit, dass medizinische Studien zu den Folgen der Beschneidung zu unterschiedlichen und interpretationsoffenen Ergebnissen kommen sowie – vor allem US-amerikanischen Studien – nicht selten von Interessenverbänden pro und contra

Beschneidung beauftragt werden. Die Debatte krankt zudem daran, dass der evidente sexualphysiologische Bezug des Themas kaum je offen erörtert, sondern im Gegenteil strukturell marginalisiert wird; die Bedeutung sozialnormativ wirksamer Bilder von Geschlechtlichkeit – »ein Indianer kennt keinen Schmerz« – wird nicht systematisch hinterfragt; schließlich wird die fortdauernde, aus hochspezifischen kulturellen Settings herrührende und unterschwellig möglicherweise fortdauernde Legitimierung der Beschneidung als sexualpolitischem Erziehungsmittel nicht adäquat relativiert.

In Vergessenheit gerät dabei, dass das rechtliche Zentrum der Debatte von einem der vornehmsten Güter des Individuums, nämlich dem der körperlichen Unversehrtheit beansprucht ist. Es verlangt Beachtung gegenüber jedermann, dem Staat wie den Eltern; zu seinen Gunsten besteht eine weitreichende Unversehrbarkeitsvermutung. Die tatsächliche Unsicherheit über die Folgen des Beschneidungseingriffs in einen höchstpersönlichen, vielfach psychologisch relevanten Bereich der Physis – vielleicht noch ähnlich dem menschlichen Gesicht – muss dazu führen, dieser Unversehrbarkeitsvermutung Rechnung zu tragen. § 1631d BGB ist demnach verfassungswidrig, weil keine echte Abwägung der betroffenen Rechtsgüter stattfindet, sondern der Anspruch auf genitale Unversehrtheit der Jungen praktisch vollständig preisgegeben wurde.

Wollte man, wie es der Gesetzgeber offenbar im Auge hatte, das religiöse Erziehungsrecht der Eltern demgegenüber stärker in die Abwägung einstellen, ohne aber die körperliche Unversehrtheit in Beschneidungsfragen so wie gegenwärtig gänzlich schutzlos zu stellen, müsste das Recht aus § 1631d BGB unter den Vorbehalt seiner religiös motivierten Ausübung gestellt werden. Zwar verblieben in Grenzfällen Beweisschwierigkeiten, die religiöse Motivation könnte von Eltern nämlich schlicht behauptet werden, im Ganzen könnte aber durch eine Plausibilitätskontrolle dem Schutzanspruch der körperlichen Unversehrtheit des Kindes besser Rechnung getragen werden.

Schließlich verletzt § 1631d BGB durch seine Beschränkung auf Jungen auch den Gleichbehandlungsgrundsatz aus Art. 3 II GG, soweit er in ihrer Wirkung vergleichbare Eingriffe bei Mädchen untersagt, womit ausdrücklich nicht die verstümmelnde weibliche Radikalbeschneidung gemeint ist. Systematisch ist dies immerhin konsequent: In § 226a StGB hat der Gesetzgeber mit vollem Recht die Genitalverstümmelung von Mädchen untersagt und damit ausweislich seiner Begründung jede Form der Manipulation weiblicher Genitalien unter Strafe gestellt, darunter auch solche, deren Folgen hinter denen einer männlichen Beschneidung zurückbleiben. Der Garantie eines auch nur annähernd vergleichbaren Schutzes des männlichen Genitals hat sich der Gesetzgeber zwar aus gutgemeinten, nicht aber aus guten Gründen in verfassungswidriger Weise verweigert.

Literatur: *Franz, Matthias* (Hg.): Die Beschneidung von Jungen – ein trauriges Vermächtnis, 2014 – *Germann, Michael*: Die Verfassungsmäßigkeit des Gesetzes über den Umfang der Personensorge bei einer Beschneidung des männlichen Kindes vom 20.12.2012, MedR 2013, S. 412–424 – *Hörnle, Tatjana / Huster, Stefan*: Wie weit reicht das Erziehungsrecht der Eltern? – am Beispiel der Beschneidung von Jungen, JZ 2013, S. 328–339 – *Walter, Tonio*: Das unantastbare Geschlecht, DIE ZEIT v. 4.7.2013, S. 13.

Julian Krüper

Bremer Klausel

Die sogenannte Bremer Klausel findet sich in Art. 141 GG. Dieser Artikel bestimmt, dass Art. 7 Abs. 3 GG keine Anwendung in einem Land findet, in dem am 1. Januar 1949 eine andere landesrechtliche Regelung bestand. In den betroffenen Ländern müssen staatliche Schulen also den nach Art. 7 Abs. 3 S. 1 GG bundesweit obligatorischen → Religionsunterricht nicht als Pflichtfach anbieten. Der örtliche Geltungsbereich des Art. 7 Abs. 3 S. 1 GG wird eingeschränkt. Die Norm ist seit Inkrafttreten des Grundgesetzes am 23. Mai 1949 Bestandteil des Grundgesetzes.

Art. 141 GG wurde vom Parlamentarischen Rat mit Rücksicht auf das Land Bremen eingeführt. Dort wird seit dem Jahr 1799 bekenntnismäßig nicht gebundener Unterricht in biblischer Geschichte auf allgemein christlicher Grundlage erteilt. Diese Regelung ist von der Landesverfassung vorgegeben. Es sollte das lutherische und das reformierte Bekenntnis zusammenführen. Dabei handelt es sich mitnichten um einen allgemein-evangelischen Unterricht im Sinne des Art. 7 Abs. 3 S. 1 GG, sondern um einen überkonfessionellen bekenntnisneutralen Unterricht. Dieses Lehrfach stellt sich im bundesweiten Vergleich als Unikat dar.

Es besteht eine andere materielle Regelung etwa dann, wenn ein weltanschaulich-neutraler Religionskundeunterricht erteilt oder der Religionsunterricht auch organisatorisch ausschließlich von den → Religionsgemeinschaften angeboten wird. In formeller Hinsicht genügt jede landesrechtliche Regelung, d. h., eine landesverfassungsrechtliche Regelung oder ein formelles Landesgesetz ist nicht erforderlich. Allerdings reichen bloße Verwaltungsanordnungen oder Ministerialerlasse nicht aus.

Es ist von Verfassung wegen offen, was an die Stelle der Religionsunterrichtsgewährleistungsnorm tritt. Hier sind die betroffenen (Landes-)Schulgesetzgeber frei. Es ist also in ihr Ermessen gestellt, an dem alten Rechtszustand festzuhalten oder einen Religionsunterricht im Sinne des Art. 7 Abs. 3 S. 1 GG einzuführen. Es ist ebenso zulässig, eine neue Rechtslage zu schaffen. In diesem Zusammenhang ist es insbesondere verfassungsgemäß, einen verpflichtenden Ethikunterricht für alle Schüler und daneben Religionsunterricht auf nur mehr freiwilliger Basis anzubieten. Die Verfassung möchte dadurch den föderativen Anspruch der Länder anerkennen, ihr Schulwesen in seiner geschichtlichen Entwicklung selbst zu gestalten.

Die Norm ist in ihrem Anwendungsbereich nicht auf Bremen beschränkt. Sie gilt auch für Berlin (als Ganzes). Dort bestand zum Stichtag des 1. Januar 1949 eine eigene abweichende Regelung. Danach besteht zwar ein Religionsunterricht im äußeren Rahmen der Schule. Dieser ist aber (anders als in Art. 7 Abs. 3 S. 1 GG) mit Anmeldepflicht und unter alleiniger Verantwortung der Religionsgemeinschaften ausgestaltet.

Umstritten ist, ob die Bremer Klausel auch die fünf Beitrittsländer erfasst, in deren Verfassungen aus dem Jahr 1947 Religionsunterricht als ordentliches Lehrfach nicht vorgesehen war. Der Einigungsvertrag schweigt zu dieser Frage. Da in allen Ländern bis auf Brandenburg der Religionsunterricht nunmehr landesverfassungsrechtlich garantiert ist, stellt sich dieser Meinungsstreit als rein akademisch dar. Art. 141 GG entfaltet also keine Wirkung.

Anders ist die Rechtslage im Land Brandenburg, wo die Landesverfassung keine Aussage zum Religionsunterricht trifft: Die dort im Jahr 1996 beschlossene Einführung des Unterrichtsfachs »Lebensgestaltung – Ethik –

Religionskunde« (kurz: LER), das an die Stelle des Religionsunterrichts trat, war verfassungsrechtlich zumindest bedenklich. Die hiergegen u. a. von den Kirchen beim BVerfG erhobenen Verfassungsbeschwerden endeten 2001 mit einem Vergleich; eine Entscheidung in der Sache fällte das BVerfG nicht. Daraufhin novellierte der Brandenburger Landtag das Schulgesetz und wertete im Ergebnis den Religionsunterricht als eigenständiges Lehrfach deutlich auf, ohne jedoch eine formale Gleichrangigkeit mit LER herzustellen. Insbesondere hat das neue brandenburgische Schulgesetz festgelegt, dass Schüler, die statt am LER am Religionsunterricht teilnehmen können und wollen, nicht gegen ihren Willen den LER-Unterricht besuchen müssen.

Literatur: BVerfGE 104, 305 ff. (Vergleichsvorschlag des BVerfG zu LER) und BVerfGK 10, 423 ff. (verpflichtender Ethikunterricht in Berlin verfassungsgemäß) – *von Campenhausen, Axel / de Wall, Heinrich*: Staatskirchenrecht, S. 210 ff. – *Heckel, Martin*: Religionskunde im Lichte der Religionsfreiheit, ZevKR 44 (1999), S. 147–225 – *Janz, Norbert*: Ein Vergleichsvorschlag mit Folgen, Neue Justiz 2003, 241–243.

Norbert Janz

Dachverband

Begrifflich ist ein Dachverband eine Vereinigung, der nicht Individuen angehören, sondern die ihrerseits aus Verbänden zusammengesetzt ist. Angesichts der organisatorischen Struktur des → Islam, bei der unter (derzeit vier) größeren Dachverbänden zahlreiche Moscheegemeinden und andere Vereine (→ Moscheebau) zusammengefasst sind, ist die Frage aufgeworfen, ob auch ein Dachverband als Religionsgemeinschaft zu qualifizieren ist und damit die spezifischen Rechte einer → Religionsgemeinschaft, z.B. bei der Bestimmung der Grundsätze des → Religionsunterrichts i.S.v. Art. 7 Abs. 3 S. 2 GG, wahrnehmen kann.

Das ist für Dachverbände deshalb in Frage gestellt worden, weil eine Religionsgemeinschaft der gemeinschaftlichen Pflege der gemeinsamen Religion der Gläubigen dient. In einem engeren Sinne »Gläubige« können aber nur Individuen sein (vgl. OVG Münster, NVwZ-RR 2004, 492).

Indes ergibt sich aus dem → Selbstbestimmungsrecht der Religionsgemeinschaften (Art. 137 Abs. 3 WRV i. V. m. Art. 140 GG) auch das Recht, über die innere Struktur einer Religionsgemeinschaft nach eigenem Selbstverständnis zu entscheiden. Die Rechte, die das Grundgesetz den Religionsgemeinschaften einräumt, dienen der → Religionsfreiheit (Art. 4 Abs. 1 und 2 GG). Welche Aufgaben der Religionsgemeinschaften auf lokaler, gemeindlicher Ebene und welche besser durch übergeordnete Verbände wahrgenommen werden, muss dabei im Interesse der Religionsfreiheit und ihres Selbstbestimmungsrechts den Religionsgemeinschaften selbst vorbehalten bleiben. Entscheidend ist nicht ihr Charakter als Dachverband, sondern ob ein solcher Verband in eine Struktur eingebunden ist, die der gemeinsamen Religionspflege der Gläubigen dient. Insofern reicht es aus, dass ein Dachverband in diesem Sinne ein personales Substrat hat.

Demgemäß hat auch das BVerwG das o.a. Urteil des OVG Münster aufgehoben und anerkannt, dass ein Dachverband Religionsgemeinschaft sein kann (BVerwGE 123, 49).

Allerdings ist danach ein Dachverband nur dann Religionsgemeinschaft, wenn er nicht »... auf die Vertretung gemeinsamer Interessen nach außen oder auf die Koordinierung von Tätigkeiten der Mitgliedsvereine beschränkt (ist). Vielmehr ist darüber hinaus erforderlich, dass für die Identität einer Religionsgemeinschaft wesentliche Aufgaben auch auf der Dachverbandsebene wahrgenommen werden.«

Zudem ist ein Dachverband dann keine Religionsgemeinschaft, wenn er seinerseits nicht von Unterverbänden geprägt wird, die der umfassenden Religionspflege dienen, also selbst Religionsgemeinschaften sind, sondern von religiösen oder anderen Vereinen beherrscht wird.

Bei islamischen Dachverbänden ist also nach dieser Rechtsprechung entscheidend, ob sie

1. für die Identität einer Religionsgemeinschaft wesentliche Aufgaben erfüllen und nicht lediglich der Interessenwahrnehmung der Mitgliedsvereinigungen dienen, und ob sie

2. von Moscheegemeinden geprägt werden und nicht etwa von anderen Vereinigungen, die sich nur Teilaspekten der Religionspflege oder anderen Zwecken als der Religionspflege widmen, z.B. der bloßen Brauchtumspflege.

Literatur: *Hennig, Wiebke*: Muslimische Gemeinschaften im Religionsverfassungsrecht, 2010, S. 97 ff. – *Muckel, Stefan / Tillmanns, Reiner*: Die religionsverfassungsrechtlichen Rahmenbedingungen für den Islam, in: Muckel (Hg.), Der Islam im öffentlichen Recht des säkularen Verfassungsstaates, 2008, S. 266–270 (269) – *de Wall, Heinrich*: Der Begriff der Religionsgemeinschaft im Deutschen Religionsverfassungsrecht – aktuelle Probleme, in: Rees u. a. (Hg.), Neuere Entwicklungen im Religionsrecht europäischer Staaten, 2013, S. 789–811.

Heinrich de Wall

Datenschutz

Der Datenschutz dient dem Recht auf informationelle Selbstbestimmung. Die freie Entfaltung der Persönlichkeit soll nicht dadurch gehemmt werden, dass der einzelne nicht weiß und nicht beeinflussen kann, was andere über ihn wissen. Andererseits ist eine Kenntnis der Personen für Verwaltung und gesellschaftliche Kommunikation erforderlich. Darum werden durch das Datenschutzrecht die Erhebung und Verarbeitung von Daten an legitime Zwecke gebunden und bestimmten Verfahrensregelungen unterworfen; zudem findet eine besondere Aufsicht statt und die Betroffenen haben Auskunfts-, Berichtigungs- und Löschungsansprüche. Dazu wurden das Bundesdatenschutzgesetz (BDSG) und die Datenschutzgesetze der Länder sowie etliche Regelungen in Spezialgesetzen erlassen.

Die Kirchen und → Religionsgemeinschaften haben wie andere gesellschaftliche Organisationen ein berechtigtes Interesse, personenbezogene Daten zu erheben und zu verarbeiten. Diese Datenverarbeitung steht unter dem Schutz des kirchlichen → Selbstbestimmungsrechts nach Art. 140 GG i.V.m. Art. 137 Abs. 3 WRV. Die öffentlich-rechtlich verfassten Kirchen und Religionsgemeinschaften (→ Körperschaftsstatus) sind darum nicht vom Anwendungsbereich des BDSG erfasst, denn sie fallen nicht unter die Definition der öffentlichen oder der nicht-öffentlichen Stellen, für die das BDSG gilt. Seinen verfassungsrechtlichen Schutzpflichten genügt der Staat mittelbar, indem er einen hinreichenden innerkirchlichen Datenschutz nach § 15 Abs. 4 BDSG und § 19 Abs. 3 MRRG zur Voraussetzung für einen Datenaustausch mit staatlichen Stellen macht.

Umstritten ist, inwiefern das BDSG auf kirchliche Organisationen in privatrechtlicher Form anzuwenden ist (→ Zuordnung). Nach der Exemtionslösung ist das BDSG wegen des kirchlichen Selbstbestimmungsrechts nicht anwendbar, an seine Stelle treten die entsprechenden Regelungen des → Kirchenrechts; nach der Subsumtionslösung ist das BDSG zwar anzuwenden, bei der Auslegung der einzelnen Vorschriften ist aber dem kirchlichen Selbstbestimmungsrecht Rechnung zu tragen, wie es insbesondere in den kircheneigenen Regelungen ausgedrückt ist.

Die ev. und die röm.-kath. Kirche haben mit dem Datenschutzgesetz der EKD und der Anordnung über den kirchlichen Datenschutz des VDD eigene Regelungen zum Datenschutz erlassen, die sich weitgehend am Vorbild des BDSG orientieren. Dabei finden besondere kirchliche Belange – wie der unbedingte Schutz des → Seelsorgegeheimnisses – und die kirchliche Organisationsstruktur Berücksichtigung. Damit gewährleisten die Kirchen einen dem staatlichen Recht entsprechenden Schutzstandard und erfüllen so die Voraussetzungen für die Übermittlung von personenbezogenen Daten durch staatliche Stellen.

Literatur: *Classen, Herbert*: Datenschutz in der evangelischen Kirche, 3. Auflage, 2004 – *Fachet, Siegfried*: Datenschutz in der Kirche und ihren Einrichtungen. Katholische Kirche, 2. Auflage, 2011 – *Germann, Michael*: Das kirchliche Datenschutzrecht als Ausdruck kirchlicher Selbstbestimmung, ZevKR 48 (2003), S. 446–491.

Hendrik Munsonius

Diakonie und Caritas

Diakonie und Caritas sind Sammelbezeichnungen für vielfältige Unternehmungen, die aus der ev. und der röm.-kath. Kirche hervorgegangen sind, um die Not von Menschen zu lindern. Dies geschieht z.B. in → Kindergärten, → Krankenhäusern, Altenheimen, Betreuungseinrichtungen und Diensten wie der Bahnhofsmission. Gegenwärtig bestehen ca. 28.000 (ev.) und 24.500 (röm.-kath.) Einrichtungen mit ca. 450.000 (ev.) und 500.000 (röm.-kath.) Beschäftigten. Diakonie und Caritas nehmen so in eigener Verantwortung gesamtgesellschaftliche Aufgaben wahr.

Die Sorge für Bedürftige gehörte von Anfang an zu den Kennzeichen christlicher Gemeinden. Witwenversorgung, Krankenpflege und Armenfürsorge sind durch die Jahrhunderte in unterschiedlichen Formen durch Klöster, Orden, Ritter- und Bruderschaften wahrgenommen worden. Hinzu kamen fromme Stiftungen wohlhabender Bürger. Mit der Ausbildung einer städtischen und landesherrlichen Obrigkeit im 15. und 16. Jahrhundert ist die Armenfürsorge als Teil der öffentlichen Ordnung in die obrigkeitliche Verantwortung aufgenommen worden. Nach dem dreißigjährigen Krieg ist die öffentliche Armenfürsorge notleidend geworden. Beginnend im späten 17. Jahrhundert kam es mit dem Pietismus zu Initiativen engagierter Christen. Herausragendes Beispiel sind die Franckeschen Stiftungen in Halle/Saale, die mit der Einrichtung eines Waisenhauses begannen und schließlich eine weitverzweigte diakonische und missionarische Tätigkeit entfalteten. Die Notlagen des 19. Jahrhunderts führten zu zahlreichen Initiativen der »Inneren Mission«. Zumeist wurden Einrichtungen in Formen des Zivilrechts als Stiftung oder Verein gegründet. Denn zum einen boten die kirchlichen Strukturen noch keine geeigneten Rechtsformen, zum anderen sollte staatlicher Einfluss möglichst ferngehalten werden. In der röm.-kath. Kirche kam es zu Neugründungen von Krankenpflegeorden, in der ev. Kirche entstand das Diakonissenwesen. Verbindungen zwischen den Kirchen und den diakonisch-karitativen Einrichtungen bestanden hauptsächlich durch die handelnden Personen. Für die Koordination der Arbeit wurden 1848 der »Centralausschuss der Inneren Mission« und 1897 der »Charitasverband für das katholische Deutschland« gegründet. Nach der → Trennung von Staat und Kirche wurden diakonische Werke erstmalig im Verfassungsrecht der evangelischen Kirchen berücksichtigt. Die »Verkirchlichung« der Diakonie wurde durch die Gleichschaltungs- und Enteignungsversuche während des Nationalsozialismus, aber auch durch vergleichbare Bestrebungen in der DDR forciert. Um sie vor staatlichen Übergriffen zu schützen, wurden die Werke explizit als »Wesens- und Lebensäußerung« der Kirche bezeichnet und einer begrenzten kirchlichen Normsetzung unterworfen.

Heute sind diakonisch-karitative Einrichtungen meist privatrechtlich organisiert und in den Dachverbänden der Caritas und der Diakonischen Werke zusammengefasst. Durch die → Zuordnung zur verfassten Kirche nehmen sie am kirchlichen → Selbstbestimmungsrecht teil. Als Spitzenverbände der → Freien Wohlfahrtspflege sind sie eingebunden in das Regelungsgefüge des modernen Sozialstaats. Damit haben Diakonie und Caritas einerseits ein vielfältiges rechtlich geordnetes Feld von Handlungsmöglichkeiten und Zugang zu erheblichen Finanzmitteln. Andererseits stehen sozialstaatliche Regulierung und zunehmende Ökonomisierung in Spannung zum karitativ-diakonischen Proprium, das aus Nächstenliebe motiviert auf Hilfe für diejenigen aus ist, bei denen sich Hilfe gerade nicht »rechnet«. Dieses Spannungsverhältnis wird gemildert durch kirchliche Zuschüsse, Spenden und Kollekten sowie durch ein beachtliches ehrenamtliches Engagement.

Literatur: *Becker, Uwe et al.*: Perspektiven der Diakonie im gesellschaftlichen Wandel, 2011 – *Pompey, Heinrich*: Das caritative Engagement der Kirche, in: Rauscher (Hg.), Handbuch der Katholischen Soziallehre, 2008, S. 707–720 – *Ruddat, Günter / Schäfer, Gerhard K.* (Hg.): Diakonisches Kompendium, 2005.

Hendrik Munsonius

Dienstgemeinschaft

I. Mit Dienstgemeinschaft umschreibt man das theologisch und kirchenrechtlich geprägte Selbstverständnis des Dienstes der Gläubigen in der Kirche und durch die Kirche an der Welt. Staatskirchenrechtlich geschützt wird eine solche Konzeption kirchlichen Dienstes durch die korporative → Religionsfreiheit (Art. 4 Abs. 1 GG) und das Recht der Ordnung und Verwaltung eigener Angelegenheiten (Art. 140 GG i. V. m. Art. 137 Abs. 3 S. 1 WRV, → Selbstbestimmungsrecht).

II. Die innere Ordnung der Kirche ist nicht beliebig, sondern rückgebunden an Schrift und Bekenntnis. Die Kirche will durch ihr Wirken in der Welt Zeugnis ablegen für die Heilszusage des Evangeliums. Nun lässt sich trefflich darüber streiten, was das im Einzelnen heißt. Zwischen den beiden großen Kirchen bestehen in der Frage praktische Unterschiede und auch theologisch wird das Problem kontrovers diskutiert. Doch genau darin entfaltet sich die Schutzwirkung der Religionsfreiheit. Sie garantiert den Gläubigen, sich gemäß ihren religiösen Überzeugungen zu organisieren. Dazu gehört dann auch, über den Dienstcharakter in der Gemeinschaft zu entscheiden. Diese im Kern theologische Frage geht den religiös-weltanschaulich neutralen Staat nichts an (→ Neutralität). Er kann lediglich im Rahmen der für alle geltenden Gesetze, also in der staatlichen Rechtsordnung, zum Schutz anderer Rechtsgüter gewisse Grenzen setzen.

III. In der Kirche gibt es verschiedene Formen des Dienstes: Ehrenamt, Nebenamt und Hauptamt, vertraglich begründete Arbeitsverhältnisse (→ Arbeitsrecht), öffentlich-rechtliche Dienst- und Treuebeziehungen (→ Kirchenbeamte und Pfarrdienst; → Pfarrerdienstrecht), Zugehörigkeit zu besonderen geistlichen Gemeinschaften (z. B. Ordensangehörige). Alle diese Dienstformen bilden zusammen eine Dienstgemeinschaft. Kirchlicher Dienst heißt primär: dem gemeinsamen Auftrag der Bezeugung und Verkündigung des Evangeliums nachzukommen. Folglich setzt kirchlicher Dienst grundsätzlich Kirchenzugehörigkeit (und zwar zur jeweiligen Kirche) voraus. Der Zeugnischarakter des Dienstes in der kirchlichen Gemeinschaft endet auch nicht einfach mit dem täglichen Dienstschluss. Deshalb resultieren aus dem kirchlichen Dienst besondere → Loyalitätsobliegenheiten, die auch die private Lebensführung betreffen können. Ausfluss des Gemeinschaftscharakters ist eine gemeinsame Verantwortung aller Dienstnehmer für das gedeihliche Wirken der Kirche und in der Kirche. An die Stelle legitimer ökonomischer Interessenmaximierung jedes einzelnen, die das Arbeitsleben und Arbeitsrecht grundsätzlich prägt, tritt das Leitbild eines partnerschaftlichen Umgangs von Dienstnehmern und Dienstgebern.

IV. Durch kirchenrechtliche Regelungen und vertragliche Verabredungen wird der Grundsatz der Dienstgemeinschaft für die unterschiedlichen Dienstformen konkretisiert. So kennt das kirchliche Arbeitsrecht mit dem sog. → Dritten Weg eine eigenständige Form der Formulierung kollektiver Arbeitsbedingungen, die dem Ziel eines einvernehmlichen und gleichberechtigten Interessensausgleichs in besonderer Weise entspricht. Auf Streik und Aussperrung wird verzichtet; ggf. erfolgt eine Schlichtung durch paritätisch besetzte Kommissionen unter Vorsitz eines neutralen Dritten. Vergleichbare Modifizierungen gibt es alternativ im kirchlichen Tarifvertragswesen. Auch die Mitbestimmung der Dienstnehmer ist entsprechend dem Ideal der Dienstgemeinschaft, freilich in Anlehnung an das für den öffentlichen Dienst maßgebliche Personalvertretungsrecht, kirchenrechtlich ausgestaltet.

V. Kritiker sehen in der Dienstgemeinschaft eine Strategie der Kirche, Arbeitnehmer unter religiöser Verbrämung schlecht zu behandeln. Solcher Kritik muss sich die Kirche in einer offenen Gesellschaft stellen, auch aus rechtlichen Gründen: Als Ausdruck religiöser Freiheit muss das gegenüber dem Staat geltende religiöse Selbstverständnis als Dienstgemeinschaft sich im praktischen Handeln der Kirchen widerspiegeln (→ Selbstbestimmungsrecht). Es muss plausibel sein.

Nun steht jedes theoretische Ideal in einem Spannungsverhältnis zum realen Alltag – so auch die Dienstgemeinschaft. Damit kann man bei gutem Willen verständig umgehen. Doch eine Konzeption des kirchlichen Arbeitsrecht, die auf dem Grundsatz der Dienstgemeinschaft aufruht, sieht sich von verschiedener Seite vor allem deshalb in Frage gestellt, weil sich die Kirche als Arbeitgeber den äußeren Rahmenbedingungen ihres Wirkens nicht entziehen kann. Der Staat hat seit den 1990er Jahren die Refinanzierungsbedingungen sozialstaatlicher Leistungserbringer erheblich verschlechtert (→ Freie Wohlfahrtspflege). Hierdurch ist der Kostendruck gestiegen. Gerade im personalintensiven Bereich karitativer Tätigkeit muss eine solche Entwicklung auf Dauer auch auf die Arbeitsbedingungen durchschlagen. Eine Folge sind Outsourcing und der verstärkte Einsatz von Leiharbeit bei → Diakonie und Caritas. Beide stehen auch in einem Lohnkostenwettbewerb.

Die Kirchen und ihre diakonisch-caritativen Werke geraten im Grunde in ein Dilemma: Entweder geben sie wegen der staatlichen Finanzierungsbedingungen Handlungsfelder auf, die zum religiösen Kernauftrag gehören (Sorge um den Nächsten), oder sie fügen sich dem Kostendruck, laufen damit aber Gefahr, Glaubwürdigkeit als »besonderer« Dienstgeber zu verspielen. Vergleicht man das gegenwärtige Entgeltniveau zwischen Kirche, öffentlicher Hand und privaten Arbeitgebern, wird man schwerlich von systematischer Ausbeutung der Dienstnehmer durch die Kirchen sprechen können. Kirchliche Dienstgeber bieten in der Regel überdurchschnittlich gute Arbeitsbedingungen. Doch sind die Ansprüche an sich selbst als Dienstgeber eben auch besonders hoch. Unter den obwaltenden Umständen wird es deshalb im Konkreten zunehmend schwierig zu vermitteln, dass »Dienstgemeinschaft« notwendig heißt, immer wieder eine Balance zwischen Treue zu den theologischen Grundeinsichten und pragmatischer Verwirklichung dieser um des Wirkens der Kirche in der Welt willen zu finden.

Literatur: Dienstgemeinschaft: Ein Begriff auf dem Prüfstand, epd-Dokumentation 17/2013 – *Joussen, Jacob*: »Ut unum sint« – Betriebsgemeinschaft und Dienstgemeinschaft im Arbeitsrecht, RdA 2007, S. 328–335 – *Heinig, Hans Michael*: Dienstgemeinschaft und Leiharbeit, ZevKR 54 (2009), S. 62–75.

Hans Michael Heinig

Disziplinarrecht, kirchliches

Das kirchliche Disziplinarrecht regelt, unter welchen Voraussetzungen die Verfehlungen von kirchlichen Amtsträgern und → Kirchenbeamten Amtspflichtverletzungen darstellen, wie diese verfahrensmäßig festzustellen und gegebenenfalls disziplinarisch zu ahnden sind und welche Rechtsschutzmöglichkeiten anschließend bestehen (→ Kirchengerichte, → Gerichtlicher Rechtsschutz).

Für katholische Amtsträger übernimmt weitgehend das allgemeine, für alle Katholiken geltende kanonische Strafrecht diese Funktion. Der CIC von 1983 enthält daneben aber auch spezielle Vorschriften über die Amtsenthebung oder Versetzung von Pfarrern, deren Revision derzeit im Päpstlichen Rat für die Gesetzestexte vorbereitet wird. Für Kirchenbeamte gelten zum Teil besondere diözesane Dienst- und Disziplinarordnungen, die dem staatlichen Beamtendisziplinarrecht nachempfunden sind und mitunter – wie beispielsweise die Disziplinarordnung des Bistums Mainz vom 12. Juli 2005 – in großem Umfang auf dasselbe verweisen.

In den Gliedkirchen der EKD gilt seit dem 1. Juli 2010 einheitlich das Disziplinargesetz der EKD. Auch dieses Gesetz orientiert sich in Aufbau und Inhalt an dem seit Ende der 1990er Jahre grundlegend reformierten Beamtendisziplinarrecht des Bundes und der Länder. Es enthält aber auch besondere Bestimmungen, insbesondere die Disziplinarmaßnahmen der Amtsenthebung zur Versetzung auf eine andere Stelle, die Amtsenthebung unter Versetzung in den Wartestand und die Amtsenthebung unter Versetzung in den Ruhestand. Die empfindlichste Disziplinarmaßnahme ist – wie im staatlichen Recht – die Entfernung aus dem Dienst, mit der das Dienst- oder Auftragsverhältnis und alle damit verbundenen Nebentätigkeiten im kirchlichen Dienst enden. Sie hat den Entzug der Rechte aus der Ordination und den Verlust sämtlicher Ansprüche aus dem Dienstverhältnis einschließlich des Anspruchs auf Versorgung sowie ein striktes Wiederanstellungsverbot zur Folge. Mildere Maßnahmen können durch kirchenbehördliche Disziplinarverfügung ausgesprochen werden, schärfere nur durch die unabhängigen kirchlichen Disziplinargerichte, die mit rechtskundigen und ordinierten Mitgliedern besetzt sind und nicht öffentlich verhandeln. Gegen die Entscheidungen der erstinstanzlich zuständigen Disziplinarkammern der Gliedkirchen bzw. der EKD ist die Berufung zum Disziplinarhof der EKD statthaft, dessen Aufgaben der Kirchengerichtshof der EKD wahrnimmt (→ Kirchengerichte). Wie das staatliche Recht sieht auch das Disziplinargesetz der EKD die Milderung oder den Erlass von Disziplinarmaßnahmen durch Begnadigung vor.

Das Recht der Kirchen, ein eigenständiges, vom Staat anzuerkennendes Dienst- und Disziplinarrecht zu schaffen, folgt aus Art. 140 GG i. V. m. Art. 137 Abs. 3 S. 1 und 2 WRV (→ Selbstbestimmungsrecht der Religionsgemeinschaften). Die Befugnis, sich dabei öffentlich-rechtlicher Gestaltungsformen zu bedienen, ergibt sich aus dem → Körperschaftsstatus. Gleichwohl sind dienstrechtliche Maßnahmen der Religionsgemeinschaften der Kontrolle durch die staatliche Verwaltungsgerichtsbarkeit nicht gänzlich entzogen, sondern können von dieser auf Verstöße gegen elementare Grundsätze des staatlichen Rechts hin überprüft werden. Dies hat das BVerwG in einem Grundsatzurteil vom 27. Februar 2014 (2 C 19.12) unter Aufgabe seiner bisherigen Rechtsprechung erfreulicherweise klargestellt (→ Gerichtlicher Rechtsschutz).

Anlass für Grundsatzdebatten ist das Problem der kirchlichen Disziplinargewalt heute nur noch selten. Die insbesondere von *Albert Stein* vorgebrachte Kritik allerdings, dass hier eine »ungeistliche Art des Umgangs von Christen miteinander« vorgesehen sei, steht nach wie vor im Raum. Auf Unverständnis stieß 2013 die vom Disziplinarhof der EKD verfügte Einstellung eines Disziplinarverfahrens gegen einen hochbetagten Oberkirchenrat i.R., dem Jahrzehnte zurückliegende sexuelle Übergriffe zur Last gelegt worden waren. Noch im selben Jahr setzte der Rat der EKD eine Arbeitsgruppe ein, die über die Möglichkeiten einer verbesserten Berücksichtigung von Opferbelangen in kirchlichen Disziplinarverfahren und die Notwendigkeit entsprechender Änderungen des Disziplinargesetzes der EKD beraten soll. Eine Pflicht zur Kooperation mit den staatlichen Strafverfolgungsbehörden enthält das Disziplinargesetz der EKD bereits seit 2011.

Literatur: *Gansen, Franz Werner*: Dürfen schwere Amtspflichtverletzungen folgenlos bleiben? Eine Anmerkung zum Beschluss des Disziplinarhofs der Evangelischen Kirche in Deutschland vom 13.02.2013 (DH.EKD 0125/1–11), ZevKR 58 (2013), S. 368–373 – *Goos, Christoph*: Grundfragen des Disziplinarrechts in Staat und Kirche, KuR 2010, S. 209–225 – *Stein, Albert*: Schuld und Vergebung im kirchlichen Amtsrecht, Ev.Theol. 36 (1976), S. 85–94 – *Strietzel, Wolfgang*: Das Disziplinarrecht der deutschen evangelischen Landeskirchen und ihrer Zusammenschlüsse, 1988.

Christoph Goos

Dritter Weg

Der Dritte Weg ist eine kirchliche Sonderform der Festlegung von Arbeitsbedingungen von Personen, die dem kirchlichen → Arbeitsrecht unterworfen sind. Er kann von den Kirchen anstelle einer einseitigen Festlegung durch den Arbeitgeber (»Erster Weg«), vor allem aber des im weltlichen Bereich üblichen Systems von Tarifverträgen (»Zweiter Weg«) genutzt werden. Rechtlich findet dieses Modell wie das gesamte kirchliche Arbeitsrecht seine Grundlage im → Selbstbestimmungsrecht der Religionsgemeinschaften. Theologisch wird dieses Modell damit erklärt, dass der Antagonismus von Arbeitnehmern und Arbeitgebern bei der Festlegung von Arbeits- und Wirtschaftsbedingungen, der sich ggf. sogar in Streik und Aussperrung artikulieren kann, mit dem besonderen Charakter der Tätigkeit im kirchlichen Dienst (→ Dienstgemeinschaft) nicht zu vereinbaren ist. Dieser stellt eben nicht nur Engagement für einen weltlichen Arbeitgeber dar, sondern auch Dienst am Herrn. Der Arbeitnehmer darf daher seine Tätigkeit nicht verweigern, um so bessere Arbeitsbedingungen durchsetzen zu können, und der Arbeitgeber darf seinen Arbeitnehmer nicht von seiner Tätigkeit abhalten. Daneben spielen rechtstechnische Feinheiten des Tarifvertragsgesetzes eine Rolle, die die Schaffung eines einheitlichen kirchlichen Arbeitsrechts erschweren. Im Bereich der katholischen Kirche findet der Dritte Weg ausnahmslos Anwendung, in den evangelischen Kirchen bisher mit wenigen Ausnahmen (ehemals nordelbische Teile der Nordkirche, Berlin-Brandenburg-schlesische Oberlausitz). Zudem wird in der evangelischen Diakonie zunehmend über Tarifverträge diskutiert.

Das Grundmodell des Dritten Weges besteht darin, dass paritätisch mit Vertretern der Dienstgeber und Dienstnehmer (»Arbeitnehmer« und »Arbeitgeber«) besetzte Kommissionen über die zentralen arbeitsrechtlichen Fragen entscheiden, die anderweitig durch Tarifvertrag geregelt werden. Die Vertreter der Dienstnehmer werden dabei entweder von den jeweils zuständigen Gewerkschaften bestellt oder von den Dienstnehmern gewählt; zumeist müssen sie zu Ämtern der jeweiligen Kirche wählbar sein. Zum Teil sind Schiedskommissionen mit neutralem Vorsitzenden für den Fall vorgesehen, dass sich die Kommissionen nicht auf eine Lösung bestimmter Konflikte verständigen. Gelegentlich unterliegen die so beschlossenen Regelungen auch einem Bestätigungsvorbehalt zugunsten der jeweiligen Synode bzw. des jeweiligen Bischofs.

Die auf diesem Wege gefundenen Regelungen finden dann durch Bezugnahme in den jeweiligen Arbeitsverträgen auf das jeweilige Arbeitsverhältnis Anwendung. Die Rechtsgrundlagen für den Dritten Weg finden sich in einem von der jeweiligen evangelischen oder katholischen Kirche beschlossenen Regelwerk. Insgesamt soll dieses Modell zu Lösungen führen, die dem Tarifvertragssystem gleichwertig sind. Partiell hat sich auch der Gesetzgeber dieser Wertung angeschlossen. In einzelnen Gesetzen sind Regelungen, die im Dritten Weg entstanden sind, in ihren rechtlichen Wirkungen Tarifverträgen gleichgestellt.

In letzter Zeit ist der Dritte Weg in die Kritik geraten.

So wird – auch in einigen Gerichtsurteilen – bezweifelt, dass der generelle Ausschluss des verfassungsrechtlich verbürgten Arbeitskampfrechts im kirchlichen Bereich tatsächlich uneingeschränkt vom Selbstbestimmungsrecht der Kirchen gefordert werde. Vielmehr entfalte die Koalitionsfreiheit nach Art. 9 Abs. 3 GG unmittelbare Drittwirkung und stelle so ein »für alle geltenden Gesetz« im Sinne des Art. 140 GG i. V. m. Art. 137 Abs. 3 WRV dar. Da es um kollektives Arbeitsrecht geht, sind nach Verkündungsnähe differenzierende Lösungen nicht zu realisieren.

Demgegenüber hat das Bundesarbeitsgericht den Dritten Weg jüngst im Grundsatz als angemessenen Ausgleich zwischen den verschiedenen Rechtspositionen angesehen (BAG, NZA 2013, 448). Zugleich aber hat es zwei Bedingungen formuliert. Zum einen müssten die Gewerkschaften als solche in die Entscheidungsfindung eingebunden sein. Die bisher zum Teil übliche Wahl der Arbeitnehmervertreter unmittelbar durch die Arbeitnehmer dürfte daher nicht mehr möglich sein. Zum anderen müssen die in den Kommissionen gefundenen Lösungen tatsächlich für die jeweiligen kirchlichen Arbeitgeber verbindlich sein. Diesen bisher gelegentlich zuerkannte Wahlrechte sind unzulässig. Außerdem sind verschiedentlich bestehende kirchliche Bestätigungsvorbehalte zweifelhaft geworden. In ersten Reaktionen zeigten sich die Kirchen zufrieden, die Gewerkschaften nicht. Sie haben (mit wenig Aussicht auf Erfolg) das Bundesverfassungsgericht angerufen.

Literatur: *Thüsing, Gregor*: Kirchliches Arbeitsrecht, 2006, § 3 – *Richardi, Reinhard*: Arbeitsrecht in der Kirche, 6. Auflage, 2012, § 14 – *Reichold, Hermann*: Ein »Ja, aber« zum Streikverbot in den Kirchen und ihren Einrichtungen, NZA 2013, 585–590.

Claus Dieter Classen

Drittsenderechte

I. Die meisten Rundfunkgesetze und Staatsverträge verpflichten Rundfunkveranstalter, den Kirchen und bestimmten anderen → Religionsgemeinschaften auf Wunsch angemessene Sendezeiten einzuräumen (z. B. § 8 Abs. 3 WDR-G). Solche besonderen Sendezeiten dürfen nicht nur Religionsgemeinschaften in Anspruch nehmen, sondern etwa auch die jeweiligen Landesregierungen und vor Wahlen auch politische Parteien. Gemeinsames Merkmal aller dieser Drittsendungsrechte ist, dass hier der Berechtigte direkt zu Wort kommen kann, das Rundfunkprogramm wird für die Dauer der Drittsendung unterbrochen, was im Programm mehr oder weniger deutlich auch zum Ausdruck gebracht wird. Für den Inhalt der Sendungen ist der jeweils Berechtigte verantwortlich. Drittsendungsrechte eröffnen den Kirchen die Möglichkeit, sich gleichsam unvermittelt mit selbst bestimmten Inhalten an den Adressaten zu richten und sind deshalb ein ganz wesentlicher Bestandteil ihrer öffentlichen Wirksamkeit. Die Tradition selbstverantworteter kirchlicher Programmelemente reicht zurück bis zum ersten Jahr des regelmäßigen Rundfunks. Im totalen Staat des Naziregimes wurden sie zuerst reglementiert und ab 1939 ganz verboten. Gleich mit der Wiederaufnahme der Rundfunktätigkeit unter den Alliierten 1945 wurden religiöse Sendebeiträge der Kirchen wieder zum festen Bestandteil der Rundfunkordnungen; auf dem Gebiet der späteren DDR erst verzögert und unter vollständiger staatlicher Kontrolle.

II. Drittsendungsrechte für Religionsgemeinschaften sind eine Konsequenz aus dem verfassungsrechtlichen Rundfunkauftrag in Verbindung mit der den Religionsgemeinschaften in der Verfassung zugewiesenen Rolle. Das

Bundesverfassungsgericht definiert den Auftrag des Rundfunks vor dem Hintergrund der schlechthin konstituierenden Rolle, die den Massenmedien im Prozess der öffentlichen Meinungsbildung zukommt. Die Rundfunkanstalten sind daher zu einer Grundversorgung an Informationen, Bildung, Kultur und Unterhaltung verpflichtet, die nicht als Minimalprogramm, sondern als möglichst breites und vollständiges Abbild gesellschaftlichen Lebens zu verstehen ist. In dieses Bild ist die Verfassungsordnung aufzunehmen. Die Verfassung garantiert Religionsgemeinschaften einen Wirkungsraum in der Gesellschaft. Religiöse Drittsendungsrechte sind ein Beispiel für den positiven Umgang, den der posttotalitäre Verfassungsstaat mit Religion pflegt. Sie integrieren in einem reflexiv aufgeklärten Sinne alternative Rationalität in den Prozess der öffentlichen Meinungsbildung.

III. Das Neutralitätskonzept der Verfassung (→ Neutralität) formuliert auch die Bedingungen unter denen Religionsgemeinschaften Drittsendungsrechte eingeräumt werden können. Das Grundgesetz ist offen für alle Religionsgemeinschaften, statuiert insbesondere keinen Kulturvorbehalt. Die Kooperation des in religiösen Dingen neutralen Staates mit Religionsgemeinschaften setzt zwingend voraus, dass der Kooperationspartner ein selbständiges Gegenüber darstellt, das sich im Verhältnis zum Staat authentisch artikulieren kann. Wo dies nicht gewährleistet ist, bedeutet »Kooperation« ein Ausgreifen des Staates in den Bereich der Religion und ist damit eine Kompetenzüberschreitung, die notwendig die religiöse Neutralität aufgibt. Eine Kooperation des Staates mit Religionsgemeinschaften setzt die Kenntnis ihrer Mitgliederstärke voraus. Sie bildet den notwendigen objektiven Anknüpfungspunkt für eine paritätische Behandlung, die den Staat zwingt, bestehende Unterschiede zu berücksichtigen; die ihm verbietet, erwarteten gesellschaftlichen Entwicklungen vorzugreifen. Schließlich kann der Staat nur mit solchen Religionsgemeinschaften kooperieren, die die Gewähr der Rechtstreue bieten. Die Voraussetzungen für die Kooperation für den Einzelfall der Drittsendungsrechte in der Rundfunkordnung entsprechen denjenigen, die das Bundesverfassungsgericht an die Verleihung des → Körperschaftsstatus an Religionsgemeinschaften formuliert, der eine Kooperationsfähigkeit unter den Bedingungen von Neutralität über den Einzelfall hinaus sicherstellt.

Literatur: *Link, Christoph*: Der Anspruch der Kirchen auf Präsenz in den öffentlich-rechtlichen und privatrechtlichen Massenmedien des Rundfunks und Fernsehens, in: HdbStKirchR II, S. 251–284; *Trapp, Dan Bastian*: Religiöse Neutralität und Rundfunkfreiheit, 2013; *Lorenz, Dieter*: Das Drittsendungsrecht der Kirchen, insbesondere im privaten Rundfunk, 1988.

Dan Bastian Trapp

Ernennung von Geistlichen, staatliche Mitwirkungsrechte

I. Das Grundgesetz setzt durch die Garantie der → Ämterfreiheit und den Grundsatz der → Trennung von Staat und Kirche staatlichen Mitwirkungsrechten bei der Ernennung von Geistlichen enge Grenzen. Mit der Abschaffung der Staatskirche (→ Staatskirchentum) wurden alle traditionellen, aus der Territorialherrschaft abgeleiteten Mitwirkungsrechte des Staates in *rebus religionis* aufgehoben. Dies gilt auch für Rechte aus vorkonstitutioneller

Zeit, die in die öffentliche Hand belastenden → Patronaten wurzeln.

Staatliche Mitwirkungsrechte können sich seit 1919 allenfalls daraus ergeben, dass eine → Religionsgemeinschaft solche dem Staat freiwillig und ausdrücklich, d.h. durch Staatskirchenvertrag, einräumt (→ Verträge). Doch auch dann bleibt der Staat an die objektiv-rechtlichen Grundsätze des → Religionsverfassungsrechts (Achtung der individuellen und korporativen Religionsfreiheit, Diskriminierungsverbot, Trennungsprinzip, Neutralitätsgrundsatz) gebunden. Dies begrenzt die Spielräume für vertragliche Vereinbarungen und zwingt, diese im Lichte des Grundgesetzes auszulegen.

II. Prominentes Beispiel für gewisse Mitwirkungsrechte sind die in zahlreichen → Konkordaten und Staatskirchenverträgen vorgesehenen sog. politischen Klauseln (vgl. z.B. Art. 6 preußisches Konkordat, Art. 3 badisches Konkordat, Art. 14 Abs. 1 Reichskonkordat, Art. 14 bayerisches Konkordat, Art. 2 Abs. 2 badischer Kirchenvertrag, Art. 7 preußischer Kirchenvertrag, Art. 7 Loccumer Vertrag). Durch diese verpflichten sich die Kirchen, der Landesregierung Gelegenheit zu geben, politische Bedenken gegen die Berufung einer Person in ein geistliches Amt geltend zu machen. Mit diesem Vorverfahren korrespondiert im Reichskonkordat die Verpflichtung der Bischöfe, einen Treueeid gegenüber dem Staat zu leisten.

Freilich haben die im Rahmen der politischen Klauseln etwaig geltend gemachten Bedenken ausschließlich staatspolitischer und nicht kirchen- oder parteipolitischer Natur zu sein (so etwa ausdrücklich Art. 7 Abs. 2 Loccumer Vertrag). Ob diese Unterscheidung wirklich praktikabel ist, kann letztlich dahingestellt bleiben, weil die politischen Klauseln keine Möglichkeit eröffnen, seitens des

Staates eine bestimmte Personalentscheidung effektiv zu verhindern. Sie begründen lediglich eine wechselseitige Erörterungspflicht. Für die katholische Kirche hält das Schlussprotokoll zu Art. 14 Reichskonkordat ausdrücklich fest: »Ein staatliches Vetorecht soll nicht begründet werden«. Im evangelischen Bereich gelten zudem Sonderbestimmungen für Wahlämter und Berufungen durch Synoden, so dass die politischen Klauseln schon deshalb weitgehend ins Leere laufen.

Unter dem Grundgesetz wurde von den politischen Klauseln in der Praxis nie Gebrauch gemacht. Gleichwohl wohnt ihnen ein schaler Beigeschmack bei. Sie sind Relikte aus Zeiten der Abwicklung des → Staatskirchentums und Nachwirkungen des → Kulturkampfes. Perfiden Missbrauch fanden sie zudem (wie auch der Treueeid) durch die nationalsozialistische Kirchenpolitik. Jüngere Staatskirchenverträge verzichten deshalb bewusst auf entsprechende Mitwirkungsbefugnisse.

III. Einen Sonderfall bildet die Anstaltsseelsorge (→ Seelsorge), in der Staat und Kirche notwendigerweise zusammenwirken. Ihr eignet durch Art. 141 WRV verfassungsrechtliche Dignität. Staat und Kirche sind hier in besonderer Weise auf ein funktionierendes Vertrauensverhältnis angewiesen, weshalb vertragliche Konsultationspflichten vor der Ernennung der Militärbischöfe als durchaus legitim erscheinen.

IV. Kein Fall echter Mitwirkungsrechte ist dagegen die teilweise bestehende konkordatäre Selbstverpflichtung der katholischen Kirche, Bischofswahlverfahren durch Domkapitel durchzuführen (→ Ämterfreiheit). Der Staat wirkt hier nicht mit. Eine eigene Fallgruppe bildet schließlich auch die Besetzung konfessioneller Staatsämter, die nur in sehr engen Grenzen (Lehrer für konfessionellen

Religionsunterricht, Professuren für Theologie) verfassungsrechtlich zulässig sind und naturgemäß eine staatliche Mitwirkung verlangen (→ Theologische Fakultäten, → Religionsunterricht).

Literatur: *Weber, Werner*: Die politische Klausel in Konkordaten, 1939 – *Kaiser, Joseph Heinrich*: Die Politische Klausel der Konkordate, 1949 – *Dahl-Keller, Ulrike Marga*: Der Treueid der Bischöfe gegenüber dem Staat, 1994 – *Rüfner, Wolfgang*: Zur »Politischen Klausel« in Konkordaten und Kirchenverträgen, in: FS Listl II, 2004, S. 783–795.

Hans Michael Heinig

Ethikunterricht / Werte und Normen

Der Ethikunterricht an öffentlichen Schulen kann verpflichtend für alle oder als Ersatzunterricht für solche Schüler abgehalten werden, die an keinem → Religionsunterricht teilnehmen. Ein solcher Ersatzunterricht ist ebenfalls als Pflichtfach ausgestaltet. Nach Abmeldung vom Religionsunterricht besteht eine Pflicht zur Teilnahme.

Eine ausdrückliche verfassungsrechtliche Verankerung auch des Ethikunterrichtes als ordentliches Schulfach besteht z. B. in Sachsen (Art. 105 Abs. 1 S. 1 LV), Sachsen-Anhalt (Art. 27 Abs. 3 S. 1 LV) und Thüringen (Art. 25 Abs. 1 LV). Als Ersatzunterricht ist er festgelegt in Art. 137 Abs. 2 LV Bayern und Art. 35 Abs. 2 LV Rheinland-Pfalz. Einfachgesetzlich ist der Ethikunterricht in den Schulgesetzen der Länder geregelt.

Die Terminologie für einen Ethikunterricht differiert: Beispielsweise bezeichnen Baden-Württemberg und Thüringen das Fach als »Ethik«. In Niedersachsen heißt es »Werte und Normen«. In Brandenburg wird »Lebensgestaltung – Ethik – Religionskunde« unterrichtet (→ Bremer Klausel). Schleswig-Holstein bietet »Philosophie« an.

Der Ethikunterricht an deutschen Schulen entstand erst in den 1970er Jahren. Hintergrund war, dass immer mehr Eltern ihre Kinder vom Religionsunterricht freistellten. Die Länder erkannten, dass sie ihren Schülern eine vergleichbare Werteerziehung anbieten mussten, um der zunehmenden Säkularisierung schulisch zu entsprechen.

Inhaltlich soll den Schülern mit dem Ethikunterricht das für ein selbstbestimmtes Leben notwendige Wertekorsett vermittelt werden. Denn Art. 7 Abs. 1 GG umfasst auch eine wertgebundene Erziehung der Schüler. Ethikunterricht dient nach den weitgehend übereinstimmenden Vorgaben der Länder der Erziehung der Schüler zu verantwortungs- und wertbewusstem Urteilen und Handeln. Er orientiert sich in seinen Zielen und Inhalten an den Wertvorstellungen, wie sie im Grundgesetz und in den Verfassungen der Länder sowie in deren Schulgesetzen für den Erziehungs- und Bildungsauftrag der Schule niedergelegt sind. Im Fach Ethik soll kritisches Verständnis für die in der Gesellschaft wirksamen Wertvorstellungen und Normen sowie der Zugang zu philosophischen, weltanschaulichen und religiösen Fragestellungen eröffnet werden. Ziel des Ethikunterrichtes ist die Vermittlung einer ethischen Grundbildung und die Befähigung der Schüler zu begründeter Urteilsbildung und zu verantwortlichem Handeln.

Im Unterschied zum Religionsunterricht ist der Ethikunterricht religiös-weltanschaulich jedoch neutral zu halten (→ Neutralität). Soweit in diesem Unterricht auch – und das lässt sich nicht vermeiden – das Thema Religion angesprochen wird, gilt folgendes: Der Staat darf sich weder mit einer Religion identifizieren, noch darf der Unterricht aus einer grundsätzlich religionskritischen, ablehnenden Position heraus gestaltet werden. Der Ethikunterricht berücksichtigt die Pluralität der Bekenntnisse und Weltanschauungen. Dies geschieht in Dialog und Auseinandersetzung mit den in unserer Gesellschaft wirksamen Überzeugungen und Traditionen. Daraus sollen auf dem Wege der Begründung und Reflexion tragfähige Orientierungen für Denken und Handeln gewonnen werden. Die Vermittlung bestimmter Inhalte und Denkweisen im Sinne eines geschlossenen Weltbildes mit einheitlicher Deutung von Lebens- und Sinnfragen ist nicht Sache dieses Unterrichts.

Die gegen einen Ersatzunterricht erhobenen verfassungsrechtlichen Zweifel stellen darauf ab, dass die Pflicht zur Teilnahme an einem »Ersatzfach« einer Strafmaßnahme nahekomme. Dies sei als ein Verstoß gegen das Recht zur Abmeldung vom Religionsunterricht zu begreifen. Zudem sei durch das Wahlrecht zwischen diesen beiden Fächern die grundrechtlich geschützte Position der Art. 4 Abs. 1 und 7 Abs. 3 S. 1 GG gemindert. Diese verfassungsrechtlichen Zweifel haben sich indes nicht durchsetzen können. Mittlerweile halten es die überwiegende Meinung im Schrifttum und die Rechtsprechung für mit dem Grundgesetz vereinbar, Schüler zur Teilnahme an einem Ethikunterricht zu verpflichten. Insbesondere sei die staatliche Pflicht zur religiös-weltanschaulichen Neutralität nicht verletzt. Der Landesgesetzgeber darf sicherstellen, dass die Schule jeden Schüler zur Auseinandersetzung mit ethischen Grundwerten verpflichtet.

Eine Verpflichtung des Staates, Ethikunterricht für solche Schüler vorzusehen, die sich vom Religionsunterricht abgemeldet haben, besteht nach jüngster Rechtsprechung des BVerwG jedoch nicht.

Literatur: *Bader, Johann*: Zur Verfassungsmäßigkeit des obligatorischen Ethikunterrichts, NVwZ 1998, S. 256–258 – *Unruh, Peter*: Zur Verfassungsmäßigkeit des obligatorischen Ethikunterrichts, DÖV 2007, S. 625–636 – BVerwG NVwZ 1999, S. 769–774 (Verfassungsmäßigkeit des Ethikunterrichts als Ersatzfach) – BVerwG, NVwZ 2014, 1163–1165 (keine verfassungsrechtliche Verpflichtung zur Einrichtung eines Schulfachs Ethik).

Norbert Janz

Europäische Menschenrechtskonvention

Die »Konvention zum Schutze der Menschenrechte und Grundfreiheiten« (Europäische Menschenrechtskonvention, EMRK) ist ein völkerrechtlicher Vertrag, der im Rahmen des Europarats ausgearbeitet wurde. Die Konvention enthält einen der ersten verbindlichen internationalen Menschenrechtskataloge überhaupt. Sie wurde am 4.11.1950 in Rom unterzeichnet und trat am 3.9.1953 in Kraft. Sie wurde seither um insgesamt 16 Zusatzprotokolle ergänzt, welche entweder die materiellen Garantien des ursprünglichen Grundrechtskatalogs erweiterten (z.B. Abschaffung der Todesstrafe in Friedenszeiten durch das 6. ZP vom 28.4.1983 und in Kriegszeiten durch das 13. ZP vom 3.5.2002; Verbot der Doppelbestrafung [*ne bis in idem*] durch das 7. ZP vom 22.11.1984) oder die Verfahren zur Überwachung der Konventionsverpflichtungen änderten (insbes. das 9. ZP vom 9.11.1990 und das 11. ZP vom 11.5.1994, mit welchen ein für alle Vertragsparteien verpflichtendes Individualbeschwerdeverfahren vor dem Europäischen Gerichtshof für Menschenrechte [EGMR] geschaffen wurde). Über die Umsetzung der Verpflichtungen aus Urteilen des EGMR wacht das Ministerkomitee des Europarats (Art. 46 Abs. 1 EMRK).

Der EMRK gehören heute alle 47 Mitgliedstaaten des Europarats an. Die Parlamentarische Versammlung des Europarats hat nach dem Ende des Kalten Krieges ihr Empfehlungsrecht bei der Aufnahme neuer Mitglieder dazu genutzt, die Ratifikation zu einer faktischen Beitrittsbedingung zu machen, da sie eine entsprechende Empfehlung erst nach einem Beitritt zur Konvention ausgesprochen hat. Mit dem Inkrafttreten des 14. ZP am 1.6.2010 ist auch ein Beitritt der EU (→ Europarecht) zur EMRK konventionsrechtlich möglich geworden. Die entsprechende unionsrechtliche Grundlage liefert Art. 6 Abs. 2 EUV. Das bereits ausgehandelte Beitrittsübereinkommen wird derzeit vom Europäischen Gerichtshof in einem Gutachtenverfahren nach Art. 218 Abs. 11 AEUV überprüft.

Als völkerrechtlicher Vertrag verpflichtet die EMRK ihre Mitgliedstaaten zunächst einmal auf völkerrechtlicher Ebene (also im Außenverhältnis) auf die Einhaltung der in ihr enthaltenen menschenrechtlichen Mindeststandards. Die Überwachung der Konventionsverpflichtungen erfolgt durch den Europäischen Gerichtshof für Menschenrechte (Art. 19 ff. EMRK). Im Wesentlichen stehen zwei Verfahrensarten zur Verfügung: Mit der Staatenbeschwerde (Art. 33 EMRK) kann eine andere Vertragspartei einen behaupteten Konventionsverstoß rügen; mit der Individualbeschwerde (Art. 34 EMRK) können Individuen und Gruppen, die sich in ihren Rechten verletzt fühlen, nach Erschöpfung des innerstaatlichen Rechtswegs den Gerichtshof anrufen. In der gerichtlichen Praxis steht das Individualbeschwerdeverfahren ganz im Vordergrund. Während es über den gesamten Zeitraum seit 1953 lediglich 16 Staatenbeschwerden gab, gingen allein im Jahr 2013 65.900 Individualbeschwerden ein. Der Gerichtshof hat es aufgrund verschiedener Verfahrensänderungen (zu denen insbesondere auch die Zurückweisung von Individualbeschwerden durch Einzelrichterentscheidung gehört) im Jahr 2012 erstmals geschafft, seinen hohen Stand anhängiger Verfahren, der zeitweise bei 150.000 lag, abzubauen. Es waren im März 2014 aber immer noch ca. 96.000 Verfahren anhängig.

Abgesehen von ihrer Bindung auf völkerrechtlicher Ebene erzeugt die EMRK auch innerstaatliche Rechtswirkungen. Diese hängen von dem Rang ab, welchen das innerstaatliche Recht eines jeden Mitgliedstaats völkerrechtlichen Verträgen in der innerstaatlichen Normenhierarchie zuweist. Während die EMRK etwa in Österreich Verfassungsrang genießt, kommt ihr in Deutschland die Wirkung eines einfachen Bundesgesetzes zu. Das Bundesverfassungsgericht hat ihre Wirkungen aber stark ausgebaut, indem es alle Behörden und Gerichte zu einer konventionskonformen Auslegung nationalen Rechts verpflichtet. Darüber hinaus legt es die Grundrechte des Grundgesetzes im Lichte der EMRK aus, so dass auf diesem Umweg die materiellen Garantien der EMRK Verfassungsrang erlangen können. Ist die Bundesrepublik Deutschland in einem Verfahren vor dem EGMR wegen eines Konventionsverstoßes verurteilt worden, so besteht aus Art. 46 Abs. 2 EMRK eine Verpflichtung zur Beseitigung des Konventionsverstoßes, die gegebenenfalls auch mit der Verfassungsbeschwerde eingefordert werden kann. Da der Gerichtshof nach Art. 32 Abs. 1 EMRK für die Auslegung und Anwendung der EMRK zuständig ist, entfalten seine Entscheidungen in Verfahren gegen andere Vertragsparteien eine Orientierungswirkung auch für

Deutschland. Auch hier gelten deshalb die Grundsätze der konventionskonformen Auslegung.

Für das mitgliedstaatliche Religionsrecht sind die Religionsfreiheit (Art. 9 EMRK), das Recht der Eltern auf religiöse Erziehung ihrer Kinder (Art. 2 Abs. 1 ZP 1 EMRK) und das Diskriminierungsverbot des Art. 14 EMRK (in Verbindung mit der Religionsfreiheit) von Bedeutung. Der EGMR hat anhand dieser Vorschriften zunächst vor allem individuelle Freiheitsrechte entfaltet. Inzwischen ist aber auch eine korporative Freiheit von Religionsgemeinschaften anerkannt, welche sich zum einen gegen staatliche Eingriffe in die innere Organisation richtet, zum anderen aber auch die Freiheit beinhaltet, die arbeitsrechtlichen Rechtsbeziehungen in kirchlichen Einrichtungen (→ Arbeitsrecht) nach dem jeweiligen religiösen Selbstverständnis auszugestalten. Soweit dieses mit individuellen Rechtspositionen von Arbeitnehmern (z.B. Recht auf Eheschließung aus Art. 12 EMRK oder Recht auf Achtung des Privat- und Familienlebens aus Art. 8 Abs. 1 EMRK), oder kollektiven Rechtspositionen von Gewerkschaften (Recht auf Beteiligung an Tarifverhandlungen oder auch Streikrecht aus Art. 11 Abs. 1 EMRK) in Konflikt tritt, ist eine Abwägung vorzunehmen, bei der ein möglichst schonender Ausgleich der verschiedenen Rechtspositionen gesucht werden muss. In der Tendenz hat der Gerichtshof hier die mit der Religionsfreiheit kollidierenden anderen Grundrechtspositionen etwas stärker gewichtet, als dies in der vorherigen innerstaatlichen deutschen Praxis der Fall war.

Abgesehen von den genannten subjektiven Rechtspositionen hat der Gerichtshof im Wege der Auslegung gerade bei Kollisionsfällen aus der Religionsfreiheit und dem Diskriminierungsverbot einen allgemeinen Grundsatz der → Neutralität des Staates abgeleitet. Im Streit um die italienischen Kruzifixe in Klassenzimmern hat er eine positive Pflicht des Staates angenommen, »in neutraler und unparteiischer Weise sicherzustellen, dass verschiedene Religionen, Glaubensrichtungen und Überzeugungen ausgeübt werden können«. Es sei seine Aufgabe, dazu beizutragen, dass die öffentliche Ordnung, sowie religiöser Friede und Toleranz in einer demokratischen Gesellschaft, insbesondere zwischen gegnerischen Gruppen erhalten bleiben (Lautsi gg. Italien, Urteil der Großen Kammer, Zf. 60). Zu Recht gesteht der Gerichtshof den Mitgliedstaaten aber einen weiten Einschätzungsspielraum bei der konkreten Umsetzung dieser allgemeinen Pflicht zu. Dieser umfasst unterschiedliche Formen der Ausgestaltung des schulischen Umfelds (bei denen auch die staatliche Anordnung von Kruzifixen zulässig sein kann, wenn insgesamt ein auch gegenüber anderen religiösen Symbolen offenes Klima herrscht) ebenso wie Mindestanforderungen an die Kommunikation im öffentlichen Raum. Mit dem zuletzt genannten Rechtfertigungsgrund wurde das französische Burka-Verbot in der allgemeinen Öffentlichkeit für konventionskonform erachtet.

Literatur: *Grabenwarter, Christoph / Pabel, Katharina*: Europäische Menschenrechtskonvention, 6. Auflage, 2012 – *von Ungern-Sternberg, Antje*: Religionsfreiheit in Europa, 2008, 43 ff. – *Walter, Christian*: Religiöse Symbole in der öffentlichen Schule – Bemerkungen zum Urteil der Großen Kammer des Europäischen Gerichtshofs für Menschenrechte im Fall Lautsi, EuGRZ 2011, S. 673–677.

Christian Walter

Europarecht

Europarecht bezeichnet das Recht der europäischen internationalen Organisationen. Dabei unterscheidet man herkömmlicherweise einen *engen* und einen *weiten* Begriff des Europarechts. In einem weiten Sinne bezeichnet Europarecht das Recht aller zwischenstaatlichen europäischen Organisationen, also neben der Europäischen Union insbesondere auch den Europarat (einschließlich der → Europäischen Menschenrechtskonvention, EMRK), die Europäische Freihandelszone (EFTA) und die Organisation über Sicherheit und Zusammenarbeit in Europa (OSZE). Das enge Begriffsverständnis ist dagegen allein auf die der Europäischen Union (EU) zuzurechnenden Rechtsbeziehungen beschränkt. Wegen ihrer engen Verbindung zur EU rechnet auch die Europäische Atomgemeinschaft (Euratom) hinzu, wenngleich sie auch nach dem Inkrafttreten des Vertrags von Lissabon eine eigenständige Organisation geblieben ist.

Historisch geht die EU auf die 1957 geschlossenen Römischen Verträge zurück. Damals wurden neben der bereits seit 1952 bestehenden Europäischen Gemeinschaft für Kohle und Stahl (EGKS) eine auf wirtschaftliche Integration eines (damals so genannten) Gemeinsamen Marktes gerichtete Organisation, die Europäische Wirtschaftsgemeinschaft (EWG, später EG) und eine auf Zusammenarbeit im Bereich der friedlichen Nutzung der Atomenergie gerichtete Organisation, die Europäische Atomgemeinschaft (Euratom) gegründet. Mit dem Reformvertrag von Maastricht (1993) wurde daneben die Europäische Union (EU) gegründet. Die EU fungierte damals einerseits als Dachorganisation für die bestehenden drei Organisationen, die sie in die so genannte 1. Säule integrierte. Daneben wurden ihr in einer 2. Säule eigene

Zuständigkeiten im Bereich der Außenpolitik (Gemeinsame Außen- und Sicherheitspolitik, GASP) und in einer 3. Säule im Bereich der inneren Sicherheit (Polizeiliche und Justizielle Zusammenarbeit in Strafsachen, PJZS) übertragen. Nach zwischenzeitlichen Ergänzungen in den Verträgen von Amsterdam (1997) und Nizza (2001) hat der Vertrag von Lissabon die Säulenstruktur abgeschafft, die EG aufgelöst und alle Zuständigkeiten der EG und der 2. und 3. Säule in der EU konzentriert. Heute sind zwei Verträge für das EU-Recht maßgeblich: der Vertrag über die Europäische Union (EUV) regelt die Grundlagen des institutionellen Gefüges der Union. Außerdem formuliert er wesentliche materielle Grundprinzipien und enthält die Vorschriften zur GASP (frühere 2. Säule). Die Einzelheiten des früheren EG-Vertrags und der Zuständigkeiten aus der früheren 3. Säule sind dagegen im Vertrag über die Arbeitsweise der Union (AEUV) geregelt.

Ursprünglich hatte die EWG sechs Mitgliedstaaten (Belgien, Deutschland, Frankreich, Luxemburg, die Niederlande und Italien). Nach Erweiterungen in Richtung Norden (1973: Großbritannien, Dänemark und Irland), in Richtung Süden (1981: Griechenland, 1986: Spanien und Portugal), erneut in Richtung Norden (1995: Finnland, Österreich und Schweden) und in Richtung Osten (2004: Estland, Lettland, Litauen, Malta, Polen, Slowakei, Slowenien, Tschechische Republik, Ungarn und Zypern; sowie 2007: Bulgarien und Rumänien, und schließlich 2013: Kroatien) umfasst die EU heute 28 Mitgliedstaaten. Materielles Kernanliegen ist die Schaffung eines Binnenmarktes, in dem der freie Verkehr von Waren, Personen, Dienstleistungen und Kapital gewährleistet ist (Art. 26 Abs. 2 AEUV). Der Binnenmarkt wird um einen Raum der Freiheit, der Sicherheit und des Rechts ergänzt, der

Vorschriften über den Personenverkehr über die Außengrenzen, die Zusammenarbeit bei der Strafverfolgung und in Zivilsachen mit grenzüberschreitendem Bezug enthält (Art. 67ff. AEUV).

Die Union besitzt die Kompetenz, im Zusammenwirken ihrer drei zentralen Organe (Parlament, Rat und Kommission) verbindliches Recht zu setzen, das entweder der Umsetzung durch mitgliedstaatliches Recht bedarf (Richtlinien) oder direkt und unmittelbar in den mitgliedstaatlichen Rechtsordnungen gilt (insbes. Verordnungen, aber auch Beschlüsse und in Ausnahmefällen Richtlinien). Herkömmlicherweise bezeichnet man die Verträge (EUV und AEUV) als *Primärrecht*, das auf ihrer Grundlage von den Organen erlassene Recht als *Sekundärrecht*. Für das Sekundärrecht gilt der *Grundsatz der begrenzten Einzelermächtigung*, demzufolge die Union nur dort rechtsetzend tätig werden darf, wo ihr durch das Primärrecht eine entsprechende Kompetenz zuerkannt worden ist. Nach der Rechtsprechung des Europäischen Gerichtshofs beanspruchen sowohl das Primärrecht als auch das gesamte Sekundärrecht Anwendungsvorrang vor dem innerstaatlichen Recht der Mitgliedstaaten (einschl. des mitgliedstaatlichen Verfassungsrechts). Die Behörden und Gerichte der Mitgliedstaaten sind danach verpflichtet, innerstaatliches Recht unangewendet zu lassen, wenn es mit unionsrechtlichen Vorgaben unvereinbar ist.

Seit dem Inkrafttreten des Vertrags von Lissabon verfügt die EU in Form der Europäischen Grundrechte-Charta (GR-Ch) über einen – auf der Ebene des Primärrechts verankerten – verbindlichen Grundrechtskatalog. Dieser schützt primär gegenüber den Rechtsakten der Union selbst, kommt aber daneben auch gegenüber den Mitgliedstaaten zur Anwendung, wenn diese das Recht der Union durchführen, also in seinem Anwendungsbereich handeln (Art. 51 Abs. 1 Satz 1 GR-Ch).

Von religionsrechtlicher Bedeutung sind vor allem die Zuständigkeiten der Union im Bereich des Anti-Diskriminierungsrechts. Hier wurden in Art. 4 Abs. 2 der Richtlinie 2000/78/EG vom 27. November 2000 zur Festlegung eines allgemeinen Rahmens für die Verwirklichung der Gleichbehandlung in Beschäftigung und Beruf (Gleichbehandlungsrichtlinie) Ausnahmen zugunsten des kirchlichen → Arbeitsrechts aufgenommen. Daneben kann das Wettbewerbsrecht der EU von Bedeutung sein für die Wahrnehmung der Aufgaben von → Diakonie und Caritas.

Von besonderer Bedeutung ist schließlich die ausdrückliche Anerkennung von → Religions- und Weltanschauungsgemeinschaften in Art. 17 Abs. 1 und Abs. 2 AEUV. Art. 17 Abs. 1 AEUV lautet: »Die Union achtet den Status, den Kirchen und religiöse Vereinigungen oder Gemeinschaften in den Mitgliedstaaten nach deren Rechtsvorschriften genießen, und beeinträchtigt ihn nicht.« Diese Vorschrift, deren Inhalt unter dem Amsterdamer Vertrag nur in einer gesonderten Erklärung enthalten war, schafft zwar keine Bereichsausnahme für Sachverhalte mit Religionsbezug, sie verpflichtet die Organe der Union aber zur besonderen Rücksichtnahme auf religiöse Belange. Zugleich liegt in der Regelung des Art. 17 AEUV eine Anerkennung der institutionellen Dimension von Religion und Weltanschauung. Neben der Regelung in Art. 17 AEUV werden religiöse Belange im Unionsrecht außerdem durch die bereits erwähnten Diskriminierungsverbote (Art. 10 und Art. 19 AEUV, sowie Art. 21 und Art. 22 GR-Ch) und durch die → Religionsfreiheit (Art. 10 GR-Ch) geschützt. Der früher vielfach herangezogene

Art. 4 Abs. 2 EUV, welcher die nationale Identität der Mitgliedstaaten schützt, dürfte demgegenüber mit dem Inkrafttreten des Vertrags von Lissabon an Bedeutung verloren haben, da nunmehr mit Art. 17 AEUV eine normativ stärkere Vorschrift mit ganz vergleichbarer Schutzrichtung zur Verfügung steht. Dies wird schließlich noch durch die Regelung in Art. 17 Abs. 3 AEUV verstärkt, in welcher der Dialog mit den Religionsgemeinschaften ausdrücklich (und in dieser Form erstmals) anerkannt wird. Eine laizistische Grundhaltung nach französischem Vorbild, welche Religion und Religionsgemeinschaften ausschließlich im Bereich des Privaten ansiedelt, ist der Union damit primärrechtlich verwehrt.

Literatur: *Mückl, Stefan*: Europäisierung des Staatskirchenrechts, 2005 – *Unruh, Peter*: Religionsverfassungsrecht, 2. Aufl. 2012, 332 ff. – *Heinig, Hans Michael*: Die Religion, die Kirchen und die europäische Grundrechtcharta, in: ZevKR 46 (2001), S. 440–461.

Christian Walter

Freie Wohlfahrtspflege

»Freie Wohlfahrtspflege« ist das institutionalisierte Angebot sozialer Dienstleistungen für Hilfsbedürftige (vgl. z. B. § 66 Abs. 2 AO) durch nichtstaatliche (und insofern »freie«) und gemeinnützige (vgl. z. B. § 52 AO), d. h. auf die selbstlose, nicht dem Erwerb dienende Förderung der Allgemeinheit ausgerichtete Anbieter. Die »Freie Wohlfahrtspflege« und ihre Akteure sind somit v. a. durch die Abgrenzung von der öffentlichen Wohlfahrtspflege und von gewerblichen, auf Gewinnerzielung ausgerichteten Anbietern von Hilfsleistungen definiert.

Freie Wohlfahrtspflege

In der freien Wohlfahrtspflege sind zwar auch die verfassten Kirchen (»Gemeindediakonie«), vor allem aber diesen gegenüber rechtlich selbständige, auf das Angebot (bestimmter) sozialer Leistungen spezialisierte Organisationen aktiv. Manche von diesen sind den Kirchen verbunden (→ Zuordnung) und haben konfessionellen Charakter (→ Diakonie und Caritas). Andere sind religiös-weltanschaulich neutral (z. B. der VdK) oder haben ein eigenes weltanschauliches Profil (z. B. die AWO). Sie sind in der Regel stufenweise von der örtlichen (»Ortsverband«) über die regionale (»Bezirks- oder Kreisverband«) und die Landes- bis hin zur Bundesebene organisiert. Die Bundesverbände der sechs wichtigsten Anbieter freier Wohlfahrtspflege (Deutscher Caritasverband, Diakonisches Werk der EKD, Zentralwohlfahrtsstelle der Juden in Deutschland, Paritätischer Gesamtverband, Deutsches Rotes Kreuz, Arbeiterwohlfahrt) haben sich zur »Bundesarbeitsgemeinschaft der Freien Wohlfahrtspflege« zusammengeschlossen, in der sie ihre Aktivitäten koordinieren und sozialpolitischen Einfluss nehmen. Unter ihnen haben nach dem Umfang ihrer Leistungen und der Zahl ihrer Beschäftigten (zusammen ca. 1 Mio. berufsmäßige Mitarbeiter – von insgesamt ca. 1,6 Mio.) der Caritasverband und das Diakonische Werk eine herausgehobene Bedeutung.

Gegenwärtig sind etwa die Hälfte der Sozialeinrichtungen in Deutschland in der Hand eines Trägers der Freien Wohlfahrtspflege. Sie bieten vielfältige Leistungen an, von der Kranken-, Alten- und Behindertenbetreuung über die Kinder-, Jugend- und Familienhilfe bis hin zur Hilfe für Menschen in besonderen Lebenssituationen (Flüchtlings- und Ausländerhilfe, Arbeitslosenhilfe, Schuldnerberatung, Bahnhofsmissionen, Telefonseelsorge u. s. w.). Die Freie Wohlfahrtspflege ist mithin eine tragende Säule des deutschen Sozialstaates.

Ihre auch im internationalen Vergleich außergewöhnlich bedeutsame Rolle hat neben historischen auch rechtliche Gründe. Sie beruht v. a. darauf, dass das Sozialrecht – wenn auch mit Besonderheiten und Abstufungen im Detail – das »Subsidiaritätsprinzip« anerkennt. Dieses sieht vor, dass öffentliche Träger grundsätzlich nur dann tätig werden, wenn die Aufgabe nicht durch »freie Träger der Wohlfahrtspflege« erfüllt wird oder erfüllt werden kann (vgl. nur § 4 Abs. 2 i. V. m. § 75 SGB VIII, § 5 Abs. 4 SGB XII). Darin zeigt sich das Grundanliegen des deutschen Sozialrechts, Hilfsbedürftigen nicht nur staatliche Hilfsangebote mit einheitlichem Zuschnitt, sondern eine Pluralität unterschiedlicher, auch religiös oder weltanschaulich geprägter Leistungsangebote zu gewährleisten, zwischen denen grundsätzlich ein Wunsch- und Wahlrecht besteht (vgl. nur § 5 SGB VIII). Dazu wird Trägern der Freien Wohlfahrtspflege auch in verschiedenen weiteren Bereichen eine Sonderstellung eingeräumt (z. B. im Steuerrecht, vgl. nur § 4 Nr. 18 UStG i. V. m. § 23 UStD-VO; durch das sozialrechtliche Kooperationsgebot, vgl. nur § 5 Abs. 2 SGB XII; § 549 Abs. 2 Nr. 3 BGB u. s. w.). Zugleich ist der Staat verpflichtet, die Selbständigkeit der Freien Wohlfahrtspflege zu achten (vgl. nur § 17 Abs. 3 SGB I). Auf Landesebene ist die Wohlfahrtspflege der Religionsgemeinschaften und anderen freigemeinnützigen Träger z. T. ausdrücklich verfassungsrechtlich geschützt (vgl. nur Art. 6, 87 VerfBW, Art. 32 Abs. 3, 33 LSAVerf). Die Kirchen und Religionsgemeinschaften und die ihnen zuordenbaren freien Träger genießen darüber hinaus herausgehobenen grundgesetzlichen Schutz durch die Religionsfreiheit (Art. 4 GG) und das »kirchliche Selbstbestimmungsrecht« (Art. 140 GG i.V.m. Art. 137 Abs. 3 WRV).

Die überlieferte, starke Stellung der Freien Wohlfahrtspflege gerät allerdings zunehmend unter Druck: Weil die Refinanzierung durch staatliche Mittel und Leistungsentgelte der Sozialversicherungsträger rückläufig ist, ist sie verstärkt auf Mittelbeschaffung aus anderen Quellen (z. B. ehrenamtliches Engagement, Spenden, Kirchensteuermittel) angewiesen. Weil seit den 1990er Jahren in verschiedene Leistungsbereiche (z. B. Krankenhaus- und Pflegewesen, Kinderbetreuung u. s. w.) auch privatgewerbliche Anbieter einbezogen sind und zunehmend gleichgestellt werden, sind neue Konkurrenzverhältnisse entstanden. Beides zwingt i. d. R. zu einer marktkonformeren Angebotsgestaltung. Auch unionsrechtliche Vorgaben (z. B. das Beihilfenrecht oder die Marktfreiheiten) stellen eine staatliche Begünstigung gemeinnütziger Träger gegenüber gewerblichen Anbietern und die damit einhergehende »Marktregulierung« in Frage.

Literatur: *Boeßenecker, Karl-Heinz / Vilain, Michael*: Spitzenverbände der Freien Wohlfahrtspflege, Eine Einführung in Organisationsstrukturen und Handlungsfelder sozialwirtschaftlicher Akteure in Deutschland, 2. Auflage, 2013 – *Fahlbusch, Jonathan*: Art. Freie Wohlfahrtspflege, in: EvStL, Sp. 629–633 – *Lingenfelser, Stefanie*: Freie Wohlfahrtspflege in Deutschland, 2011.

Renate Penßel

Friedhöfe

Beim kirchlichen Friedhof (auch: Kirchhof) handelt es sich rechtlich in der Regel um eine unselbständige kirchliche Anstalt (→ *res sacrae*) in der Trägerschaft einer Kirchengemeinde oder eines Gemeindeverbandes. Der christliche Friedhof ist nicht nur Bestattungsort, sondern immer auch Stätte der Andacht. Errichtung und Betrieb eines kirchlichen Friedhofs sind also kirchliche Angelegenheit (→ Selbstbestimmungsrecht). Ihre Nutzung und die dafür anfallenden Gebühren werden durch kirchliche Rechtssetzung (Kirchengesetze, Verordnungen, Satzungen) geregelt (→ Kirchenrecht).

Die Kirchen sind bis heute wichtige Träger von Friedhöfen in Deutschland, in vielen Gemeinden, auch Großstädten, sogar der wichtigste.

Der Betrieb aller Friedhöfe richtet sich nach dem staatlichen Recht. Das Friedhofs- und Bestattungsrecht ist mangels einer ausdrücklichen Bundeskompetenz (Art. 70 Abs. 1 GG) ausschließlich Landesrecht; lediglich Kriegsgräberstätten sind Gegenstand der konkurrierenden Gesetzgebung zwischen Bund und Ländern (Art. 74 Abs. 1 Nr. 10 GG). Da vorkonstitutionelles Recht als Landesrecht fortgalt, war das Friedhofsrecht auch innerhalb einzelner Bundesländer lange uneinheitlich geregelt; seit dem Inkrafttreten von Novellierungen in Nordrhein-Westfalen (2003) und Niedersachsen (2006) besitzen alle Bundesländer ein eigenes Friedhofsgesetz.

Wenn dem kirchlichen Friedhof ein faktisches Bestattungsmonopol für eine politische Gemeinde zukommt (Monopolfriedhöfe), besteht nach traditioneller Auffassung die Verpflichtung, auch nicht der Kirche angehörenden Verstorbenen die Bestattung zu gestatten und deren Religion oder Weltanschauung zu berücksichtigen. In einigen Bundesländern ergibt sich diese Verpflichtung schon aus dem Landesrecht (etwa Art. 149 Abs. 2 LV Bay).

Grundsätzlich besteht in Deutschland rechtlich und faktisch »Friedhofszwang«, d. h. sterbliche Überreste (auch Totenasche) sind auf Friedhöfen zu bestatten. Seine Abschaffung wurde wiederholt gefordert; unter engen Voraussetzungen wurde er 2003 erstmals in Nordrhein-Westfalen für Totenasche gelockert (§ 15 Abs. 6 BestG. NRW). Der Friedhofszwang ist historisch erklärbar. Im Mittelalter war die Bestattung in und bei Kirchen üblich. Aus Platzmangel und hygienischen Gründen entwickelten sich aus den Spital- und Pestfriedhöfen außerhalb der Stadtmauern Friedhöfe. Im 18. Jahrhundert wurde die Bestattung in den »Kirchen und bewohnten Gegenden der Städte« (so das Preußische Allgemeine Landrecht von 1794) zunehmend untersagt.

In der Folgezeit entwickelten sich unterschiedliche Anlageformen. Beim Parkfriedhof des späten 19. Jahrhunderts (Hamburg 1877, Stettin 1901) standen nicht die Gräber, sondern die Parkgestaltung im Vordergrund. Stärker christliche Formen berücksichtigte der Waldfriedhof (München 1905–07). Erste Krematorien entstanden in evangelischen Städten (Gotha 1878, Heidelberg 1891). Wurde die Feuerbestattung zunächst oft als Absage an das christliche Begräbnis gewählt, fanden sich doch auch befürwortende evangelische Stimmen (Generalsuperintendent *Karl Schwarz*, Gotha); Landeskirchen wie Sachsen-Weimar oder Sachsen-Coburg-Gotha gestatteten früh Feuerbestattungen, Preußen endgültig erst 1925.

Im Verlauf des 20. Jahrhundert entstanden, meist in Verbindung mit der Feuerbestattung, mit dem anonymen Begräbnis, der Aschenverstreuung oder der Seebestattung (zuletzt: »Friedwald«) neue Formen der Abkehr von traditionellen Bestattungsformen, insbesondere in protestantischen Gebieten (Norddeutschland, Niederlande, Skandinavien). Eine einheitliche kirchliche Reaktion gab es hierauf nicht; allerdings sind diese Bestattungsformen auch landesrechtlich uneinheitlich geregelt. Ab 1950 wurden in Großstädten (Berlin) kirchliche Friedhöfe geschlossen. Andere Friedhöfe gewinnen neue Funktionen dazu, so der St.-Matthäus-Kirchhof in Berlin als (christlicher) Gedächtnisort für AIDS-Tote. Auf den evangelischen Friedhöfen am Halleschen Tor in Berlin gibt es seit 2002 ein Gemeinschaftsgrab für Obdachlose. Auf vielen Friedhöfen befinden sich mittlerweile besondere Gräberfelder für tot- und frühgeborene Kinder. Die Zahl der kirchlichen Bestattungen ist seit den sechziger Jahren kontinuierlich rückläufig.

Mittlerweile stellen die meisten evangelischen Agenden Erd- und Feuerbestattung gleich; die Zahl der kirchlich begleiteten Feuerbestattungen nimmt kontinuierlich zu. Eine besondere liturgische Form für die Feuerbestattung fehlt allerdings weiterhin.

Heute darf keinem Angehörigen einer evangelischen Kirche ein kirchliches Begräbnis verweigert werden; früher bestehende Beschränkungen (Selbstmörder) wurden aufgehoben. Keinen Anspruch auf eine kirchliche Bestattung besitzen nicht der Kirche angehörige Verstorbene. Die aus seelsorgerischen Gründen möglichen Ausnahmen werden jedoch großzügig gehandhabt. Belastbare Zahlen fehlen.

Entsprechend dem Wandel der Bestattungsformen befindet sich auch das deutsche Friedhofsrecht in einem Umbruch. Die Deregulierung der kommunalen Daseinsfürsorge hat auch Auswirkungen auf das Bestattungswesen (Übertragung von Friedhofsaufgaben an private »Übernehmer«, privater Betrieb von Krematorien; vgl. etwa § 1 Abs. 4 BestG.NRW; § 2 Abs. 4 BestattG Saarland; § 18 Abs. 4 BestattG Berlin). Diese Pluralisierung stellt auch die kirchlichen Friedhöfe vor neue Herausforderungen. Die jährlich wachsende Zahl muslimischer Bestattungen betrifft zunehmend auch kirchliche Friedhöfe. Ein einheitliches Bild kirchlicher Friedhofskultur gibt es in Deutschland heute weniger denn je.

Literatur: *Akyel, Dominic*: Die Ökonomisierung der Pietät, 2013 – *Gaedke, Jürgen / Diefenbach, Joachim*: Handbuch des Friedhofs- und Bestattungsrechts, 10. Auflage, 2009 – *de Wall, Heinrich*: Art. Friedhof II. Friedhofsrecht, in: RGG III, Sp 371 f.

Martin Otto

Gebühren

Als Gebühren werden im Allgemeinen diejenigen öffentlichen Abgaben bezeichnet, die als Entgelt für eine bestimmte Leistung eines abgabeberechtigten Verbandes von dem Leistungsbezieher erhoben werden. Der abgabeberechtigte Verband kann einseitig und verbindlich ein Entgelt für eine bestimmte Leistung erheben. Der Rechtsgrund für die Gebühren ist, anders als z. B. im Privatrecht, nicht auf den Willen beider Beteiligten zurückzuführen, sondern auf die einseitige Festlegung durch den abgabeberechtigten Verband. Daher stellt sich eine Gebührenerhebung immer als ein belastender Verwaltungsakt dar, der in die Grundrechte des Pflichtigen eingreift und deshalb durch eine gesetzliche Ermächtigungsgrundlage gerechtfertigt werden muss.

Erheben korporierte Religionsgemeinschaften (→ Körperschaftsstatus) eine Gebühr, für eine Leistung ihrer Verwaltung, so fragt sich, ob die Befugnis hierfür durch ein gesondertes staatliches Gesetz verliehen worden sein muss, oder ob sich unmittelbar aus der Verfassung die Befugnis zum Erlass belastender Verwaltungsakte ergibt.

Nach ganz herrschender Meinung lässt sich die Verwaltungsaktsbefugnis (und damit die Befugnis Gebühren zu erheben) unmittelbar aus der Verfassung herleiten. Denn der den Religionsgesellschaften gewährte Körperschaftsstatus (vgl. Art. 140 GG i. V. m. Art. 137 Abs. 5 WRV) gewährleistet neben dem sog. Kernbestand auch noch gewisse Folgerechte, welche als das Privilegienbündel des Art. 137 Abs. 5 WRV bezeichnet werden. In diesem Privilegienbündel enthalten ist auch die Befugnis, Gebühren zu erheben. Zwar wird dies nicht explizit im Wortlaut erwähnt, es lässt sich jedoch aus der Systematik, der Entstehungsgeschichte und der Funktion des Art. 137 Abs. 5 WRV herleiten.

Durch Art. 137 Abs. 5 WRV sollte der konkret ausgeprägte Status der Kirchen in der Zeit vor der Weimarer Republik erhalten und geschützt werden. Durch diesen Schutz stellt der Verfassungsgeber klar, dass die Pflege der religiösen Interessen und das öffentliche Wirken durch Erfüllung öffentlicher Aufgaben genuin mit dem Körperschaftsstatus öffentlichen Rechts verbunden sind.

Vor allem die Befugnis zur Gebührenerhebung ergibt sich so daraus, dass sie seit alters her mit dem Körperschaftsstatus der Kirchen verbunden war und zwar auch, als diese Gewährleistungen 1919 als Bestandteil des Art. 137 Abs. 5 WRV normiert wurden. Diese hergebrachte Rechtsposition sollte nach dem Willen des Verfassungsgebers erhalten bleiben. Diese Auslegung wird durch die Funktion der Norm bestätigt, denn erst durch die Verbindung von Rechtsform und Folgerechten kann die Norm ihre Funktion als Bestandsschutz, Gemeinwohlförderung und Grundrechtseffektivierung richtig erfüllen.

Allerdings sind die korporierten Religionsgemeinschaften nicht zur zwangsweisen Durchsetzung dieser Rechtsposition befugt. Verwaltungszwang wird nicht vom Körperschaftsstatus umfasst.

Ebenfalls vom Privilegienbündel umfasst sind zahlreiche Vergünstigungen und Befreiungen im Bereich des Steuer-, Kosten- und Gebührenrechts. Auch dies lässt sich damit erklären, dass diese Befreiungen zur Zeit der Normierung des Art. 137 Abs. 5 WRV zweifelsohne mit dem Körperschaftsstatus verbunden waren und durch die Verfassung weiterhin geschützt werden sollten. Der Staat tat dies im Bewusstsein dafür, dass auch die korporierten Religionsgemeinschaften gemeinnützige gesellschaftliche Verbände darstellen und daher staatlicher Förderung bedürfen, ähnlich wie er auch die Wissenschaft, Forschung, Bildung, Erziehung, Kunst, Kultur u. s. w. fördert (vgl. z. B. §§ 51 ff. AO). Daraus ergibt sich, dass der Verfassungsgeber den öffentlich-rechtlichen Religionsgesellschaften bescheinigt, dass sie durch ihr Mitwirken im Staatswesen »innerhalb des öffentlichen Lebens und demgemäß auch für die staatliche Rechtsordnung besondere Bedeutung besitzen«. Art. 137 Abs. 5 WRV dient also der freien Entfaltung von öffentlichen korporierten Religionsgesellschaften sowohl in ihrem öffentlichen Wirken (freiheitsstärkende Dimension durch materielle Vorteile) und ihrer öffentlichen Wirkung (Angebot der Öffentlichkeit). Es ist jedoch zu beachten, dass die Gebührenbefreiungen nicht zum Kernbestand der Folgerechte des Art. 137 Abs. 5 WRV gehören und daher eine Ablösung durch Gesetz möglich ist.

Literatur: *Ehlers, Dirk*: Grundfragen kirchlicher Gebührenerhebung, ZevKR 54 (2009), S. 186–204 – *Hammer, Gerhard*:

Steuer- und Gebührenbefreiung der Kirchen, in: HdbStKirchR
I, S. 1065–1099.

Daniel Kühl

Gerichtlicher Rechtsschutz

Die Gewährleistung effektiven Rechtsschutzes ist von
zentraler Bedeutung für die Aufrechterhaltung gerechter
staatlicher Ordnung. Denn diese hängt, abgesehen von einer ihr adäquaten Rechtsetzung, letztlich von der Kompetenz und der Bereitschaft des Staates zur Durchsetzung
des geltenden Rechts und von der Qualität entsprechender
institutioneller und funktioneller Vorgaben ab. Staatliche
Jurisdiktion erweist sich insoweit als unverzichtbare
Funktion des sozialen Rechtsstaats. Soweit es um Rechtsschutz gegen Akte der öffentlichen Gewalt geht, findet die
staatliche Verpflichtung zur Justizgewährung verfassungsrechtlichen Ausdruck in Art. 19 Abs. 4 GG; im Übrigen ist sie vom Bundesverfassungsgericht normativ auf
Art. 2 Abs. 1 GG in Verbindung mit dem Rechtsstaatsprinzip sowie Art. 92 GG zurückgeführt worden
(BVerfG NJW 1999, 349). Begründungsbedürftig ist hiernach nicht, dass ein Bereich des staatlichen bzw. gesellschaftlichen Lebens staatlicher Jurisdiktion unterworfen
ist, sondern im Gegenteil, warum dies ausnahmsweise
nicht der Fall sein soll.

Was Rechtsstreitigkeiten mit religiösen Bezügen angeht, ist in der Bundesrepublik Deutschland diese Rechtslage allerdings jahrzehntelang nicht hinreichend beachtet
worden. Hier wirkte sich noch bis in die jüngere Vergangenheit hinein die mit dem Selbstverständnis des modernen Verfassungsstaates unvereinbare und deshalb zu

Recht längst obsolete *Koordinationslehre* (→ Staatskirchenrecht) der fünfziger und beginnenden sechziger Jahre des 20. Jahrhunderts aus, welche die Kirchen als staatlicher Hoheitsgewalt dem Grunde nach enthoben betrachtete. Trotz fundamentaler wissenschaftlicher Kritik hat vor allem die höchstrichterliche Judikatur – mit Modifikationen in der Arbeitsgerichtsbarkeit – eine Rechtsschutzgewährung in Kirchensachen beharrlich weitgehend verweigert. Diese verfassungsrechtlich verfehlte Rechtsprechung lief darauf hinaus, den Wirkungsbereich der Kirchen und Religionsgemeinschaften entweder der Zuständigkeit staatlicher Gerichte schlechterdings zu entziehen oder ihn staatlicher Judikatur allenfalls unter der Prämisse zu unterwerfen, dass effektiver Rechtsschutz durch kirchliche Gerichte nicht zur Verfügung stehe bzw. die Kirche ihr Einverständnis mit einer staatsgerichtlichen Entscheidung erklärt habe. Erst seit wenigen Jahren zeichnet sich insoweit in der Rechtsprechung eine Korrektur ab.

Ansatzpunkt einer Antwort auf die Frage nach staatlicher Judikatur in Kirchensachen kann nicht, wie früher teilweise angenommen wurde, die in Art. 19 Abs. 4 GG statuierte Garantie effektiven Rechtsschutzes gegen Akte der öffentlichen Gewalt sein; denn die Kirchen üben nach Maßgabe des Prinzips der → Trennung von Staat und Kirche nicht öffentliche Gewalt im Sinne dieser Vorschrift aus – ausgenommen Felder, auf denen ihnen (wie etwa bei der Erhebung der → Kirchensteuer oder im → Friedhofswesen) staatliche Hoheitsbefugnisse übertragen sind. Fehl geht überdies bereits im Ansatz der Verweis auf ein etwaiges *Einverständnis der Kirchen* mit einer Entscheidung staatlicher Gerichte; denn deren Funktion beruht auf der staatlichen Justizhoheit und ist folglich nicht von freiwilliger Unterwerfung abhängig.

Auch die verfassungsrechtliche *Garantie des religiösen* → *Selbstbestimmungsrechts* (Art. 140 GG i. V. m. Art. 137 Abs. 3 WRV) taugt nicht zur Beantwortung der Frage, ob staatliche Gerichte *prinzipiell* zur Rechtsprechung in Kirchensachen zuständig sind. Denn das religiöse Selbstbestimmungsrecht wird vom Grundgesetz nicht im staatlich rechtsfreien (und damit auch rechtsschutzfreien) Raum gewährleistet. Wie Freiheit sich nur realisieren kann, wenn sie im Konfliktfall von der Garantie autoritativer (staatsgerichtlicher) Durchsetzung getragen wird, kann sie auch von der staatlichen Ordnungs- und Rechtswahrungsaufgabe nicht abgekoppelt werden. Das bringt die Verfassung überdies selbst zum Ausdruck, indem sie religiöse Selbstbestimmung nur »innerhalb der Schranken des für alle geltenden Gesetzes« garantiert. Dieser Vorbehalt ist der Freiheitsgarantie nicht lediglich als Beschränkung hinzugefügt. Er *rechtfertigt* sie vielmehr im Lichte der säkularstaatlichen Gemeinwohlfunktion und *modifiziert* sie insoweit gleichzeitig. Nur auf der Basis einer adäquaten Zuordnung religiöser Intentionen zur unverzichtbaren Ordnung des Verfassungsstaates vermag sich Freiheit des Religiösen legal und legitim innerhalb des Gemeinwesens zu aktualisieren. Demzufolge nimmt die Verfassung das Wirken der Religionsgemeinschaften mit der Gewährleistung religiöser Selbstbestimmung nicht aus der Kompetenzsphäre der staatlichen Gerichte heraus. Deren (je nach Lage des Falles religiöse Selbstentfaltung sichernde oder auch begrenzende) Funktion ist vielmehr in der Freiheitsgarantie vorausgesetzt. Staatliche Judikatur steht hiernach nicht in Spannung oder gar in Widerspruch zum religiösen Selbstbestimmungsrecht, sie entfaltet letzteres vielmehr und ist mithin auch in den eigenen Angelegenheiten der Religionsgemeinschaften erforderlich und zulässig – ausgenommen die Fälle, in denen der Wirkungsbereich des Staates schlechterdings nicht berührt ist und in welchen sein Justizanspruch deshalb von vornherein entfällt; eine solche Situation ist allerdings höchst selten (etwa wenn es *ausschließlich* um Fragen des Kultus bzw. der Verwaltung der Sakramente oder um innerkirchliche Strukturprobleme geht) und in keinem Falle dann gegeben, wenn im gerichtlichen Verfahren staatsbürgerliche Rechte eines Prozessbeteiligten oder ein »für alle geltendes Gesetz« im Sinne von Art. 140 GG i. V. m. Art. 137 Abs. 3 WRV berührt sein können (→ Grundrechte). Das religiöse Selbstbestimmungsrecht entfaltet nach alledem eine begrenzende Wirkung nicht (formell) für die *Eröffnung* staatlicher Judikatur, sondern vielmehr (materiell) hinsichtlich der *Prüfungs- und Entscheidungsbefugnis* der staatlichen Gerichte. Diese haben bei ihrer Entscheidung zur Sache zu beachten, dass den Religionsgemeinschaften verfassungsrechtlich ein weiter Raum eigener Ordnung und Verwaltung ihrer Angelegenheiten gewährleistet wird; nicht zuletzt steht Institutionen des säkularen Staates keine *Entscheidung in religiösen bzw. theologischen Fragen* zu (→ Neutralität; → Trennung).

Die hiernach auch in Kirchensachen bestehende Aufgabe des Rechtsstaats, allen Rechtssubjekten, die seiner Hoheitsgewalt unterliegen, effektiven Rechtsschutz zu gewähren, wird durch die *Existenz kirchlicher Gerichte* nicht relativiert; denn diese stellen – ungeachtet aller nach personeller Besetzung, Verfahren und juristischer Qualität der Entscheidungen vorhandener Affinitäten zur staatlichen Judikative – keine Gerichtsbarkeit im Sinne des Art. 92 GG dar, welcher die Erfüllung der rechtsstaatlichen Justizgewährungsaufgabe obliegt. Allerdings kann vor einer Anrufung staatlicher Gerichte eine Ausschöpfung zumutbarer innerkirchlicher Rechtsschutzmöglichkeiten gefordert werden; damit wird dem allgemeinen prozessrechtlichen Erfordernis des Rechtsschutzbedürfnisses Rechnung getragen, zumal die Gerichte des kirchlichen Raumes zufolge ihrer Sachnähe im Einzelfall sachlich weitergehende Prüfungsmöglichkeiten haben und effektiver zur Lösung von Streitfragen beitragen können als staatliche Gerichte. Eine darauf beruhende überlange Verfahrensdauer kann allerdings unter rechtsstaatlichen Aspekten und insbesondere nach Maßgabe von Art. 6 Abs. 1 EMRK bedenklich sein.

Literatur: *von Campenhausen, Axel*: Der staatliche Rechtsschutz im kirchlichen Bereich, AöR 112 (1987), S. 623–658 – *Heckel, Martin*: Die staatliche Gerichtsbarkeit in Sachen der Religionsgesellschaften, in: FS Lerche, 1993, S. 213–237 – *Kästner, Karl-Hermann*: Staatliche Justizhoheit und religiöse Freiheit, 1991 – *ders.*: Tendenzwende in der Rechtsprechung zum staatlichen Rechtsschutz in Kirchensachen, NVwZ 2000, S. 889–891 – *ders.*: Vergangenheit und Zukunft der Frage nach rechtsstaatlicher Judikatur in Kirchensachen, ZevKR 48 (2003), S. 301–311 – *Magen, Stefan*: Der Rechtsschutz in Kirchensachen nach dem materiell-rechtlichen Ansatz, NVwZ 2002, S. 897–903.

Karl-Hermann Kästner

Gewissensfreiheit

»Gewissensfreiheit« nannte man hierzulande zunächst seit Mitte des 17. Jahrhunderts das Recht der ungestörten Hausandacht, das als geringste Stufe der Kultusfreiheit auch Minderheiten zugestanden wurde. Als Zusatz zur

Glaubensfreiheit findet sich die Gewissensfreiheit später im preußischen Allgemeinen Landrecht, der Paulskirchenverfassung und der Weimarer Reichsverfassung. Erst in Art. 4 Abs. 1 GG wird sie zum von der → Religionsfreiheit textlich abgesetzten, eigenständigen Grundrecht. Die Materialien deuten darauf hin, dass mit der »Gewissensfreiheit« auch nichtreligiös geprägte ethisch-moralische Überzeugungen erfasst werden sollten.

Nach der Rechtsprechung des Bundesverfassungsgerichts ist unter »Gewissen« i. S. d. Art. 4 Abs. 1 GG »ein (wie immer begründbares, jedenfalls aber) real erfahrbares seelisches Phänomen zu verstehen, dessen Forderungen, Mahnungen und Warnungen für den Menschen unmittelbar evidente Gebote unbedingten Sollens sind« (BVerfGE 12, 45 [54]). Die Gewissensfreiheit bezeichnet das Recht, einem solchen als verpflichtend empfundenen Sollen zu folgen. Ihre eigenständige Bedeutung liegt darin, dass sie auch nicht religiös oder weltanschaulich motivierte Pflichten umfasst, sofern diese als zwingend empfunden werden. Religiöse Pflichten, die als zwingend empfunden werden, werden durch die Gewissensfreiheit tendenziell stärker geschützt als durch die → Religionsfreiheit. Diese wiederum ist tatbestandlich weiter und erfasst auch nicht zwingende Glaubensgebote und das gemeinschaftliche Handeln – anders als die Gewissensfreiheit, die an ein Phänomen anknüpft, das seinem »Wesen« nach (vgl. Art. 19 Abs. 3 GG) nur bei Individuen vorkommt, weshalb das Grundrecht auf Personenmehrheiten und Organisationen nicht anwendbar ist. Das Recht der → Kriegsdienstverweigerung aus Gewissensgründen ist als praktisch besonders bedeutsame Ausprägung der Gewissensfreiheit in Art. 4 Abs. 3 GG gesondert geregelt.

Wer sich auf seine grundgesetzlich gewährleistete Gewissensfreiheit berufen möchte, muss das Vorliegen einer Gewissensentscheidung plausibel darlegen können. Darunter versteht das Bundesverfassungsgericht »jede ernste sittliche, d.h. an den Kategorien von ›Gut‹ und ›Böse‹ orientierte Entscheidung, die der Einzelne in einer bestimmten Lage als für sich bindend und unbedingt verpflichtend innerlich erfährt, so dass er gegen sie nicht ohne ernste Gewissensnot handeln könnte« (BVerfGE 12, 45 [55]). Da Gewissensentscheidungen ihrem Wesen nach höchstpersönliche Entscheidungen sind, kann die Eröffnetheit des Schutzbereichs der Gewissensfreiheit nicht davon abhängen, ob sie von anderen geteilt werden, intersubjektiv nachvollziehbar oder gar »richtig« sind. Sie müssen aber in sich schlüssig sein: Wer sich in der Lage sieht, auf ein angeblich gewissensgebotenes Handeln bis zur gerichtlichen Klärung der Rechtslage zu verzichten, macht keinen Gewissenskonflikt geltend; wer einen Gewissenskonflikt vorhersehen und vermeiden konnte und dennoch in Kauf genommen hat, ebensowenig.

Die Gewissensfreiheit fordert die Vermeidung vermeidbarer und die gewissensschonende Befriedung unvermeidbarer Gewissenskonflikte durch die jeweiligen staatlichen Stellen. Als vorbehaltlos gewährleistetes Grundrecht hat sie nur zurückzutreten, soweit verfassungsimmanente Schranken, insbesondere die Grundrechte Dritter, dies zur Herstellung »praktischer Konkordanz« zwingend erfordern.

Vom Grundrecht der Gewissensfreiheit zu unterscheiden ist die alleinige Verpflichtung der Bundestagsabgeordneten auf ihr Gewissen in Art. 38 Abs. 1 S. 2 GG, welche die Freistellung von allen Fremdbindungen unterstreichen soll. Sie will nicht die Person, sondern die

»Nichtinstruiertheit der Amtsführung« (*Martin Morlok*) schützen. Deshalb ist es kritisch zu sehen, wenn Sachprobleme im politischen Diskurs zu »Gewissensfragen« stilisiert werden.

Literatur: *Böckenförde, Ernst-Wolfgang*: Das Grundrecht der Gewissensfreiheit, VVDStRL 28 (1970), S. 33–88 – *Goos, Christoph*: Gewissensauseinandersetzungen in der Gesellschaft – Gewissensfreiheit im Recht, ZevKR 59 (2014), S. 69–95 – *Heinig, Hans Michael*: Gewissensfreiheit, in: FS Paul Kirchhof, 2013, § 134 – *Schaede, Stephan / Moos, Thorsten* (Hg.): Das Gewissen, 2014.

Christoph Goos

Gleichbehandlung / Diskriminierungsverbot / Parität

Die Gleichbehandlung der Religionen ist Verfassungsgebot. Der allgemeine Gleichheitssatz des Art. 3 Abs. 1 GG gilt auch im Staatskirchenrecht; dazu verbietet Art. 3 Abs. 3 GG ausdrücklich die Benachteiligung und Bevorzugung aufgrund des Glaubens oder der religiösen Überzeugungen. Art. 33 Abs. 3 GG erklärt die bürgerlichen und staatsbürgerlichen Rechte sowie den Zugang zu öffentlichen Ämtern für unabhängig vom religiösen Bekenntnis. Flankiert wird der religiöse Diskriminierungsschutz durch das wenig bekannte Verbot in Art. 140 GG i. V. m. 136 Abs. 3 WRV, nach der Zugehörigkeit zu einer Religionsgemeinschaft auch nur zu fragen, die sogenannte »Lohengrinklausel«.

Der Gleichheitssatz gebietet, Gleiches gleich und Ungleiches ungleich zu behandeln. Verboten ist die Diskriminierung, nicht die Differenzierung. Unterschiede zwischen den Religionen dürfen, ja müssen darum vom Staat berücksichtigt werden. Eine Ungleichbehandlung darf jedoch nicht aus religiösen oder weltanschaulichen Gründen geschehen. Einem säkularen Staat ist es nicht gestattet, den Glauben und Unglauben seiner Bürger inhaltlich zu bewerten, und er hat dafür auch keine zulässigen Kriterien; es gibt für ihn keine »gute« oder »schlechte«, erwünschte oder unerwünschte Religion (→ Neutralität). Eine Benachteiligung oder Bevorzugung, die sich an eine solche inhaltliche Bewertung knüpft, verstößt gegen Art. 3 Abs. 3 GG. Zulässig, unter Umständen sogar verfassungsrechtlich geboten, sind Differenzierungen nach rein weltlichen Gesichtspunkten, etwa nach der Mitgliederzahl oder dem Organisationsgrad. → Religionsunterricht kann nur bei entsprechender Nachfrage und nur für Religionsgemeinschaften angeboten werden, welche die organisatorischen Voraussetzungen erfüllen, → theologische Fakultäten nur für Religionen, die über eine wissenschaftliche Theologie verfügen, und → Schulen, → Kindergärten und → Krankenhäuser nur derjenigen Religionsgemeinschaften können finanziell gefördert werden, die solche auch tatsächlich betreiben. Die Abgrenzung kann freilich schwierig sein. So kann das Christentum keine Vorrangstellung aufgrund religiös-kultureller Traditionen des christlichen Abendlandes oder aufgrund einer besonderen inhaltlichen Nähe zu den Wertvorstellungen des Grundgesetzes beanspruchen. Aus der Tatsache, dass nur das Christentum in Deutschland jahrhundertelang Mehrheits- und Staatsreligion war, ergeben sich aber faktische Unterschiede, die das staatliche Recht nicht ignorieren darf, so bei den → Staatsleistungen und beim → Sonn- und Feiertagsschutz.

Umgekehrt kann eine formal gleiche Behandlung dennoch eine Diskriminierung einzelner Religionen bewirken, etwa wenn eine abstrakt-generelle Regelung die Angehörigen einer bestimmten Religion in Konflikt mit ihren Glaubensüberzeugungen bringt. Vor dem Maßstab des Gleichheitssatzes und des Art. 33 Abs. 3 GG rechtfertigungsbedürftig sind daher Regelungen, die Angehörigen des öffentlichen Dienstes das Tragen religiös motivierter Kleidung verbieten (→ Kopftuch).

Der Gleichheitsstatus der Religionsgemeinschaften unter dem Grundgesetz wird auch als Parität bezeichnet. In diesem Begriff schwingt mit, dass die Verfassung den Religionsgemeinschaften nicht gleichmäßige Ausgrenzung zugedacht hat, sondern ihnen gleichmäßige Freiheit garantiert: die gleiche → Religionsfreiheit, die gleiche Freiheit, ihre eigenen Angelegenheiten zu ordnen und zu verwalten (→ Selbstbestimmungsrecht), von den institutionellen Kooperationsmöglichkeiten Gebrauch zu machen, die das Grundgesetz vorsieht, etc. Eine abgestufte Parität, also Gleichheit nur unter Religionen des gleichen Ranges, gibt es nicht mehr. Zwar verfügen manche Religionsgemeinschaften über den Status einer Körperschaft des öffentlichen Rechts (→ Körperschaftsstatus), mit dem besondere rechtliche Gestaltungsmöglichkeiten einhergehen, und andere nicht. Die Gleichheit liegt hier aber in der Gleichheit des Angebots an alle Religionsgemeinschaften, diesen Status unter rein äußerlichen, weltlichen Bedingungen ebenfalls zu erwerben. Die Weimarer Reichsverfassung, der dieses Modell entstammt, hat die einstige Vorrangstellung der christlichen Kirchen nicht durch eine laizistische Trennung beseitigt, nicht durch Herabstufung zu privatrechtlichen Vereinen und nicht durch Verbannung aus dem öffentlichen Bereich, sondern durch die Gleichstellung der übrigen Religions- und Weltanschauungsgemeinschaften.

Der Gleichheitsgrundsatz verlangt vom Staat nicht und erlaubt ihm nicht, tatsächlich bestehende Unterschiede zwischen den Religionsgemeinschaften zu beseitigen. Rechtsgleichheit differenziert (*M. Heckel*); wenn unterschiedliche Religionen von den gleichen verfassungsrechtlichen Möglichkeiten unterschiedlichen Gebrauch machen oder sich unter den gleichen rechtlichen Rahmenbedingungen in unterschiedlicher Weise entfalten, so liegt darin kein Gleichheitsverstoß.

Die religiösen Diskriminierungsverbote des Grundgesetzes richten sich zunächst nur an den Staat. Für Private gelten diese Maßstäbe nicht, solange sie nicht durch entsprechende gesetzliche Regelungen auch im Verhältnis der Bürger untereinander verpflichtend gemacht werden, wie es durch das Allgemeine Gleichbehandlungsgesetz geschehen ist. Auch im Arbeitsrecht bestehen dahingehende Tendenzen – hier allerdings auf der Grundlage von Richterrecht.

Literatur: *Heckel, Martin*: Gleichheit oder Privilegien?, 1993.

Christian Traulsen

Glockengeläut

Glockenläuten, das von Kirchen und → Religionsgemeinschaften zu liturgischen Zwecken ausgeübt wird, ist Religionsausübung und als solche durch das Grundrecht der → Religionsfreiheit gemäß Art. 4 Abs. 2 GG geschützt. Dabei ist für die Einhaltung des Grundsatzes der → Trennung von Staat und Kirche und unter Beachtung des kirchlichen → Selbstbestimmungsrechts nach Art. 140 GG i.V.m. Art. 137 Abs. 1 und 3 WRV entscheidend, dass ausschließlich die jeweilige Religionsgemeinschaft darü-

ber befinden kann, wann ein Glockenläuten liturgische
Bedeutung hat. Der religiös neutrale Staat (→ Neutrali-
tät) – das gilt auch für seine dritte, die rechtsprechende
Gewalt – kann deshalb nicht abschließend festlegen, wann
Glockenläuten als sakral oder nicht sakral anzusehen ist.

Glocken, die von Religionsgemeinschaften mit dem
Status einer → Körperschaft des öffentlichen Rechts für
einen bestimmten Zweck gewidmet werden, gehören als
→ *res sacrae* zu den kirchlichen öffentlichen Sachen.
Durch die Widmung wird eine Glocke auf die Verwendung zu dem jeweils bestimmten Zweck festgelegt. Der
jeweilige Widmungszweck lässt sich durch Widmungsur-
kunden, Agendentexte, örtliche Läuteordnungen, auch
durch die Glockenzier oder durch Glockeninschriften be-
legen. Wo derartige Belege aufgrund des hohen Nutzungs-
alters nicht mehr nachweisbar sind, kann die Rechtsver-
mutung der »unvordenklichen Verjährung« diese Beweis-
funktion erfüllen. Aus dem Widmungszweck und dem
Einsatz der Glocken im Rahmen einer geschriebenen oder
traditionell praktizierten Läuteordnung ergibt sich, wann
es sich um sakrales, liturgisches Geläut handelt. Unbe-
stritten ist das Rufen zum Gottesdienst durch die Glocken, einschließlich des Vorläutens, von liturgischer Bedeutung. Üblich ist zudem das Läuten zu bestimmten
Tageszeiten als Aufforderung zum Gebet, das Läuten zu
bestimmten Fest- und Gedenktagen, aus Anlässen von
Dank und Trauer. Auch der Stundenschlag der Glocken
hat üblicherweise liturgische und auch seelsorgliche Bedeutung, indem hierdurch zum Gebet aufgerufen, auf die
Endlichkeit des menschlichen Lebens und auf die Ewig-
keit hingewiesen wird. In der Regel folgt dies bereits aus
dem Widmungszweck der jeweiligen Glocken. Die pro-
fane Bedeutung des Stundenschlags tritt hinter seine li-

turgische zurück und muss deshalb in rechtlicher Hinsicht nach diesem Zweck beurteilt werden. Es gibt allerdings verwaltungsgerichtliche Rechtsprechung, die den Stundenschlag gleichwohl grundsätzlich als profan beurteilt.

Glockengeläute unterliegen als nicht genehmigungsbedürftige Anlagen dem Immissionsschutzrecht. BImschG und TA Lärm sind darauf grundsätzlich anwendbar. Anders allerdings als u.a. Sportanlagen, Freiluftgaststätten und Schießplätze gehören sie bislang nicht in den Katalog der von der TA Lärm ausdrücklich nicht erfassten Anlagen. Zugleich ist festzuhalten, dass es sich bei Glocken um Musikinstrumente handelt. Die Frage einer Lärmemission durch Glockengeläute wird gelegentlich in nachbarrechtlichen Rechtsstreitigkeiten gestellt. Auch das von besonderer liturgischer Bedeutung gekennzeichnete Läuten ist Gegenstand von Klagen. In solchen Zusammenhängen prüfen Gerichte regelmäßig, ob von Glockengeläuten schädliche Umwelteinwirkungen i.S.v. §3 Abs.1 BImschG ausgehen. Die Gerichte kommen im Rahmen ihrer Prüfungen nicht selten zu unterschiedlichen Bewertungen. Grundsätzlich ist auf das Lärmempfinden eines verständigen Durchschnittsmenschen und nicht auf die individuelle Empfindlichkeit der konkret Betroffenen abzustellen (BVerwGE 68, 62 [67]). Zur Orientierung werden die Werte der Technischen Anleitung Lärm (TA-Lärm) vom 26.8.1998 (GMBl. Nr. 26/1998, S. 503) herangezogen. Bei gerichtlichen Entscheidungen sind die Umstände des Einzelfalls, namentlich das zum Teil jahrhundertealte traditionelle Herkommen des betreffenden Geläutes, sowie Aspekte der sozialen Adäquanz und der allgemeinen Akzeptanz der Geräuschimmission (BVerwG DVBl. 1992, 1234f.), der Schutzbedürftigkeit des betroffenen Grundstücks, der Vorbelastungen durch Lärm etc., gegeneinander abzuwägen. Dabei verbietet sich eine schematische Anwendung der Werte der TA Lärm.

Literatur: *Hense, Ansgar*: Glockenläuten und Uhrenschlag. Der Gebrauch von Kirchenglocken in der kirchlichen und staatlichen Rechtsordnung, 1998 – Beratungsausschuss für das deutsche Glockenwesen: Liturgie und Glocken. Einführung in den Gebrauch des kirchlichen Geläuts, in: Landesdenkmalamt Baden-Württemberg (Hg.), »… Friede sei ihr erst Geläute. Die Glocke – Kulturgut und Klangdenkmal«, Arbeitsheft 18, 2004, S. 125–147.

Christoph Thiele

Gottesbezug

Das Grundgesetz enthält das Wort »Gott« an zwei Stellen:

Zunächst bezieht sich das Grundgesetz in seiner Präambel auf Gott: Dort heißt es, dass sich das Deutsche Volk »im Bewusstsein seiner Verantwortung vor Gott und den Menschen« im Jahr 1949 das Grundgesetz gegeben hat. Damit wird auf »Gott« als diejenige für den Menschen unverfügbare Instanz verwiesen, vor der er Verantwortung tragen und Rechenschaft ablegen muss (sog. *nominatio dei*). Eine Anrufung Gottes, eine sog. *invocatio dei*, findet jedoch nicht statt.

Die Mitglieder des Parlamentarischen Rates sind nicht von einer unbegrenzten und bedingungslosen Staats- und Volkssouveränität ausgegangen. Vielmehr waren sie davon überzeugt, dass es überstaatliche Normen gebe – wie man sie auch begründen mag –, über die auch eine verfassunggebende Versammlung nicht hinwegschreiten könne. Die *nominatio dei* betont die Relativität der staatlichen

Macht. Die historische Situation nach dem Zweiten Weltkrieg und nach der »gottlosen« NS-Zeit spielte bei der
Formulierung der Norm eine ganz entscheidende Rolle.

Die relativ offene Formulierung erlaubt es, allen religiösen Gruppen gerecht zu werden. Denn der von der Verfassung gewählte transzendente Ansatz fixiert sich – ganz
bewusst – nicht auf einen bestimmten (etwa christlichen)
Gott. Das Christentum wird also nicht etwa zur Staatsreligion erhoben. Vielmehr möchte der religiös-weltanschaulich neutrale Staat die Heimstatt aller Bürger sein.
Daher liegt auch kein Verstoß gegen die Neutralitätspflicht des Staates vor (→ Neutralität, → Trennung, →
Gleichbehandlung).

Die Präambel, die einen Teil des Grundgesetzes bildet,
ist mehr als eine historische Reminiszenz dekorativer Art.
Die Berufung auf »Gott« ist zu verstehen als eine Formel
gegen jede Form von Totalitarismus und menschlicher
Allmacht. Sie soll verhindern, dass Menschen, Institutionen oder Heilslehren Attribute des Göttlichen für sich in
Anspruch nehmen und einen Absolutheitsanspruch
durchsetzen. Dieser Platz ist mit dem Gottesbegriff bereits besetzt.

Inhaltlich vergleichbare Grenzen enthalten auch die
Bekenntnisse der Landesverfassungen von Baden-Württemberg, Bayern, Niedersachsen, Nordrhein-Westfalen,
Rheinland-Pfalz, Sachsen-Anhalt und Thüringen. In der
Verfassung des Freistaates Bayern wird der Gottesbezug
sogar in die Nähe einer Staats- und Gesellschaftsordnung
gestellt. Die saarländische Verfassung postuliert, dass »die
Jugend in der Ehrfurcht vor Gott, im Geiste der christlichen Nächstenliebe … zu erziehen« ist.

Keinerlei entsprechende Bezugnahmen auf Gott enthalten die Verfassungen von Berlin, Brandenburg, Bre-

men, Hamburg, Hessen, Mecklenburg-Vorpommern, Sachsen und Schleswig-Holstein.

Außerhalb der Präambel findet sich »Gott« noch in der – fakultativen – Schlussformel des Bundespräsidenteneids in Art. 56 GG, auf den Art. 64 Abs. 2 GG bezüglich des Amtseids der Mitglieder der Bundesregierung verweist. Der Amtseid endet mit dem Satz »So wahr mir Gott helfe.«, wobei der Eid auch ohne religiöse Beteuerung geleistet werden kann. Der Eid mit religiöser Beteuerung ist also die Regel. Wer sich seiner bedient, stellt seine religiöse Überzeugung in den Dienst seiner Absicht, den rechtlichen Bindungen des Grundgesetzes eine weitere, ihn besonders verpflichtende, hinzuzufügen. Entsprechende eidliche Inbezugnahmen auf Gott sind auch in einigen Landesverfassungen niedergelegt.

Literatur: *Winter, Jörg*: Staatskirchenrecht in der Bundesrepublik Deutschland, S. 70 ff. (Abschnitt »Gott in der Verfassung«) – *Ennuschat, Jörg*: »Gott« im Grundgesetz, NJW 1998, S. 953–957 – *Czermak, Gerhard*: »Gott« im Grundgesetz?, NJW 1999, S. 1300–1303.

Norbert Janz

Grundrechte in der Kirche

Wenn man die innerkirchliche Geltung von Grundrechten im Sinne des staatlichen Verfassungsrechts in den Blick nimmt, sind zwei Aspekte zu unterscheiden: Zum einen die Frage, ob die Kirchen selbst *kirchenrechtlich* gewisse Grundrechte gewährleisten sollten, zum anderen (unter staatskirchenrechtlichen Vorzeichen) die Frage nach einer Erstreckung des Geltungsanspruchs *staatlicher* Grundrechte auf den Raum der Kirche.

In erstgenannter Hinsicht handelt es sich um eine theologisch und ekklesiologisch komplexe Problematik, die denn auch in den Kirchen seit Jahren kontrovers und mit unterschiedlichen Konsequenzen diskutiert worden ist. Ob – und ggf. mit welcher Tragweite – sich die Kirchen zu einer diesbezüglichen Normierung veranlasst sehen, ist ihre eigene Angelegenheit des »Ordnens« im Sinne des religiösen → Selbstbestimmungsrechts (Art. 140 GG i. V. m. Art. 137 Abs. 3 WRV), zu der sie sich nach Maßgabe ihres jeweiligen Selbstverständnisses selbstbestimmt entschließen können.

Was die Geltung *staatlicher* Grundrechte im kirchlichen Raum anbelangt, ist davon auszugehen, dass die Kirchen – soweit sie nicht in einzelnen Funktionsbereichen (etwa → Kirchensteuer, → Friedhöfe) staatlich übertragene Hoheitsgewalt ausüben – weder unmittelbar noch mittelbar mit staatlicher Gewalt verbunden sind; hieran ändert auch ihr Status als Körperschaften des öffentlichen Rechts (→ Körperschaftsstatus) nichts. Eine Stellung der Kirchen als Grundrechtsadressaten scheidet demzufolge von vornherein bei solchen Grundrechten aus, die ihrem Wesen nach eindeutig nur gegenüber dem Staat relevant werden können (beispielsweise Art. 4 Abs. 3, Art. 12a sowie die Art. 15 bis 18 GG). Ebenso klar ist die Kirchengerichtetheit zu bejahen, soweit die unmittelbare Geltung von Grundrechten auch gegenüber nichtstaatlichen Rechtssubjekten bereits von Verfassung wegen angelegt ist; das ist bei Art. 9 Abs. 3 GG der Fall. Im Übrigen stellt sich auch gegenüber den Kirchen die Frage der Grundrechtsbindung im Ansatz wie bei sonstigen »Privaten«.

Insoweit ist davon auszugehen, dass der Staat nicht nur die Verpflichtung hat, die Grundrechte seiner Staatsbürgerinnen und Staatsbürger selbst nicht zu verletzen, sondern überdies die Aufgabe, die Grundrechtsträger im Gebrauch ihrer grundrechtlichen Freiheiten zu schützen; dies erfolgt vor allem durch die Schaffung einer geeigneten Rechtsordnung. Soweit das staatliche Recht die Religionsgemeinschaften über den Schrankenvorbehalt des Art. 140 GG i. V. m. Art. 137 Abs. 3 WRV unmittelbar gesetzlich zu einem bestimmten Verhalten verpflichtet und hierdurch Grundrechte Dritter konkretisiert (etwa im Strafrecht) bzw. einen sozialen Mindeststandard aufrichtet (etwa im Arbeits- und Sozialrecht), ist damit gleichzeitig eine *mittelbare Bindung* der Kirchen an die entsprechenden grundgesetzlichen Verbürgungen gegeben, welche jedoch darauf beruht, dass unmittelbarer Adressat der Grundrechte der Staat bleibt, welcher seiner Schutzpflicht durch Aufrichtung entsprechender Schrankengesetze auch im religiösen Raum nachkommt. Diese mittelbare Bindung der Kirchen gewährleistet in der Regel eine unter rechtsstaatlichen Gesichtspunkten hinreichende Beachtung der Grundrechte in kirchlichen Angelegenheiten. Das gilt erst recht angesichts der Möglichkeit, einschlägigen Grundrechten über die Inhaltsbestimmung von Generalklauseln und wertausfüllungsbedürftigen Rechtsbegriffen des einfachen staatlichen Rechts verstärkt Relevanz zu verschaffen.

Allerdings ist die Erwägung nicht abzuweisen, dass es im Verhältnis von Kirchenmitglied (→ Kirchenmitgliedschaft) und Kirche im Rahmen des kirchlichen Lebens unbeschadet erforderlicher ekklesiologischer Differenzierungen regelmäßig nicht um die Beziehung gleichgeordneter Rechtssubjekte geht. Es stellt sich insoweit die Frage, ob den Kirchen gegenüber möglicherweise eine besondere Grundrechtsbindung zu bejahen ist, wie sie teilweise im Blick auf »soziale Mächte« erörtert wurde. Dem liegt die Erwägung zugrunde, dass die Freiheit des Individuums inzwischen nicht mehr nur durch staatliche Gewalt, sondern verstärkt auch durch gesellschaftliche Mächte mit den Mitteln wirtschaftlichen, sozialen oder auch psychischen Drucks beeinträchtigt werden kann. Auch hier indes wird man eine Lösung vor allem in Schutzpflichten des Staates suchen müssen, die durch den Erlass entsprechender staatlicher Gesetze zu erfüllen sind. Darüber hinaus ist eine unmittelbare Grundrechtsbindung der Kirchen abzulehnen. Zwar befinden sich die Kirchenmitglieder ihrer jeweiligen Kirche gegenüber in einer Abhängigkeit, die auf individueller Glaubensbindung beruht, welche einen weitaus stärkeren Druck bedeuten kann als wirtschaftliche oder soziale Macht. Im Wesen religiöser Glaubensentscheidung liegt aber andererseits ein für das Problem der Grundrechtsbindung bedeutsamer Unterschied zu wirtschaftlicher bzw. sozialer Gewalt. Ist der bzw. die Einzelne in letzterer Hinsicht gesellschaftlichen Verbänden und ihrer Macht möglicherweise faktisch ausgeliefert, weil er bzw. sie aus existentiellen Gründen gezwungen ist, mit ihnen in Beziehung zu treten, so erfolgt die Unterwerfung unter kirchliche Einflussnahme nach freiem, gewissensgesteuertem Entschluss; ein früher vorhandener gesellschaftlicher Druck zur Aufrechterhaltung einer Kirchenmitgliedschaft besteht nicht mehr. Die Hinnahme etwaiger Beeinträchtigungen der Gläubigen in ihrer individuellen Freiheitssphäre durch kirchliche Maßnahmen und Anforderungen bedarf deshalb keiner unmittelbaren verfassungsrechtlichen Sanktion des Staates – vorausgesetzt, dass die kirchliche Bindung nur eine solche des Gewissens ist, also nicht auf materiellen Faktoren beruht.

Soweit die Kirchen hingegen *wirtschaftliche bzw. soziale* Macht ausüben, sind sie in Bezug auf ihre Grundrechtsbindung nicht anders zu beurteilen als sonstige soziale Mächte. Allerdings erübrigt sich auch im kirchlichen *Dienst- und → Arbeitsrecht* – abgesehen von Art. 9 Abs. 3 GG – eine unmittelbare Grundrechtsbindung der Kirchen. Zwar ist insoweit der Hinweis auf die Möglichkeit eines Kirchenaustritts nur beschränkt tragfähig, da die Bediensteten in dieser Sphäre auch in ihrer materiellen Existenz betroffen sind. Doch werden die einschlägigen grundgesetzlichen Verbürgungen hinreichend in der staatlichen Rechtsordnung konkretisiert, soweit sie nach Maßgabe von Art. 140 GG i. V. m. Art. 137 Abs. 3 WRV auch für die Ausgestaltung des kirchlichen Dienst- und Arbeitsrechts Geltung beansprucht (→ Dritter Weg, → Loyalitätsobliegenheiten, → Kirchenbeamte).

Das Menschenrecht der unantastbaren *Menschenwürde* wird von der Verfassung jeder Rechtsbeziehung – auch der Freiheit kirchlichen Wirkens – vorangestellt. Auch den Kirchen wächst deshalb die Pflicht zu, um die Beachtung dieses für die geltende Ordnung schlechthin konstituierenden Prinzips besorgt zu sein; dem werden sie auch durch die Möglichkeit eines Kirchenaustritts etwa Betroffener nicht enthoben. Art. 1 Abs. 1 S. 1 GG gilt mithin auch den Kirchen gegenüber unmittelbar und absolut.

Literatur: *Pirson, Dietrich*: Grundrechte in der Kirche, ZevKR 17 (1972), S. 358–386 – *Rüfner, Wolfgang*: Die Geltung von Grundrechten im kirchlichen Bereich, in: Essener Gespräche zum Thema Staat und Kirche 7 (1972), S. 9–27 – *Weber, Hermann*: Die Grundrechtsbindung der Kirchen, ZevKR 17 (1972), S. 386–419 – *Hesse, Konrad*: Grundrechtsbindung der Kirchen?, in: FS W. Weber, 1974, S. 447–462 – *Kästner, Karl-Hermann*:

Die Geltung von Grundrechten in kirchlichen Angelegenheiten, JuS 1977, S. 715–721.

Karl-Hermann Kästner

Islam

I. In der Theorie ist die Sache eigentlich ganz einfach: Nach dem Grundgesetz sind alle Religionen und Weltanschauungen gleich zu behandeln (→ Gleichbehandlung). Diskriminierungen sind verboten. Die besonderen Institute des → Staatskirchenrechts sind mit einem Gleichheitsversprechen versehen: Alle → Religionsgemeinschaften haben das Recht, dass in öffentlichen Schulen nach ihren Grundsätzen → Religionsunterricht erteilt wird. Alle können freie Wohlfahrtsverbände ausbilden und Gefängnisseelsorge betreiben. Alle erhalten auf Antrag die Rechte einer öffentlich-rechtlichen Körperschaft (→ Körperschaftsstatus) und damit die Möglichkeit, Mitgliedsbeiträge in Form einer Steuer (→ Kirchensteuer) einzuziehen.

II. Doch in der Praxis bereitet die gleichberechtigte Integration des organisierten Islam in das deutsche Religionsrecht seit vielen Jahren Probleme. Praktische Fortschritte gab es in den letzten Jahren immer nur dort, wo politischer Wille einen kreativen Umgang mit dem geltenden Recht beförderte. Islamischer Religionsunterricht wird in der Regel jenseits des von Art. 7 Abs. 3 GG vorgegebenen Rahmens erteilt. Die Handhabung ist Ländersache. Teils werden die verfassungsrechtlichen Anforderungen an eine »Religionsgemeinschaft« lax verstanden, teils üben plural besetzte Beiräte gegenüber dem religiös-weltanschaulich neutralen und damit inkompetenten

Staat bestimmte Mitwirkungsrechte aus, wobei bewusst unklar bleibt, ob diese Beiräte für oder statt islamischer Religionsgemeinschaften tätig werden. Mit solchen Beiratsmodellen wurde an verschiedenen Standorten auch islamische Theologie an staatlichen Hochschulen etabliert. Das Modell ist anfällig für Verstöße gegen die staatlichen Neutralitätspflichten (→ Neutralität), da die Auswahl der Partner nach Maßgabe politischer Willfährigkeit zu erfolgen droht. In Hamburg schlossen muslimische Dachverbände und Senat einen Vertrag in Anlehnung an Konkordate und Staatskirchenverträge (→ Verträge), ohne deren besondere Bindungswirkung zu übernehmen.

In der Zusammenschau kamen somit zahlreiche pragmatisch begründete Lösungen zustande, die in der Summe aber gerade das Gegenteil dessen bewirkten, was intendiert war: Sonderregelungen für den organisierten Islam statt umfängliche Gleichstellung der Muslime. Was religionspolitisch gut gemeint war, könnte sich auf Dauer als kontraproduktiv erweisen. Jedenfalls verdichtet sich bei Verbandsvertretern der Eindruck, sie würden gegenüber anderen Religionsgruppen strukturell benachteiligt.

III. Dabei darf man nicht vergessen, dass demokratisch ausgehandelte interimistische Behelfslösungen besser sind als der Zustand davor. Lange Zeit wurde gar keine planvolle Religionspolitik betrieben. Eine nennenswerte politische Auseinandersetzung über spezifische Bedürfnisse und Interessen der muslimischen Bevölkerung fand nicht statt. Sie wurde deshalb im Medium des Rechts, d.h. vor den Gerichten, ausgetragen (Gerichtsstreitigkeiten um das Schächten, Schulbefreiungen, Schulgebete, Kopftuch am Arbeitsplatz). Soziologen sprechen von justiziell geführten »Anerkennungskämpfen«, wiewohl das deutsche Religionsrecht ein besonderes Anerkennungsverfahren gerade nicht kennt (→ Anerkennung). Abhilfe für die politische Sprachlosigkeit brachte erst die Deutsche → Islamkonferenz.

IV. Eine mangelhafte Selbstorganisation der Muslime wirkt weiteren Fortschritten, etwa der Verleihung des Körperschaftsstatus, zur Zeit noch entgegen. Die bestehenden Organisationen sind nur unzureichend als → Religionsgesellschaften bzw. Religionsgemeinschaften, d. h. mitgliedsbasierte Körperschaften, strukturiert. Viele Muslime nutzen das religiöse, kulturelle und soziale Angebot der Verbände und ihrer Moscheen. Die wenigsten werden Mitglied. Doch das Grundgesetz begründet eine Bringschuld der Gläubigen, die an den staatskirchenrechtlichen Kooperationsformen teilnehmen wollen, sich in Religionsgemeinschaften zu organisieren. Dies ist allen Religionen und Weltanschauungen zumutbar, ist doch verfassungsrechtlich keine »Verkirchlichung« nach Art der beiden christlichen Großkirchen gefordert, sondern vor allem eine mitgliedschaftliche Verfasstheit, in der klar wird, wer wo zugehört und wer für wen spricht. Nur so kann der Staat in der Kooperation mit den Religionen seiner Bürger selbst seine religiös-weltanschauliche Neutralität wahren und die negative → Religionsfreiheit Dritter effektiv schützen. Mit den örtlichen Moscheegemeinden sind Anknüpfungspunkte für eine personenspezifische Zuordnung vorhanden, die die → Dachverbände konsequent ausbauen sollten. Ein Verband, DITIB, ist zudem eng mit der türkischen Religionsbehörde verbunden. Das Verfassungsverbot einer Staatsreligion (Art. 137 Abs. 1 WRV) betrifft zwar nur die deutsche Staatsgewalt; gleichwohl müssen ausländische Staatskirchen sich in Deutschland so organisieren, dass Gefährdungen der Religionsfreiheit ausgeschlossen sind. Deshalb wären bei DITIB organisatorische Vorkehrungen hilfreich, die den Verband stärker vor türkischen Staatseinflüssen abschirmen.

V. Die Debatte um die Rolle des Islam im deutschen → Staatskirchenrecht wird auch durch den breiteren gesellschaftspolitischen Kontext befeuert. Die empirische Sozialforschung weiß zu berichten, dass eine große Mehrheit der deutschen Bevölkerung generell den Prinzipien gleichberechtigter Religionsfreiheit zustimmt, aber eine ebenso große Mehrheit gegen eine Gleichbehandlung des Islam votiert. Manche Stimmen erklären den Islam für kulturfremd und deshalb nicht integrierbar. Der moderne Verfassungsstaat sei ungeachtet aller Säkularisierungstendenzen in der westlichen Welt notwendig angewiesen auf die Prägekräfte des Christentums. Angesichts der langen Konfliktgeschichte der christlichen Kirchen mit dem Ordnungsmodell liberaler Demokratien sollte man gegenüber einem solch rabulistischen Kulturalismus skeptisch sein. Pauschalurteile über die Integrationsunfähigkeit des Islam sind oft auch Ausdruck einer islamophoben Einstellung, die ihrerseits zu Leitideen des modernen Verfassungsstaates in Widerspruch steht. In den gesellschaftlichen Auseinandersetzungen ist tunlichst zwischen Religionskritik und Anwendung des geltenden Religionsrechts zu unterscheiden. Gesellschaftliche Anfragen an den organisierten Islam etwa wegen seiner orthodoxen Glaubenspraxis, der Ablehnung historisch-kritischer Methoden in der Theologie, vorherrschender Geschlechterkonstruktionen sind in einer freiheitlichen Gesellschaft völlig legitim. Die Gesellschaftspraxis islamisch geprägter Staaten und der Mainstream islamischer Theologie legen die Frage nahe, wie in islamischen Religionskulturen Menschenrechte, Pluralismus, Demokratie und Rechtsstaatlichkeit reflektiert werden. Doch der Staat des

Grundgesetzes ist kein Glaubenswächter. Auf die Modernität der Religionen kann er allenfalls mittelbar Einfluss nehmen. Integrations- und sicherheitspolitische Zwecke darf der Staat nur im Rahmen des geltenden Rechts verfolgen. Die verfassungsrechtlich gebotene Förderung und Kooperation kann deshalb er nur dort verweigern, wo die Verfassung selbst Grenzen setzt, insbesondere wegen kollidierender Rechte Dritter.

VI. Die religionsrechtliche Praxis, insbesondere die Rechtsprechung mit dem Bundesverfassungsgericht an der Spitze, zeigt sich von islamkritischen Meinungen in Teilen der Bevölkerung unbeeindruckt. Die Judikatur orientiert sich strikt an dem von der säkularen Verfassung vorgegebenen Programm gleicher Freiheit. Auf dieser Grundlage lassen sich für die meisten Konstellationen sinnvolle Lösungen finden: In baurechtlichen Konflikten um Moscheen wendet die Verwaltungsgerichtsbarkeit schlicht das geltende Baurecht an. Tierschutzrechtliche Regelungen zum Schächten werden im Lichte der Religionsfreiheit extensiv ausgelegt. Schulbefreiungen aus religiösen Gründen werden von den Verwaltungsgerichten allenfalls für den koedukativen Sportunterricht gewährt, nicht jedoch für andere Fächer; zudem entscheiden die Gerichte mit Verweis auf den staatlichen Erziehungsauftrag zunehmend restriktiver. An gewisse Grenzen der dem → Religionsverfassungsrecht eigenen Integrationskraft stießen die Gerichte im Streit um religiöse Symbole (→ Symbole, religiöse): Ob in öffentlichen Schulen Lehrerinnen mit → Kopftuch unterrichten dürfen, habe der Gesetzgeber zu entscheiden; das Grundgesetz gestatte hier unterschiedlichste Lösungen, entschied das Bundesverfassungsgericht.

Die gesamte gerichtliche Entscheidungspraxis zeigt, dass das Grundgesetz staatliche Pauschalurteile über den Islam nicht zulässt. »Den« Islam gibt es verfassungsrechtlich gesehen gar nicht – sondern nur konkrete Menschen muslimischen Glaubens und islamische Organisationen in den Formen staatlichen Rechts. Gerade das ist eine wesentliche Errungenschaft des freiheitlich-demokratischen Verfassungsstaates.

Literatur: *Muckel, Stefan* (Hg.), Der Islam im öffentlichen Recht des säkularen Verfassungsstaates, 2008 – *Uhle, Arnd*: Die Integration des Islam in das Staatskirchenrecht der Gegenwart, in: Heinig / Walter (Hg.), Staatskirchenrecht oder Religionsverfassungsrecht?, S. 299–338 – *Heun, Werner*: Integration des Islam, ebd., S. 339–354 – *Khoury, Adel Theodor / Heine, Peter / Oebbecke, Janbernd*: Handbuch Recht und Kultur des Islams in der deutschen Gesellschaft, 2000.

Hans Michael Heinig

Islamkonferenz

Die gestiegene Wahrnehmung des → Islam in der deutschen Gesellschaft ist ausgelöst durch wachsenden religiösen Pluralismus in Deutschland, durch die gewaltigen Terroranschläge mit islamistischem Hintergrund zu Beginn des Jahrtausends sowie durch allgemeine weltpolitische Entwicklungen und durch intensiv öffentlich diskutierte rechtsrelevante Themen wie das Tragen eines → Kopftuchs durch eine muslimische Lehrerin in der Schule, das → Schächten, → Moscheebau, Minarett und Muezzin, der Rechtsstatus islamischer Vereinigungen als → Religionsgemeinschaften, die Kollision der Rechtsordnung des Grundgesetzes mit der Scharia u.a.m. Hieraus wird deutlich, wie notwendig es ist, die Bemühungen um

die Integration des Islam innerhalb des → Religionsverfassungsrechts des Grundgesetzes zu erhöhen. Es ist eine
Herausforderung, die vor einem anderen kulturellen Hintergrund entstandene und entwickelte Religion des Islam
in das System der individuellen, korporativen und institutionellen → Religionsfreiheit der freiheitlich-demokratischen Grundordnung des Grundgesetzes einzupassen.

Initiiert vom damaligen Bundesinnenminister *Wolfgang Schäuble* ist zu diesem Zweck eine »Deutsche Islamkonferenz« (DIK) einberufen worden, die zum ersten Mal
am 27. September 2006 zu einer Sitzung zusammenkam.
Das Ziel der Einrichtung der DIK war es, »Bund, Ländern
und Kommunen im Dialog mit Vertreterinnen und Vertretern der Muslime in Deutschland Wege zu einer besse-
ren religionsrechtlichen und gesellschaftlichen Integration aufzuzeigen und – wo möglich – auch zu beschreiten«.
In einer ersten Phase der DIK von 2006 bis 2009 nahmen
neben fünfzehn Vertretern von Bund, Ländern, Kommunen und von Innen-, Kultus- und Justizministerkonfe-
renzen fünf Vertreter muslimischer Organisationen sowie
zehn Vertreter nicht-organisierter – auch säkularer –
Muslime an den Sitzungen teil. In verschiedenen Arbeits-
gruppen befasste sich die DIK mit den Themen »Deutsche
Gesellschaftsordnung und Wertekonsens«, »Religionsfragen im deutschen Verfassungsverständnis« sowie
»Wirtschaft und Medien als Brücke«. Dabei spielten Probleme und Lösungsüberlegungen hinsichtlich der Förderung der gegenseitigen → Toleranz, der Beachtung der
Rechts- und Werteordnung des Grundgesetzes, der
Gleichberechtigung von Mann und Frau insbesondere
hinsichtlich des Bereichs der Bildung eine große Rolle.
Ein Ergebnis der ersten Phase der DIK war die Erarbei-

tung einer Handreichung zur Beantwortung religiös begründeter schulpraktischer Fragen.

Die DIK ist 2010 in eine praktischer ausgerichtete zweite Phase getreten. In neuer, zum Teil kritisch beurteilter Zusammensetzung wurden mit dem Ziel der konkreten Umsetzung von Ergebnissen die Themenschwerpunkte »Institutionalisierte Kooperation«, »Förderung der Geschlechtergerechtigkeit« und »Prävention von Extremismus, Radikalisierung und gesellschaftlicher Polarisierung« bearbeitet. Auf der Ebene von Projektgruppen wurden die genannten Themen vorbereitend behandelt. Infolge der Arbeit der DIK ist inzwischen in den Bundesländern die Einführung bekenntnisorientierten Islamunterrichts (→ Religionsunterricht) weiter vorangetrieben worden. In diesem Bereich entwickeln sich verschiedene Modelle, die als Übergangsphase zur späteren Einrichtung von islamischem Religionsunterricht auf der Grundlage von Art. 7 Abs. 3 GG zu verstehen sind. Die Ausbildung islamischer Religionspädagogen und von Imamen ist seit dem Wintersemester 2011/2012 in vier theologischen Zentren für islamische Studien an Universitäten möglich. Im Bundesamt für Migration und Flüchtlinge ist zur Zusammenarbeit der Präventionsarbeit eine »Clearingstelle Präventionskooperation« eingerichtet worden.

Zu Beginn der 18. Legislaturperiode des Bundes ist 2014 die »Islamkonferenz III« neu zusammengesetzt und inhaltlich neu ausgerichtet worden. Sie widmet sich nun den Themen der islamischen Wohlfahrtspflege (→ Freie Wohlfahrtspflege) und der islamisch-religiösen Betreuung (islamische → Seelsorge). Dabei wird das Ziel verfolgt, dass sich die DIK künftig auf Themen der religionsrechtlichen und gesellschaftlichen Teilhabe der Muslime und ihrer Organisationen konzentriert. Eine gegenüber dem bisherigen Plenum geringere und ausschließlich auf Vertreter von muslimischen Organisationen und Verbänden ausgelegte Anzahl von Personen bildet einen etwa zweimal im Jahr tagenden Lenkungsausschuss, dem ein Arbeitsausschuss zuarbeitet, der alle zwei bis drei Monate zusammentritt.

Literatur: *von Campenhausen, Axel / de Wall, Heinrich*: Staatskirchenrecht, S. 84 ff. – *Uhle, Arnd*: Die Integration des Islam in das Staatskirchenrecht der Gegenwart, in: Heinig / Walter (Hg.), Staatskirchenrecht oder Religionsverfassungsrecht?, S. 299–338 – *Heun, Werner*: Integration des Islam, ebd., S. 339–354 – Offizielle Webseite der Deutschen Islam Konferenz (DIK): www.deutsche-islam-konferenz.de.

Christoph Thiele

Judentum

I. Normalität kann es im Verhältnis der jüdischen Bevölkerung zum deutschen Staat nach der Shoah wohl immer nur unter Vorbehalt geben. Die maßgebliche Untersuchung zur staatskirchenrechtlichen Rechtstellung der jüdischen Gemeinden in Deutschland ist deshalb zutreffend »Gebrochene Normalität« überschrieben.

II. Der rechtliche Status der Juden in Deutschland bestimmte sich bis ins 19. Jahrhundert vor allem nach dem jeweils geltenden Fremdenrecht. Die Synagogengemeinden genossen dabei relative Autonomie unter staatlicher Aufsicht. Mit der Emanzipation der Juden und der Zuerkennung der Staatsbürgerschaft trat dann das Religionsrecht in den Vordergrund. Es griffen das Gebot staatsbürgerlicher Gleichheit und das Verbot religiöser Diskriminierung. Synagogengemeinden wurden Körperschaften des öffentlichen Rechts. Die Weimarer Reichsverfassung vollendete 1919 die umfassende bürgerlich-rechtliche und staatsbürgerliche Gleichstellung; die Synagogengemeinden blieben als altkorporierte Körperschaften gemäß Art. 137 Abs. 5 S. 1 WRV wie die Großkirchen öffentlich-rechtlich organisiert (→ Körperschaftsstatus). Mit der Machtergreifung der Nationalsozialisten 1933 setzte dann ein Prozess völliger Entrechtlichung ein – der Kontrast zu Weimar konnte größer nicht sein. Die überkommenen jüdischen Organisationen wurden verboten und aufgelöst, ihre Mitglieder verfolgt, vertrieben und ermordet.

III. Im Lichte dieser Erfahrungen steht das Grundgesetz unter dem Leitmotiv des »Nie wieder!«. Religionsverfassungsrechtlich führt dieses »Nie wieder« konsequent zum *Status quo ante*, zur Rückkehr zu einem umfassenden Schutz durch die → Religionsfreiheit wie ihn alle anderen Religionen und → Religionsgemeinschaften genießen, zur öffentlich-rechtlichen Rechtsform, zum Recht der Kultussteuererhebung und zur Einrichtung eines jüdischen → Religionsunterrichts nach Art. 7 Abs. 3 GG, insoweit also zur religionsverfassungsrechtlichen »Normalität« des Grundgesetzes.

Religionspolitisch trat dieser Rückkehr zur Garantie gleicher Freiheit das Bemühen um kollektiv-ideelle Restitution zur Seite. Die 1938 von den Nazis vollzogene Aberkennung des öffentlich-rechtlichen Körperschaftsstatus wurde nach 1945 nullifiziert. Zudem erfuhr und erfährt das Judentum in Deutschland, beseelt vom Willen, das Judentum trotz der Folgen der nationalsozialistischen Vernichtungsbemühungen als Religion von signifikanter Bedeutung für die Gegenwart zu behandeln, staatlicherseits eine besondere Förderung. So haben alle Länder und der

Bund mit den Synagogengemeinden und ihren Verbänden vertragliche Vereinbarungen abgeschlossen, die sich inhaltlich größtenteils an die herkömmlichen Staatskirchenverträge anlehnen (→ Verträge). Jüdische Vertreter sind neben Repräsentanten der beiden großen Kirchen in den Aufsichtsgremien des öffentlich-rechtlichen Rundfunks vertreten (→ Rundfunkaufsicht). Zudem engagiert sich der Staat finanziell; vertraglich sind erhebliche → Staatsleistungen zugesichert, die jüdisches Leben fördern und sichern sollen. Zu diesem Zwecke hat der Bund auch gezielt nach 1989 die Zuwanderung von Juden aus ehemaligen GUS-Staaten gefördert, wodurch sich die Zahl der Juden in Deutschland verdreifacht hat und die Gefahr eines weitgehenden Absterbens dieser so überaus produktiven Kulturtradition in Deutschland gebannt werden konnte.

IV. Diese Förderpolitik zieht einige rechtliche Folgeprobleme nach sich. Zum einen stellen sich im Detail paritätsrechtliche Fragen im Vergleich zu anderen kleineren Religionsgemeinschaften (→ Gleichbehandlung). Zum anderen zeichnet sich das Judentum in Deutschland gegenwärtig durch eine stärkere Binnendifferenzierung als in der Vergangenheit aus. Nach dem Zweiten Weltkrieg dominierte in den Synagogengemeinden die orthodoxe Ausrichtung, wiewohl am Konzept der Einheitsgemeinde (also einer Gemeinde für alle Strömungen im Judentum) festgehalten wurde. Durch Zu- und Auswanderung sowie die demographische Entwicklung ist diese orthodoxe Dominanz zurückgetreten. Neben den traditionellen Synagogengemeinden haben sich neue Gemeinden liberaler, ultraorthodoxer oder lubbawitscher Ausprägung gegründet. Zahlreiche Staatsverträge sehen vor, dass solche Gemeinden an den Staatsleistungen durch die jüdischen Vertragspartner auch dann zu beteiligen sind, wenn sie der vertragsschließenden Partei nicht angehören. Diese Regelung führte in der Praxis immer wieder zu Streitigkeiten, wie eine Fülle gerichtlicher Entscheidungen zeigt. Vor diesem Hintergrund hat das Bundesverfassungsgericht entschieden, dass die Organisation staatlicher Religionsförderung keine »strukturelle Gefährdungslage hinsichtlich der Gehalte der Religionsfreiheit« mit sich bringen dürfe. Durch die Übertragung der Mittelverteilung auf nichtstaatliche Akteure dürfe »nicht eine Situation entstehen, in der die mit der Aufgabe betraute Religionsgesellschaft als selbst anspruchsberechtigter Grundrechtsträger regelmäßig über einen Gegenstand zu entscheiden hat, in Bezug auf den eine andere, möglicherweise konkurrierende Religionsgesellschaft die gleiche grundrechtliche Berechtigung geltend machen kann. Eine derartige Interessenkollision, die gleichzeitig mit einem Abhängigkeitsverhältnis zulasten der anderen betroffenen Religionsgesellschaft verbunden ist, steht der Grundrechtsverwirklichung im Bereich des Art. 4 GG entgegen« (BVerfGE 123, 148 ff.). In letzter Konsequenz bedeutet dies, dass für Synagogengemeinden, die nicht selbst Vertragspartner sind oder diesem angehören, eigene Ansprüche gegenüber dem Staat zu schaffen sind. Inwieweit der Staat hierzu *per se* paritätsrechtlich verpflichtet ist, welche Bedingungen (Mindestgröße etc.) dafür aufgestellt werden dürfen und ob etwa zwischen öffentlich-rechtlich und privatrechtlich organisierten Gemeinschaften differenziert werden kann, ließ das Bundesverfassungsgericht bislang offen. Vorbildhaft löst der religionsverfassungsrechtliche Vertrag in Nordrhein-Westfalen nun diese Probleme.

V. Gewisse Rechtsfragen wirft daneben das Mitgliedschaftsrecht der jüdischen Synagogengemeinden auf. Zum

Schutz der negativen → Religionsfreiheit reicht die nach innerjüdischem Recht maßgebliche Abstammung von einer jüdischen Mutter für den staatlichen Rechtskreis nicht aus, um von einem mitgliedschaftlichen Rechtsverhältnis auszugehen. Ein wie auch immer gearteter Akt der Zugehörigkeitserklärung muss hinzukommen. So klar dies im Grundsatz ist, so komplex und umstritten sind Detailfragen auf diesem Gebiet.

VI. Schließlich: Die religionspolitischen Bemühungen um Restitution und Förderung sind nicht abgeschlossen und bringen immer wieder Neuerungen: Inzwischen gibt es an der Universität Potsdam eine mit den → theologischen Fakultäten vergleichbare Ausbildungsstätte für Religionslehrer und Geistliche, die der liberalen und der konservativen Strömung im Judentum anhängen. Orthodoxe Rabbiner werden am Rabbinerseminar zu Berlin ausgebildet, das mit der Fachhochschule Erfurt und der Humboldt-Universität zu Berlin kooperiert. So wurde schlussendlich eine alte Forderung aus den Anfangszeiten der Emanzipation des Judentums trotz aller grausamen Verirrungen der deutschen Geschichte doch noch verwirklicht.

Literatur: *Demel, Michael*: Gebrochene Normalität. Die staatskirchenrechtliche Stellung der jüdischen Gemeinden in Deutschland, 2011 – *Heinig, Hans Michael*: Jüdische Binnenpluralität in der Leistungsverwaltung, in: ders., Die Verfassung der Religion, 2014, S. 172–210 – *Robbert, Jens*: Finanzielle Förderung jüdischer Gemeinden durch den Staat, NVwZ 2009, S. 1211–1214 – *Weber, Hermann*: Staatsleistungen an jüdische Religionsgemeinschaften, in: FS Selmer, 2004, S. 259–28.

Hans Michael Heinig

Kindererziehung, religiöse / Religionsmündigkeit

Das Recht der Eltern, ihre Kinder nach ihren religiösen Überzeugungen und in ihrem Glauben zu erziehen, ist durch das in Art. 6 GG gewährleistete elterliche Erziehungsrecht garantiert. Daneben zieht das Bundesverfassungsgericht – was von Teilen der Rechtslehre durchaus kritisiert wird – auch das Grundrecht der → Religionsfreiheit (Art. 4 GG) zur Bestimmung des Rechts auf religiöse Kindererziehung heran. Das Recht der religiösen Kindererziehung umfasst insbesondere die Entscheidung über die Zugehörigkeit oder Nichtzugehörigkeit eines Kindes zu einer → Religionsgemeinschaft und die Unterweisung des Kindes in dem Glauben und in der Glaubenslehre, welche die Eltern für die richtige halten. Im Konfliktfall, das heißt, wenn die Eltern sich nicht über die religiöse Erziehung ihres Kindes einigen können, entscheidet das Vormundschaftsgericht (§ 1628 BGB, § 2 Abs. 2 RKEG).

Religionsmündigkeit bezeichnet das Recht einer Person, selbst über die Zugehörigkeit oder Nichtzugehörigkeit zu einer Religion zu entscheiden. Mit Eintritt der Religionsmündigkeit weicht das Recht der Eltern auf die religiöse Erziehung des Kindes zugunsten der religiösen Selbstbestimmung des Heranwachsenden. Die Religionsmündigkeit ist vom Erreichen bestimmter Altersgrenzen abhängig, die in Deutschland im Gesetz über die religiöse Kindererziehung (vom 15.7.1921) geregelt sind. § 5 RKEG sieht zwei Altersgrenzen vor: Nach der Vollendung des 12. Lebensjahres kann ein Kind nicht gegen seinen Willen in einem anderen Bekenntnis als bisher erzogen werden. Nach Vollendung des 14. Lebensjahres steht dem Kind die Entscheidung darüber zu, welchem religiösen Bekenntnis es angehören will. Dementsprechend kann ein Kind nach

Vollendung des 14. Lebensjahres eine Erklärung über den Austritt aus einer Religionsgemeinschaft abgeben, auch ohne oder gegen den Willen der Erziehungsberechtigten. Nach Vollendung des 12. Lebensjahres können die Eltern keine Erklärung über den Kirchenaustritt des Kindes gegen dessen Willen abgeben.

Über die Teilnahme eines Kindes oder Heranwachsenden am → Religionsunterricht, der an öffentlichen Schulen ein Pflichtfach darstellt, entscheiden die Erziehungsberechtigten (Art. 7 Abs. 2 GG). Die Möglichkeit, sich vom Religionsunterricht abzumelden, ist Teil der Religionsmündigkeit. Dementsprechend steht nach § 5 RKEG jedem Schüler ab dem 14. Lebensjahr das Recht zu, sich vom Religionsunterricht abzumelden. In Bayern und im Saarland ist die Altersgrenze für die Entscheidung über die Abmeldung vom Religionsunterricht durch Landesverfassungsrecht auf 18 Jahre festgelegt.

Literatur: *Umbach, Dieter C.*: Grundrechts- und Religionsmündigkeit im Spannungsfeld zwischen Kindes- und Elternrecht, in: FS W. Geiger, 1989, S. 359–377 – *Jestaedt, Matthias*: Das elterliche Erziehungsrecht im Hinblick auf die Religion, in: HdbStKirchR II, S. 371–414.

Katharina Pabel

Kindergärten, kirchliche

Mit jeweils ca. 9.000 Einrichtungen stellen die evangelische und die röm.-kath. Kirche etwa die Hälfte aller Kindertagesstätten. Damit leisten die Kirchen einen wesentlichen Beitrag für die Erfüllung gesamtgesellschaftlicher Aufgaben und entsprechen zugleich ihrem Selbstverständnis als Bildungsinstitution. Die Betreuung, Bildung und Erziehung von Kindern war von Anfang an ein wichtiges Arbeitsfeld in → Diakonie und Caritas.

Kindergartenarbeit ist als Teilgebiet der Kinder- und Jugendhilfe ein Arbeitsfeld der → Freien Wohlfahrtspflege. Die Tagesbetreuung von Kindern soll dazu dienen, dass sich Kinder zu eigenverantwortlichen und gemeinschaftsfähigen Persönlichkeiten entwickeln, die Erziehung und Bildung in der Familie ergänzen und die Vereinbarkeit von Beruf und Kindererziehung unterstützen (§ 22 SGB VIII). Kinder haben vom vollendeten dritten Lebensjahr bis zum Schuleintritt einen Rechtsanspruch auf einen Kindergartenplatz. Die Träger der öffentlichen Jugendhilfe sind verpflichtet, zusammen mit den Trägern der freien Jugendhilfe für ein bedarfsgerechtes Angebot zu sorgen. Kirchliche Kindergärten werden meist von einer Kirchengemeinde, aber auch von kirchlichen Zweckverbänden als unselbständige Einrichtung betrieben oder in Formen des Privatrechts organisiert. Zur Finanzierung der Kindertagesstätten tragen nach den Vorgaben des Kinder- und Jugendhilferechts Mittel der öffentlichen Jugendhilfe, Beiträge der Eltern und Eigenmittel der Träger bei. Zudem unterhalten die Kirchen eigene Systeme der Fachberatung und Qualitätssicherung.

Als Einrichtungen der Kirche haben die Kindergärten ein konfessionelles Profil. Der Erziehungsarbeit liegt das christliche Menschenbild zugrunde, das in der Gottebenbildlichkeit seine Wurzel hat. Mit den genannten Zielbestimmungen des Kinder- und Jugendhilferechts (SGB VIII) ist das kirchliche Bildungskonzept kompatibel, weist aber in der religiösen Dimension einen spezifischen Mehrwert auf. Kirchliche Kindergärten sind meist mit dem Leben einer Kirchengemeinde, z.B. durch Besuche von Pfarrern und Teilnahme an Gottesdiensten, verbunden. Unbeschadet des konfessionellen Profils stehen kirchliche Kindergärten grundsätzlich auch den Anhängern anderer Religionen und Weltanschauungen offen, sofern sie den kirchlichen Charakter der Einrichtung akzeptieren. Im Konzert mit anderen Trägern der Freien Wohlfahrtspflege tragen konfessionelle Einrichtungen zur pluralen Trägerlandschaft bei.

Literatur: *Götzelmann, Arnd*: Kinder- und Jugendhilfe, in: Ruddat / Schäfer (Hg.), Diakonisches Kompendium, 2005, S. 535–545 – *Müller, Peter*: Zur Rechtslage kirchlicher Kindergärten nach Einräumung eines Rechtsanspruchs auf einen Kindergartenplatz, ZevKR 43 (1998), S. 145–181 – *de Wall, Heinrich*: Religiöse Bildung in Kindertagesstätten im Spannungsfeld von Erziehungsrecht und -auftrag, staatlicher Neutralität und Religionsfreiheit, RdJB 55 (2007), S. 458–468.

Hendrik Munsonius

Kirchenasyl

Das religiöse Asyl hat eine buchstäblich Jahrtausende alte, ehrwürdige Vergangenheit. In vielen Kulturen und lange schon in vorchristlicher Zeit war es selbstverständlich, dass, wer sich an einen heiligen Ort geflüchtet hatte, dort nicht ergriffen oder auch nur angetastet werden durfte. Es war dies eine ganz eigenständige Institution, in der Wurzel unabhängig vom weltlichen Asyl, dem Schutz für verfolgte Fremde, wenngleich sie natürlich auch Fremden zu Gute kommen konnte. Die christlichen Kirchen haben von Beginn an um der christlichen Beistandspflicht und der Heiligkeit des Ortes willen Verfolgten Schutz geboten. In Mitteleuropa war ihnen dies bis in das 18., zum Teil sogar bis in das 19. Jahrhundert hinein als förmliches Asylrecht gewährleistet.

Religiöses Asyl – und damit auch Kirchenasyl – beruht auf der Vorstellung, dass es eine heilige Sphäre gibt, die von der profanen Welt getrennt und dem menschlichen Recht entzogen ist. Es setzt voraus, dass die staatliche Ordnung sich den Geboten der Religion unterwirft oder ihr zumindest einen rechtsfreien Raum zugesteht. Das widerspricht der → Trennung von Staat und Kirche. Sie hat das Gebot der → Neutralität mit sich gebracht und die staatliche Ordnung den Religionsgemeinschaften übergeordnet: Dem Staat ist es verwehrt, sich mit einer Religion als der wahren gleichzusetzen; von allen fordert er gleichmäßig die Einhaltung seines – religiös-weltanschaulich neutral ausgestalteten – Rechtes. Rechtsfreie Räume eröffnet er darum aus religiösen Gründen ebenso wenig wie aus allen anderen auch. Schutz vor der Verfolgung durch andere gewährleistet er selbst, Schutz vor der Staatsgewalt duldet er nicht. Der säkulare Staat gibt dem Einzelnen die Möglichkeit, sich den Geboten der Religion zu beugen, doch selbst tut er es nicht. Ein Kirchenasyl im rechtlichen Sinne gibt es darum unter dem Grundgesetz nicht.

Wenn eine Kirchengemeinde Flüchtlingen Zuflucht gewährt, ändert dies an deren Rechtsposition nichts und hindert den Staat nicht, seinem Recht Geltung zu verschaffen. Weder die → Religionsfreiheit noch das → Selbstbestimmungsrecht der Religionsgemeinschaften gibt den Kirchen oder einzelnen Gläubigen einen Anspruch darauf, Flüchtlinge dem staatlichen Zugriff entziehen zu dürfen; ansonsten wäre ihre Rechtsposition stärker als diejenige der Flüchtlinge selbst. Die Kirchen sind darum in ihrem Engagement für Flüchtlinge auf dieselben, legalen Mittel verwiesen, die jedermann zur Verfügung stehen.

Wer aus Glaubens- oder Gewissensgründen gegen die Rechtsordnung verstößt, um Flüchtlingen zu helfen, beschreitet den Weg des zivilen Ungehorsams. Ziviler Ungehorsam kann ethisch legitim sein, wenn er *ultima ratio* bleibt, offen geschieht, keinen eigennützigen Interessen dient, auf gewalttätigen Aktionismus verzichtet, bereit ist, die eigene Position zu begründen und ggf. zu korrigieren, und die rechtsstaatlichen Konsequenzen der Übertretung – bis hin zur Strafe – akzeptiert (*John Rawls*). Vor allem das letztere ist der Prüfstein sowohl für die Rechtstreue als auch für die Ernsthaftigkeit der Gewissensentscheidung. Denn auch der ethisch vertretbare zivile Ungehorsam bleibt rechtswidrig; er zielt aber auf eine Änderung des Rechts in den dafür vorgesehenen Verfahren.

Literatur: *Traulsen, Christian*: Das sakrale Asyl in der Alten Welt, 2004 – *Görisch, Christoph*: Kirchenasyl und staatliches Recht, 2000.

Christian Traulsen

Kirchenbeamte

Religionsgemeinschaften, die gem. Art. 140 GG i.V.m. Art. 137 Abs. 5 WRV den Status einer Körperschaft des öffentlichen Rechts (erlangt) haben (→ Körperschaftsstatus), besitzen die Dienstherrnfähigkeit. Nach der Legaldefinition in § 2 Beamtenstatusgesetz bezeichnet die *Dienstherrnfähigkeit* das »Recht, Beamtinnen und Beamte zu haben«, und damit die Befugnis, öffentlich-rechtliche Dienstverhältnisse zu begründen, die nicht dem Arbeits- und Sozialversicherungsrecht unterliegen (→ Pfarrerdienstrecht, → Ämterfreiheit). Die korporierten Religionsgemeinschaften – und hier insbesondere die rö-

misch-katholische Kirche und die evangelischen Landeskirchen mit ihren jeweiligen Untergliederungen – machen
von diesem Recht zumeist Gebrauch bei Personen(gruppen), die einen besonderen, d. h. mit Hoheits- und Auf-
sichtsbefugnissen verbundenen Dienst versehen, etwa bei
Pastorinnen und Pastoren sowie bei leitenden Mitarbeite-
rinnen und Mitarbeitern. Für den geistlichen Dienst bestehen zumeist gesonderte Rechtsgrundlagen, etwa in
Can. 232 ff. CIC oder im Pfarrdienstgesetz der EKD. Für
die Ausgestaltung der Kirchenbeamtenverhältnisse gelten
die staatlichen Beamtengesetze nicht; gem. § 135 S. 2 Be-
amtenrechtsrahmengesetz bleibt es den korporierten Religionsgemeinschaften aber »überlassen, die Rechtsverhältnisse ihrer Seelsorger und Beamten diesem Gesetz
entsprechend zu regeln«. Während mit den Can. 145 ff.
CIC der römisch-katholischen Kirche eine weit gehend
eigenständige Regelung geschaffen wurde, hat sich das in
den evangelischen Landeskirchen geltende Kirchenbeam-
tengesetz der EKD überwiegend und unter Berücksichtigung kirchlicher Spezifika an das staatliche Beamtenrecht
angelehnt.

Die Beamtenverhältnisse beider Kirchen werden – wie
die staatlichen Beamtenverhältnisse – nicht durch Vertrag,
sondern durch *Hoheitsakt*, d. h. durch einen mitwir-
kungsbedürftigen Verwaltungsakt begründet. Auch hier
handelt es sich also um öffentlich-rechtliche Dienst- und
Treueverhältnisse. Die Befugnis, derartige Kirchenbeamtenverhältnisse zu begründen, impliziert zudem die *Disziplinargewalt* des kirchlichen Dienstherrn, d. h. das
Recht, Disziplinarmaßnahmen mit öffentlich-rechtlicher
Wirkung zu verhängen. In Betracht kommt ein Spektrum
von Disziplinarmaßnahmen, das von Verwarnungen über

Gehaltskürzungen bis zur Entfernung aus dem Dienst reicht (→ Disziplinarrecht).

Die Kirchenbeamtenverhältnisse werden auch im staatlichen Bereich als *öffentlicher Dienst* anerkannt. Diese Anerkennung ist nicht zuletzt aufgrund der Strukturverwandtschaft zwischen kirchlichen und staatlichen Beamtenverhältnissen gerechtfertigt und wird in zahlreichen Staatskirchenverträgen bestätigt. Folgerichtig werden entsprechende Dienstzeiten im Bundesbesoldungs- und -versorgungsgesetz als Vordienstzeiten anerkannt und statusrechtliche Streitigkeiten sind – ggf. nach verbindlicher kircheninterner Klärung religiöser Vorfragen – von den staatlichen Verwaltungsgerichten zu entscheiden.

Umstritten ist die Frage, ob für die Ausgestaltung der Kirchenbeamtenverhältnisse neben der Option der Anlehnung an die staatlichen Beamtengesetze ein *Typenzwang* besteht, der insbesondere eine Bindungswirkung der herkömmlichen Grundsätze des Beamtentums i. S. d. Art. 33 Abs. 5 GG begründen könnte. Die Rechtsprechung (auch) des Bundesverfassungsgerichts lehnt sowohl eine unmittelbare als auch eine entsprechende Anwendung dieser Vorschrift auf Kirchenbeamtenverhältnisse mit dem Hinweis auf das Selbstbestimmungsrecht der Religionsgemeinschaften aus Art. 140 GG i. V. m. Art. 137 Abs. 3 WRV ab. Sofern die Kirchenbeamtenverhältnisse – wie in der EKD – nicht ohnehin den staatlichen Beamtenverhältnissen angenähert sind, setzt aber ihre Anerkennung als öffentlicher Dienst zumindest eine dem staatlichen öffentlichen Dienst vergleichbare Struktur voraus. Daraus folgt, dass die in Art. 33 Abs. 5 GG verankerten Grundsätze des Berufsbeamtentums zwar nicht pauschal und uneingeschränkt, als »Struktur bildendes Minimum« (*Christoph Link*) bzw. als »soziale Mindeststandards«

(*Martin Morlok*) jedoch grundsätzlich auch auf Kirchenbeamtenverhältnisse anwendbar sind. Kirchenspezifische
Grenzen gelten etwa bei der über Art. 140 GG i. V. m.
Art. 137 Abs. 3 WRV garantierten religionsspezifischen
Personalauswahl. Es finden jedenfalls diejenigen Grundsätze aus Art. 33 Abs. 5 GG Anwendung, die die Exemtion der Kirchenbeamtenverhältnisse aus dem Arbeits- und
Sozialversicherungsrecht rechtfertigen, so etwa das Le-
benszeit-, das Leistungs-, das Laufbahn-, das Alimenta-
tions- und das Legalitätsprinzip sowie die Fürsorgepflicht
des Dienstherrn und die Treuepflicht der Kirchenbeamtin
bzw. des Kirchenbeamten. Damit sind kirchliche und
staatliche Beamtenverhältnisse strukturell weitgehend
vergleichbar.

Literatur: *von Campenhausen, Axel / de Wall, Heinrich*: Staatskirchenrecht, S. 252–256 – *Unruh, Peter*: Religionsverfassungsrecht, § 9, Rn. 296–297.

Peter Unruh

Kircheneintritt / -austritt / -übertritt

In problematischer Anlehnung an einen vereinsrechtlichen Sprachgebrauch meint »Kircheneintritt« die *Begründung der → Kirchenmitgliedschaft* und »Kirchenaustritt«
deren *Beendigung*, scheinbar jeweils durch Willenserklärung bewirkt. Der »Kirchenübertritt« bezeichnet sodann
den *Wechsel* der Kirchenmitgliedschaft von der einen in
die andere Kirche.

Allerdings geht eine vereinsrechtliche Vorstellung von
»Eintritt« und »Austritt« an den kirchenrechtlichen Regelungen über die Begründung und die Beendigung der Kirchenmitgliedschaft vorbei.

Nach dem römisch-katholischen wie dem evangelischen Kirchenrecht wird die Kirchenmitgliedschaft nicht durch Willenserklärungen (»Eintritt«) begründet, sondern durch die → *Taufe*. Die Erklärung des Täuflings, getauft werden zu wollen, (beziehungsweise die entsprechende Erklärung der Personensorgeberechtigten eines religionsunmündigen Kindes, → Kindererziehung) ist zwar selbstverständlich eine Voraussetzung für die ordnungsgemäße Taufe, aber die Wirkungen der Taufe einschließlich der Begründung der Kirchenmitgliedschaft werden nicht dieser Erklärung oder einer »Annahmeerklärung« der Kirche, sondern dem in der Taufe geschehenden Handeln Gottes zugeschrieben.

Wegen der theologisch begründeten Unverfügbarkeit des Handelns Gottes in der Taufe gilt die Taufe dem *Kirchenrecht* als »unauslöschlich«. Damit kann das Kirchenrecht für die mit der Taufe begründete Kirchenmitgliedschaft auch keinen Aufhebungstatbestand regeln. Das gilt insbesondere für die Erklärung eines Kirchenaustritts. Zwar achtet die Kirche auch in ihrem Recht den erklärten Willen eines Kirchenmitglieds, nicht mehr auf seine Mitgliedschaft in Anspruch genommen zu werden, und knüpft daran Folgen für seine kirchlichen Rechte und Pflichten. Die Unauslöschlichkeit der Taufe macht es dem Kirchenrecht aber unmöglich, eine Beendigung der Kirchenmitgliedschaft durch Willenserklärung (»Austritt«) vorzusehen. Kirchenrechtlich bewirkt eine solche Erklärung deshalb nur die Suspension der Rechte und Pflichten aus der im Grundstatus fortbestehenden Kirchenmitgliedschaft. Insoweit missverständlich formuliert sind kirchengesetzliche Regelungen wie in § 10 Nr. 3 des Kirchenmitgliedschaftsgesetzes der Evangelischen Kirche in Deutschland, wonach »die Kirchenmitgliedschaft [...] mit dem Wirksamwerden der nach staatlichem Recht zulässigen Austrittserklärung« »endet«. Denn unbeschadet der Aussetzung von Rechten und Pflichten besteht der mit der Taufe begründete kirchenrechtliche Grundstatus der Kirchenmitgliedschaft fort.

Das *staatliche Recht* hingegen muss um der → Religionsfreiheit willen gewährleisten, dass ein Kirchenmitglied die bürgerlichen Wirkungen seiner Kirchenmitgliedschaft durch Erklärung des Kirchenaustritts beenden kann. Das ist seit dem 19. Jahrhundert in staatlichen Kirchenaustrittsgesetzen, heute auf der Ebene der Bundesländer, geregelt. Nachdem diese Regelungen in ihrer Entstehungszeit teilweise als gegen die Kirche gerichtete Kulturkampfmaßnahmen des Staates wahrgenommen worden waren (→ Kulturkampf), entspricht es heute der einhelligen Auffassung auch der Kirchen, dass sie zur Wahrung der bürgerlichen Religionsfreiheit geboten sind. Zuständig zur Entgegennahme von Austrittserklärungen ist heute in den meisten Bundesländern das Standesamt, in einigen das Amtsgericht. Die Erklärung des Kirchenaustritts ist an keine Voraussetzungen gebunden. Für die Entgegennahme erheben die staatlichen Stellen in der Regel eine Gebühr in dem für solche Verwaltungshandlungen üblichen Rahmen. Die Erklärung des Kirchenaustritts beendet die Folgen der Kirchenmitgliedschaft im staatlichen Recht, insbesondere die Kirchensteuerpflicht. Diese Wirkung ist nicht an eine Frist im Sinne einer »Bedenkzeit« o. ä. gebunden.

Die → Trennung von Staat und Kirche und das kirchliche → Selbstbestimmungsrecht verbieten es dem Staat, auf die kirchenrechtlichen Folgen einer Austrittserklärung Einfluss zu nehmen. Insbesondere darf er keine Erklärungen entgegennehmen, in denen das Kirchenmitglied durch Bedingungen oder Zusätze direkt oder indirekt insoweit Vorbehalte zum Ausdruck bringt. Diese Grenze überschreitet bereits der einschränkend verwendete Zusatz »Körperschaft des öffentlichen Rechts«. Daher schließen die Kirchenaustrittsgesetze solche »modifizierten Kirchenaustritte« aus Gründen der Rechtsklarheit aus. Die Rechtsprechung hat diese Grundsätze bestätigt, zuletzt das Bundesverwaltungsgericht in einem Urteil vom 26.9.2012, das allerdings einen »Spielraum« bei der Bezeichnung der Religionsgemeinschaft in der Austrittserklärung einräumt.

Die Wirkungen einer Austrittserklärung lassen sich durch eine *Wiederaufnahme* in die Kirche rückgängig machen. Dazu wird nach einer entsprechenden Erklärung gegenüber einer kirchlichen Stelle in einem kirchenrechtlich geregelten Verfahren die Wiederherstellung der Gemeinschaft festgestellt. Die durch die Austrittserklärung suspendierten kirchlichen Rechte und Pflichten leben wieder auf. Eine Wiederholung der Taufe kommt aus den genannten Gründen nicht in Betracht. Das staatliche Recht erkennt die bürgerlichen Wirkungen der Wiederaufnahme für die Kirchenmitgliedschaft an.

Der *Kirchenübertritt* leitet die Kirchenmitgliedschaft von einer Kirche auf die andere über. Der durch die Taufe einmal begründete kirchenrechtliche Grundstatus setzt sich in der Kirchenmitgliedschaft zur anderen Kirche fort, wiederum mit der entsprechenden bürgerlichen Wirkung im staatlichen Recht. Das Verfahren für Kirchenübertritte regelt das Kirchenrecht der beteiligten Kirchen, die es zum Teil durch Übertrittsvereinbarungen koordinieren. Ein Kirchenübertritt sollte in der Regel nur eine Übertrittserklärung erfordern, die nach den Maßgaben der aufnehmenden Kirche zur Aufnahme führt. Die staatlichen Gesetze in einigen Bundesländern fordern stattdessen eine vorausgehende Erklärung des Kirchenaustritts; das ist weder mit dem verfassungsrechtlich verbürgten Selbstbestimmungsrecht der Religionsgemeinschaften noch mit der Religionsfreiheit des Übertretenden vereinbar.

Das im Kirchenmitgliedschaftsrecht geltende *Parochialprinzip* (→ Parochialrecht) verankert die Kirchenmitgliedschaft in einer Kirchengemeinde und Ortskirche (römisch-katholischen Diözese oder evangelischen Landeskirche) regelmäßig am Wohnsitz. Demzufolge bewirkt der Wechsel des Wohnsitzes ohne weitere Erklärungen den Wechsel der Kirchengemeinde und gegebenenfalls der Diözese innerhalb der römisch-katholischen Kirche beziehungsweise Landeskirche innerhalb der Evangelischen Kirche in Deutschland ohne so etwas wie einen Übertritt.

Das gilt auch für *aus dem Ausland zuziehende Kirchenmitglieder* auf der Grundlage des universalen kanonischen Rechts der römisch-katholischen Kirche beziehungsweise gegebenenfalls einer Mitgliedschaftsvereinbarung zwischen den beteiligten evangelischen Kirchen. Aus dem Ausland zuziehende Mitglieder einer ausländischen evangelischen Kirche, mit der keine solche Vereinbarung geschlossen wurde, erwerben die Kirchenmitgliedschaft durch entsprechende Erklärung gegenüber der staatlichen Meldestelle oder der zuständigen kirchlichen Stelle.

Für alle hier beachtlichen Erklärungen legt das »Gesetz über die religiöse [→] Kindererziehung« die *Religionsmündigkeit* auf die Vollendung des vierzehnten Lebensjahres fest. Für jüngere Kinder entscheiden die Personensorgeberechtigten, nach Vollendung des zwölften Lebensjahres allerdings nicht gegen den Willen des Kindes.

Literatur: *Bier, Georg* (Hg.): Der Kirchenaustritt. Rechtliches Problem und pastorale Herausforderung, 2013 – *von Campenhausen, Axel*: Die staatskirchenrechtliche Bedeutung des kirchlichen Mitgliedschaftsrechts, in: HdbStKirchR I, S. 755–775 = in: ders., Gesammelte Schriften II, 2014, S. 535–560 – *Haß, Matthias*: Der Erwerb der Kirchenmitgliedschaft nach evangelischem und katholischem Kirchenrecht, 1995.

Michael Germann

Kirchenfinanzen

I. Bei den Kirchenfinanzen geht es darum, wie Gelder in der Kirche für die Aufgabenwahrnehmung beschafft, bewirtschaftet und verteilt werden. Sämtliche Einnahmen und Ausgaben sind dienend auf den Auftrag der Kirche bezogen und gewährleisten die materielle Basis für das Wirken der Kirche in der Welt.

II. Die finanziellen Ausgaben ermöglichen vielfältige Dienste der Kirche in Verkündigung, Seelsorge, → Diakonie und Bildung. Sie betragen allein in der Gemeinschaft der Gliedkirchen der EKD jährlich rund 10 Mrd. €. Den größten Teil der Ausgaben bilden die Personalaufwendungen. Dazu kommen Aufwendungen für Sachmittel, wie insbesondere zur Unterhaltung der → Kirchengebäude.

Die bei weitem wichtigste Einnahmequelle der Kirchen sind die Gaben der Gemeindeglieder, insbesondere die → Kirchensteuer. Dazu kommen Erträge aus dem → Kirchenvermögen und Entgelte für kirchliche Dienstleistungen, z. B. die Beiträge für → Kindergärten und das Schulgeld bei kirchlichen → Schulen. Darüber hinaus erhalten die Kirchen für Leistungen, die sie in der → freien Wohlfahrtspflege und im Bildungswesen zu Gunsten der

Allgemeinheit erbringen, wie andere gesellschaftliche
Träger auch Fördermittel aus öffentlichen Kassen, u. a.
von Kommunen und Sozialversicherungsträgern. Schließlich zählen zu den Einnahmen die sog. → Staatsleistungen,
die sich auf rd. 2% der kirchlichen Einnahmen belaufen.

III. Die Kirchenfinanzen werden in einer Vielzahl von
Haushalten der kirchlichen Körperschaften bewirtschaftet. Allein im Bereich der EKD gibt es ca. 16.000 Haushalte der → Kirchengemeinden, Kirchenkreise, Dekanate,
Propsteien und → Landeskirchen. Diese bilden einen
komplexen Finanzierungsverbund, der von Eigenverant-
wortlichkeit und Solidarität geprägt ist. Aufgabe der Fi-
nanzverfassung ist es u. a., für eine austarierte Gewich-
tung der Ausgaben für gemeindliche und übergemeindliche Aufgaben zu sorgen. Dazu gehört, dass jede
kirchliche Gliederung ihr Budget selbst verantwortet und
dass auf allen Ebenen Elemente eines solidarischen Finan-
zausgleichs wirksam werden. Unterschiede zwischen den
Landeskirchen gibt es insbesondere bei den Systemen zur
Finanzverteilung. In manchen Landeskirchen steht die
Kirchensteuer den Kirchengemeinden oder Kirchenkrei-
sen zu, die für übergemeindliche Aufgaben Umlagen ab-
führen. Andere Landeskirchen erheben selbst die Kirchensteuer und verteilen die Mittel an die Kirchenkreise
und Kirchengemeinden über den landeskirchlichen Haushalt weiter. Das kirchliche Haushaltsrecht orientiert sich
an dem der staatlichen und kommunalen Körperschaften.
Zudem greift es betriebswirtschaftliche Steuerungsin-
strumente wie die Vermögensrechnung mit periodenge-
rechter Abschreibung von Wirtschaftsgütern, eine
leistungsbezogene Kostentransparenz und die Budgetie-
rung auf und passt sie den kirchlichen Bedürfnissen an.

IV. Das Grundgesetz sichert die Freiheit religiösen Wirkens unter Wahrung der Rechte Dritter umfassend auch im Hinblick auf die Kirchenfinanzen. So garantiert es den Kirchen und Religionsgemeinschaften eine freie, unabhängige, verlässliche, durchsetzbare und gleichheitswahrende Finanzierung ihres religiösen Wirkens. Die Grundlage dafür bildet die Glaubensfreiheit nach Art. 4 Abs. 1 und 2 GG (→ Religionsfreiheit). Diese wird ergänzt und konkretisiert durch eine Reihe von korporativen Gewährleistungen aus der Weimarer Reichsverfassung, die das Grundgesetz in Art. 140 übernommen hat (→ Staatskirchenrecht).

1. Die verfassungsrechtlichen Grundsätze der → Trennung von Staat und Kirche sowie der religiös-weltanschaulichen → Neutralität des Staates schließen auf der einen Seite eine Alimentation von Kirchen und → Religionsgemeinschaften durch den Staat aus. Auf der anderen Seite gewährleisten sie, dass der Staat seine eigenen Aufgaben bei den sog. »gemeinsamen Angelegenheiten« wie der Anstalts- und Militärseelsorge (→ Seelsorge), dem → Religionsunterricht und den → Theologischen Fakultäten an staatlichen Universitäten auch selbst finanziert. Und im Zusammenwirken mit den grundrechtlichen Diskriminierungsverboten (u. a. Art. 3 Abs. 1 und 3 GG) stellen sie sicher, dass die Kirchen insbesondere in der freien Wohlfahrtspflege und im Bildungswesen wie andere freie Träger aus öffentlichen Kassen finanziert werden und dass sie wie andere gemeinnützige Organisationen auch vom staatlichen Gemeinnützigkeitsrecht profitieren.

2. Das sog. kirchliche → Selbstbestimmungsrecht nach Art. 137 Abs. 3 S. 1 WRV gewährleistet den Kirchen und Religionsgemeinschaften umfassend, ihre finanziellen Angelegenheiten selbständig innerhalb der Schranken des

für alle geltenden Gesetzes zu ordnen. Mit Art. 137 Abs. 5 WRV erkennt der Staat den Kirchen und einzelnen anderen Religionsgemeinschaften darüber hinaus öffentlich-rechtliche Körperschaftsrechte zu (→ Körperschaftsstatus). Diese entheben sie von den Zwängen privatrechtlicher Verbandsgestaltung und von deren Vorgaben für die Finanzierung. Eine wichtige Ausprägung ist das Kirchensteuerwesen nach Art. 137 Abs. 6 WRV. Die Kirchensteuerfinanzierung bedeutet keine Staatsfinanzierung kirchlicher Arbeit, sondern ist im Gegenteil Ausdruck finanzieller Eigenverantwortung der Kirche. Denn die Einnahmen sind die Beiträge der Mitglieder. Der Staat wird für seine technische Unterstützung bei der Erhebung gut kostendeckend vergütet. Und er verletzt dabei keine Rechte Dritter, wie die ständige Rechtsprechung in Kirchensteuerfragen belegt. Auch privilegiert die Kirchensteuer nicht einseitig einzelne Kirchen. Denn das Instrument der Kirchensteuer steht grundsätzlich jeder öffentlich-rechtlich organisierten Religionsgemeinschaft zur Verfügung. So ist die Kirchensteuer eine besonders effektive, an der Leistungsfähigkeit der Kirchenglieder orientierte Abgabe, die eine solide, planbare Finanzierung der kirchlichen Aufgaben und einen Solidarausgleich zwischen den Gemeinden ermöglicht.

3. Art. 138 Abs. 1 WRV gewährleistet Staatsleistungen an die Kirchen als laufenden Ausgleich für die weitgehenden Säkularisierungen von Kirchenbesitz insbesondere zu Beginn des 19. Jahrhunderts. Für eine einseitige Ablösung, die gegen Entschädigung zu erfolgen hat, muss der Bund die Grundsätze regeln. Die Kirchengutsgarantie (Art. 138 Abs. 2 WRV) schützt die Kirchen vor einer Verwendung von Kirchengut entgegen der religiösen Zweck-

bestimmung und damit vor der Aushöhlung ihrer Finanzierungsgrundlagen (→ Kirchenvermögen).

Literatur: www.kirchenfinanzen.de – www.dbk.de/themen/kirchenfinanzierung – *Germann, Michael*: Die kirchliche Vermögensverantwortung nach evangelischem Kirchenrecht, in: Essener Gespräche 47 (2013), S. 57–97 – *Blaschke, Klaus*: Die Kirchenfinanzierung in Deutschland, ZevKR 47 (2002), S. 395–416 – *Lienemann, Wolfgang* (Hg.): Die Finanzen der Kirche, 1989.

Hans Ulrich Anke

Kirchengebäude

In den ca. 11.300 politischen Gemeinden der Bundesrepublik Deutschland mit ihren etwa 2.000 Städten besitzen die beiden großen Kirchen ca. 50.000 Gebäude, die als Kirchen oder Kapellen dem Gottesdienst dienen. Als schlichte oder kunstvolle Sakralgebäude wurden sie zum Teil bereits vor der Reformation errichtet. Bis heute verdeutlichen die Kirchengebäude das Leben der Kirchengemeinde. Gleichzeitig gehören sie als Zeugen ihrer Entstehungszeit zum Kulturgut der Gesellschaft.

Kirchengebäude stehen regelmäßig im Eigentum einer → Kirchengemeinde oder einer Kirchenstiftung. Sie können jedoch auch im Eigentum des Staates, einer Kommune oder eines Privaten stehen. Entscheidend ist, dass die Kirchengebäude als → *res sacrae* für den gottesdienstlichen Gebrauch gewidmete Sachen sind. Durch ihre Widmung erhalten die Gebäude und ihre Ausstattung den besonderen Rechtsstatus einer öffentlichen Sache i. S. d. weltlichen Rechtsordnung. Dieser Status überlagert das Eigentum am Gebäude und an seinem Inventar und schließt einen widmungswidrigen Gebrauch der Sachen aus. Die Widmung liegt in der Verantwortung der Kirche, für deren Gottesdienste das Kirchengebäude bestimmt ist. Entsprechendes gilt für die Entwidmung einer *res sacra* als *actus contrarius*.

Eine historisch bedingte und bis heute staatskirchenrechtlich anerkannte Besonderheit stellen Kirchengebäude dar, die ständig ebenso von der römisch-katholischen wie auch von der evangelischen Kirchengemeinde genutzt werden (*Simultaneum*). Von einem *Simultaneum* zu unterscheiden ist die einer anderen Religionsgesellschaft vorübergehend gewährte Mitbenutzung eines Kirchengebäudes. Daneben können Kirchengebäude ausnahmsweise auch zu anderen als gottesdienstlichen Zwecken genutzt werden, wenn dadurch die Würde des Gottesdienstraums nicht beeinträchtigt wird, z. B. für Konzerte oder Ausstellungen. Das historische Rechtsinstitut des → Kirchenasyls sichert den Asylsuchenden heute nicht mehr vor einem staatlichen Zugriff.

Die Kirchengebäude stehen als Kulturgut der Gesellschaft nach Maßgabe des staatlichen Rechts unter Denkmalschutz und genießen mit ihrer Inneneinrichtung als Werke der Baukunst oder der bildenden Künste den Schutz des Urheberrechts. Gleichzeitig gewährt das staatliche Recht jeder Religionsgesellschaft das Recht der ungestörten Ausübung ihrer Religion (→ Religionsfreiheit, → Selbstbestimmungsrecht). Zum Kernbereich der Religionsfreiheit gehört, die liturgische Gestaltung des Gottesdienstes den sich über die Jahrhunderte wandelnden Bedürfnissen der Kirchengemeinden anzupassen. Dieses Anliegen kann mit dem der Denkmalpflege und des Urheberrechts kollidieren. In diesen Fällen ist eine verfassungskonforme Abwägung der berechtigten Interessen erforderlich.

Bei historisch überkommenen Kirchengebäuden bestehen schließlich häufig auf unterschiedlichen Rechtstiteln beruhende → Baulasten, die bei einer Instandhaltung, Instandsetzung oder bei einem Ersatzbau bis heute Geltung beanspruchen. In diesem Zusammenhang sind auch → Patronate von Bedeutung.

Literatur: *Heckel, Martin*: Staat – Kirche – Kunst, 1968 – *Mainusch, Rainer*: Die öffentlichen Sachen der Religions- und Weltanschauungsgemeinschaften, 1995.

Burghard Winkel

Kirchengemeinde

Die Kirchengemeinde ist eine Körperschaft des öffentlichen Rechts (→ Körperschaftsstatus), der die Kirchenmitglieder eines zumeist örtlich bestimmten Bereichs angehören.

Bis in das 18. Jahrhundert kam der Kirchengemeinde kaum eigenständige Bedeutung zu. Das kirchliche Leben war nach dem Parochialsystem (→ Parochialrecht) organisiert, durch das die Gemeindeglieder einem für sie zuständigen Pfarrer zugeordnet wurden. Es ging dabei nicht um die Abgrenzung einer Körperschaft, sondern um die Aufgabenverteilung zwischen den Pfarrern. Durch das Preußische Allgemeine Landrecht von 1794 ist die örtliche Kirchengesellschaft erstmals als möglicher Rechtsträger anerkannt worden. Der Begriff der Kirchengemeinde als juristischer Person, wie wir ihn heute kennen, ist vor allem im 19. Jahrhundert entwickelt worden. Einerseits sollte eine verlässliche Verwaltung des kirchlichen Vermögens gewährleistet werden. Andererseits bestand in den ev. Kirchen das Bedürfnis, die Gemeindeglieder an der Gestaltung des kirchlichen Lebens zu beteiligen. Zu diesem Zweck wurden Kirchenvorstände (Presbyterien) gebildet, denen die Vermögensverwaltung und die Gemeindeleitung übertragen wurden. Damit wurden die Kirchengemeinden organisatorisch und rechtlich verselbständigt. Der Status der Kirchengemeinden als Körperschaft öffentlichen Rechts ist 1919 durch Art. 137 Abs. 5 WRV garantiert worden.

Mitglieder einer Kirchengemeinde sind die Getauften, die dem entsprechenden Bekenntnis angehören und der Kirchengemeinde zugeordnet sind. In der Regel richtet sich diese Zuordnung nach dem Wohnsitz (Territorialkirchengemeinde). Daneben sind weitere Gemeindeformen möglich: Zu einer Anstaltskirchengemeinde gehören die Gemeindeglieder, die als Mitarbeiter oder Bewohner zu einer bestimmten – meist diakonischen – Einrichtung gehören. Schließlich können Gemeindeglieder durch eigene Wahlentscheidung einer Personalkirchengemeinde angehören. Personalkirchengemeinden bestehen, um Christen einer bestimmten Herkunft oder einer besonderen Frömmigkeitskultur eine Heimstatt zu geben.

Die Kirchengemeinden der ev. Kirche werden durch den Pfarrer und den Kirchenvorstand (oder: Presbyterium, Kirchgemeinderat) gemeinsam geleitet und vertreten. Dem Kirchenvorstand gehören gewählte und berufene Gemeindeglieder und der Gemeindepfarrer an. Kirchenvorstand und Pfarrer tragen Verantwortung für das gesamte kirchliche Leben in der Gemeinde. Dabei sind die Kirchengemeinden selbständig, aber zugleich in das gesamtkirchliche Gefüge eingebunden und der kirchlichen Ordnung unterworfen. Die Kirchengemeinden nehmen durch eigene Vertreter in den Synoden der Kirchenkreise (oder: Dekanate) an der Gestaltung der kirchlichen Ordnung teil.

Das Recht der röm.-kath. Kirche bezeichnet die Gemeinschaft von Gläubigen, die einem Pfarrer als ihrem Hirten anvertraut ist, als Pfarrei. Diese ist juristische Person nach kanonischem Recht. Der Status als Kirchengemeinde bezieht sich auf den weltlichen Rechtskreis. Die Pfarrei/Kirchengemeinde wird durch einen vom Bischof eingesetzten Pfarrer geleitet. In Fragen der Seelsorge kann er dabei durch einen gewählten Pfarrgemeinderat beraten und unterstützt werden. Für die Vermögensverwaltung ist die Wahl eines Vermögensverwaltungsrats vorgeschrieben, der (außer in Diözesen auf vormals preußischem Gebiet [→ Kulturkampf]) jedoch nur beratende Funktion hat.

Literatur: *de Wall, Heinrich / Muckel, Stefan*: Kirchenrecht, S. 148–152, 285–296 – *Munsonius, Hendrik*: Das undeutliche Wort »Gemeinde«, ZevKR 35 (2008), S. 61–67.

Hendrik Munsonius

Kirchengerichte

Über die Einrichtung kirchlicher Gerichte entscheiden die Kirchen selbstständig nach Maßgabe ihres religiösen → Selbstbestimmungsrechts (Art. 140 GG i. V. m. Art. 137 Abs. 3 WRV). Während die Existenz einer Kirchengerichtsbarkeit in der Römisch-katholischen Kirche traditionell als Selbstverständlichkeit betrachtet wird, ist in den deutschen evangelischen Kirchen eine eigene Gerichtsbarkeit erst mit einem gewissen Zögern etabliert worden. Das dürfte nicht zuletzt auf die innere Distanz zurückzuführen sein, welche evangelische Theologen bisweilen der

Existenz von Recht im allgemeinen sowie speziell dem Kirchenrecht gegenüber empfinden. Erst seit der Errichtung des Kirchlichen Verwaltungsgerichts der Evangelischen Landeskirche in Württemberg am 1. Januar 2002 kann in Deutschland vom Bestehen eines »flächendeckenden« innerkirchlichen Rechtsschutzes im evangelischen Bereich gesprochen werden.

Kirchengerichte sind zur Judikatur über Akte kirchlichen Lebens berufen, welche entweder rechtsförmig ergehen oder konkrete rechtliche Bezüge aufweisen; ihnen obliegt ebenso wie den staatlichen Gerichten die Aufgabe, ihre Entscheidungen nach Maßgabe des jeweils anwendbaren Rechts zu treffen. Anwendbar ist hierbei stets einerseits das einschlägige Kirchenrecht, andererseits aber auch staatliches Recht, soweit es als »Schranke des für alle geltenden Gesetzes« im Sinne von Art. 140 GG i. V. m. Art. 137 Abs. 3 WRV in der jeweiligen Kirche Geltung beansprucht. Kirchliche Judikatur ist mithin, wenn sie ihrer Aufgabe im Organismus der Kirche gerecht werden will, als Verfahren der *Rechtsanwendung* wahrzunehmen, nicht als Bestandteil des *geistlichen* Wirkungskreises. Daran ändert die Tatsache nichts, dass in kirchlichen Verfahrensordnungen für den Beginn der Verhandlung eine Lesung aus der Heiligen Schrift bzw. für den Beginn der gerichtlichen Beratung ein Gebet vorgesehen ist und dass den Kirchengerichten in den für sie geltenden Verfahrensordnungen über die Rechtsanwendung im engeren Sinne hinaus auch Funktionen der *Seelsorge* bzw. der *Schlichtung* zugeschrieben sowie neben dem geltenden Recht regelmäßig auch *Schrift und Bekenntnis* als maßgebend erklärt werden. Historisch gesehen stellte sich zwar kirchliche Gerichtsbarkeit als eine Funktion des geistlichen Amtes dar, die vom Bischof ausgeübt wurde und nach wie vor die bischöfliche Stellung und die des Papstes in der Römisch-katholischen Kirche bestimmt. Sie stand und steht aber *neben* den pastoralen Funktionen; auch dies lässt sich deutlich im kanonischen Recht nachvollziehen. Für die evangelischen Kirchen hat dem Grunde nach insofern nichts anderes zu gelten. Die Kirchengerichte sind nicht in den geistlichen Aufgabenbereich der Kirche involviert, sondern auf eine sozusagen »äußerliche« Kontrolle kirchlichen Lebens beschränkt, soweit der jeweilige Streitstoff überhaupt vom Geltungsanspruch des Rechts erfasst und somit justitiabel ist. Geistliche Amtshandlungen sind folglich ebenso wie die Entscheidung theologischer Sachfragen dem Zuständigkeitsbereich der kirchlichen Gerichte entzogen. Die Prozessordnungen der evangelischen Kirchen vermitteln denn auch in ihrer Orientierung am Recht des Staates – teilweise mit expliziten Verweisen auf die staatliche Verwaltungsgerichtsordnung – hinsichtlich des Verfahrens deutlich einen Eindruck »regulärer« Gerichtsbarkeit; auch personell bemühen sich die Kirchen mit Erfolg, für ihre Gerichte Personal zu gewinnen, welches mit der Praxis richterlicher Dezision hauptberuflich vertraut ist.

Obgleich die kirchlichen Gerichte hiernach personell, im Verfahrensgang und in der Qualität ihrer Entscheidungen durchweg einen Standard der Rechtspflege bieten, welcher dem der staatlichen Judikatur im Vergleich standhält, ist kircheninterne Gerichtsbarkeit nicht imstande, der dem *Staat* von Verfassung wegen obliegenden Justizgewährungsaufgabe in Kirchensachen Rechnung zu tragen. Denn sie steht im Lichte des Grundgesetzes mit staatlicher Gerichtsbarkeit nicht auf einer Ebene (→ Gerichtlicher Rechtsschutz). Kirchengerichte könnten allenfalls dann abschließenden Rechtsschutz gewähren, wenn

125

ihnen eine solche Funktion vom Staat übertragen wäre –
wovon allerdings nach geltender Verfassungslage nicht
auszugehen ist. Denn das in Art. 92 GG verankerte staatliche Justizmonopol lässt Zuständigkeitsübertragungen
zwischen verschiedenen Gerichtsbarkeiten nur innerhalb
des staatlichen Rechtsschutzsystems – also nur an Gerichte im Sinne des Art. 92 GG – zu. Diese Voraussetzung
erfüllt die Judikative der Kirchen nicht. Eine Zuweisung
staatlicher Gerichtsschutzfunktionen an sie könnte allenfalls im Wege einer Modifizierung des staatlichen Justizmonopols erfolgen – was allerdings eine hinreichend eindeutige normative Regelung auf der Ebene der Verfassung
voraussetzte. Im Grundgesetz indes sind Normen, die so
verstanden werden könnten, weder in der Justizverfassung noch in den religionsrechtlichen Vorschriften enthalten (im Detail ist das umstritten). In jedem Falle würde
eine Übertragung staatlicher Justizfunktionen auf kirchliche Gerichte eine ausdrückliche Normierung *staatlichen*
Rechts voraussetzen. Bereits deshalb erscheint – jedenfalls
aus heutiger Sicht – die in der älteren Diskussion um staatlichen Rechtsschutz in Kirchensachen vertretene Auffassung als verfehlt, es sei von einer *stillschweigenden* Übertragung staatlicher Rechtsprechungsfunktionen auf
kirchliche Gerichte bestimmter Qualität auszugehen;
gleiches gilt erst recht für die Annahme, ein solcher Funktionsübergang könne gegebenenfalls auf Grund *kirchenrechtlicher* Regelung wirksam erfolgen. Da gegenwärtig
keine normative Grundlage für die Übertragung staatlicher Rechtsprechungsfunktionen auf kirchliche Gerichte
ersichtlich ist, vermag deren Judikatur staatlichen Rechtsschutz nicht zu ersetzen und entfaltet in der staatlichen
Rechtsordnung lediglich Tatbestandswirkung wie die
Akte anderer kirchlicher Instanzen auch.

Literatur: *Weber, Hermann*: Weltlich wirksame Rechtsprechung der Kirchengerichte? Zum Verhältnis von staatlicher und kirchlicher Gerichtsbarkeit, DVBl. 1970, S. 250–256 – *Steiner, Udo*: Staatliche und kirchliche Gerichtsbarkeit, NVwZ 1989, S. 410–415 – *Kästner, Karl-Hermann*: Staatliche Justizhoheit und religiöse Freiheit, 1991, S. 160–171 – *ders.*: Evangelische Kirchengerichtsbarkeit zwischen Selbstbehauptung und Selbstüberschätzung, ZevKR 49 (2004), S. 171–190.

Karl-Hermann Kästner

Kirchenleitung

Der Begriff der Kirchenleitung ist vor allem im ev. → Kirchenrecht gebräuchlich, während im kath. Kontext eher der Begriff der »Kirchengewalt« (*sacra potestas, potestas ecclesiastica*) verwendet wird.

Unter Kirchenleitung kann in einem *weiten, funktionalen Verständnis* jedes Autorität beanspruchende Handeln für und im Namen einer Kirche verstanden werden, das der Verwirklichung ihres Auftrages dient.

In diesem Sinne umfasst der Begriff den röm.-kath. Begriff der Kirchengewalt. Diese gliedert das kanonische Recht in *Weihegewalt* (*potestas ordinis*), das Recht zu sakramentalem Handeln, und *Leitungsgewalt* (*potestas regiminis*), das Recht zu kirchlicher Gesetzgebung, Rechtsprechung und Gesetzesausführung. Beide bestehen nach kath. Lehre kraft göttlichen Rechts und sind – mit geringfügigen, im Detail umstrittenen Ausnahmen für die Leitungsgewalt – dem besonderen geistlichen Stand der Kleriker vorbehalten. Träger der Weihegewalt sind alle, die das Weihesakrament empfangen haben, also alle Kleriker. Die Leitungsgewalt in der katholischen Gesamtkirche ist konzentriert beim Papst, der sie alleine oder in Verbin-

dung mit dem ihm unterstehenden (weltweiten) Bischofs-
kollegium ausübt. Vorbehaltlich gesamtkirchlichen
Rechts steht sie auf lokaler Ebene den Bischöfen, auf regionaler Ebene den Kollegien derselben zu.

Dem stellt die ev. Lehre die Unterscheidung zwischen
geistlicher und *rechtlicher* Kirchenleitung gegenüber. Unter geistlicher Kirchenleitung versteht sie das stiftungsge-
mäße Handeln der Kirche, d.h. öffentliche Wortverkündigung und Sakramentsverwaltung – ohne Ausübung
menschlicher Zwangsgewalt –, unter rechtlicher Kirchenleitung alle Maßnahmen, die dazu dienen, die äußeren Bedingungen für erstere zu schaffen. Zur Wahrnehmung der
geistlichen Kirchenleitung werden geeignete Personen
durch die Ordination berufen. An der rechtlichen Kirchenleitung können und sollen auch nicht ordinierte Personen beteiligt werden. Sie haben nicht den Auftrag zur
öffentlichen Wortverkündigung und Sakramentsverwaltung, werden aber von der ev. Lehre deshalb nicht als eigener, weniger zur Wahrnehmung kirchlicher Aufgaben
befähigter Stand begriffen. Dieses Leitungsverständnis
ermöglichte es, die Sorge für das in der Reformation entstandene ev. Kirchenwesen den Landesherren anzuver-
trauen, woraus sich das »landesherrliche Kirchenregiment« entwickelte, das bis 1918 bestand (→ Landeskirchen). Allerdings hatte es sich schon im 19. Jahrhundert
abgeschwächt und waren separate kirchenleitende Organe
geschaffen worden, die mit der → Trennung von Staat und
Kirche 1919 in die Verantwortung der Landeskirchen
übergingen und von diesen zu eigenständigen Leitungsstrukturen weiterentwickelt wurden.

Für diese findet der Begriff der Kirchenleitung in einem
engeren Sinn Verwendung. Er löste hierbei in der Nachkriegszeit den zuvor gebräuchlicheren Begriff des »Kir-

chenregiments« ab und bezeichnet die Gesamtheit der Organe, die an der landeskirchlichen Leitung beteiligt sind. Von diesen finden sich – bei zahlreichen Unterschieden im Einzelnen – in allen Landeskirchen (1.) das leitende geistliche Amt (Landesbischof, Kirchenpräsident, …), (2.) die Synode, der insbes. die Gesetzgebung obliegt, und (3.) zumindest ein weiteres Organ, dem regierende Aufgaben (z. B. Gesetzesinitiative) und verwaltende Aufgaben übertragen sind. In vielen Landeskirchen sind regierende und verwaltende Tätigkeit unterschiedlichen Organen anvertraut, so dass sie mehr als drei Leitungsorgane besitzen. Wegen der großen Bandbreite landeskirchlicher Organisationsformen fällt eine verallgemeinernde Darstellung schwer: Zwar kann man danach unterscheiden, dass einzelne Kirchenverfassungen (der reformierten und der stärker reformiert geprägten unierten Kirchen) originäre Kirchenleitungsgewalt nur der Synode zuerkennen, weshalb die übrigen Organe sich und ihre Zuständigkeit aus ihr ableiten (Einheitsmodell), während andere, typischerweise lutherische Kirchenverfassungen von einer Aufteilung der originären Leitungsgewalt auf das leitende geistliche Amt und das Kirchenleitungsorgan einerseits und die Synode andererseits ausgehen und diese einander gegenüberstellen (Trennungsmodell). Jedoch verwirklichen die meisten Kirchenverfassungen Mischformen und lassen sich keinem dieser Modelle eindeutig zuordnen.

Dieser Überblick über die landeskirchlichen Leitungsstrukturen zeigt schließlich, dass der Begriff der Kirchenleitung auch in einem *noch engeren, institutionellen Sinn* gebraucht wird, nämlich als Bezeichnung für das Organ, dem im Gesamtgefüge der Leitungsorgane »kirchenregierende« Funktion bzw. die Funktion der ständigen Kirchenleitung zukommt, das also z. B. die

Aufgabe der Gesetzesinitiative, der grundlegenden Arbeitsplanung, des Erlasses von gesetzeskonkretisierenden Verordnungen, der Vertretung der Synode, wenn diese nicht versammelt ist, oder ein »Notverordnungsrecht« hat. Sofern für diese Funktionen ein eigenes Organ existiert, wird es z. T., wenn auch nicht immer, ausdrücklich »Kirchenleitung« genannt. Es kann sich dabei um einen Ausschuss der Synode handeln (typisch für das Einheitsmodell, sog. synodale Kirchenleitung), um ein Gremium aus leitendem Geistlichen und Kirchenverwaltung (typisch für das Trennungsmodell, sog. episkopalbehördliche Kirchenleitung) oder um ein Gremium aus Vertretern aller übrigen Organe (dem/der leitenden Geistlichen, der Synode, der Verwaltungsstelle, sog. vereinigendes Modell).

Literatur: *Link, Christoph*: Art. Kirchenleitung, LKStKR II, S. 492 f. – *de Wall, Heinrich / Muckel, Stefan*: Kirchenrecht, § 17, Rn. 27–38; § 18; § 37, Rn. 7–12; § 38–40 – *Barth, Thomas*: Elemente und Typen landeskirchlicher Leitung, 1995.

Renate Penßel

Kirchenmitgliedschaft

Kirchenmitgliedschaft bedeutet Zugehörigkeit eines Menschen zu einer christlichen Kirche. Sie bezeichnet zugleich ein religiös-theologisches Verhältnis und ein Rechtsverhältnis. Das Rechtsverhältnis wird durch → Kirchenrecht ausgestaltet. Der Staat überlässt dies dem → *Selbstbestimmungsrecht der Religionsgemeinschaften*: »Jede Religionsgesellschaft ordnet und verwaltet ihre Angelegenheiten selbständig innerhalb der Schranken des für alle geltenden Gesetzes« (Art. 140 GG i. V. m. Art. 137

Abs. 3 S. 1 WRV). Zu diesen Angelegenheiten gehört eben auch die Kirchenmitgliedschaft.

Für ihr Mitgliedschaftsrecht stehen den Kirchen wie allen Religions- sowie Weltanschauungsgemeinschaften, welche von den Rechten einer Körperschaft des öffentlichen Rechts gemäß Artikel 140 GG i. V. m. Art. 137 Abs. 5 WRV Gebrauch machen, die Formen des *öffentlichen Rechts* zur Verfügung (→ Körperschaftsstatus). Die Kirchenmitgliedschaft ist somit nicht an die privatrechtlichen Gestaltungsmöglichkeiten etwa des Vereinsrechts gebunden, sondern kann durch kirchengesetzliche Tatbestände und Rechtsfolgen geordnet werden.

Gemäß dem römisch-katholischen wie dem evangelischen *Kirchenrecht* wird die Kirchenmitgliedschaft durch die → *Taufe* bewirkt. Die nähere Zuordnung bestimmt sich nach dem *Bekenntnis* und dem *Wohnsitz* (»Parochialprinzip«, → Parochialrecht). Die Taufe in einer römisch-katholischen Pfarrei gliedert den Getauften in die unter dem Papst weltweit verfasste römisch-katholische Kirche ein; nach dem Wohnsitz richtet sich die Zugehörigkeit zum Bistum und zur Pfarrei. Die Taufe in einer Kirchengemeinde, die einer Gliedkirche der Evangelischen Kirche in Deutschland angehört, begründet die Kirchenmitgliedschaft zugleich zur → Kirchengemeinde und zur Gliedkirche (→ Landeskirche) des Wohnsitzes sowie zur Evangelischen Kirche in Deutschland.

Das Kirchenrecht stattet die Kirchenmitgliedschaft mit Rechten und Pflichten aus. Zu den *Rechten* gehört insbesondere die grundsätzliche Fähigkeit, kirchliche Ämter zu übernehmen und an kirchlichen Wahlen teilzunehmen. Unter den *Pflichten* ist das prominenteste Beispiel die Pflicht, finanziell zum Haushalt der Kirche für die Erfüllung ihrer Aufgaben beizutragen, bei den öffentlich-rechtlich verfassten Kirchen in Form der → Kirchensteuer.

Für die Anwendung *staatlichen Rechts* kommt es in aller Regel nicht auf die Kirchenmitgliedschaft an. Alle Menschen, Kirchenmitglieder wie Nichtmitglieder, sind vor dem staatlichen Gesetz gleich. Die Kirchenmitgliedschaft macht aber einen wesentlichen Unterschied für bestimmte Regelungen des staatlichen Rechts, die den Kirchen und ihren Mitgliedern die Entfaltung ihrer Freiheiten ermöglichen und erleichtern. Im Beispiel der Kirchensteuer müssen die staatlichen Finanzämter (wie bei Mitgliedsbeiträgen in anderer Rechtsform die staatlichen Gerichte) nach der Kirchenmitgliedschaft der Steuerpflichtigen unterscheiden, weil sie von Nichtmitgliedern keine Kirchensteuer einziehen dürfen. Die Teilnahme am → Religionsunterricht richtet sich – vorbehaltlich des Abmelderechts – im Schulrecht der meisten Bundesländer primär nach der Kirchenmitgliedschaft der Schüler. Im Melde- und Datenschutzrecht (→ Meldewesen, → Datenschutz) bestimmt die Kirchenmitgliedschaft den Rahmen der Verwendungszwecke beim Umgang mit den von den Kirchen verarbeiteten personenbezogenen Daten. Im → Arbeitsrecht ist die Kirchenmitgliedschaft, soweit die Kirche sie als ein Eignungsmerkmal für die kirchliche Dienstgemeinschaft ansieht, eine »unter Beachtung des Selbstverständnisses der jeweiligen Religionsgemeinschaft oder Vereinigung im Hinblick auf ihr Selbstbestimmungsrecht oder nach der Art der Tätigkeit [...] gerechtfertigte berufliche Anforderung« im Sinne des § 9 Abs. 1 des Allgemeinen Gleichbehandlungsgesetzes (→ Loyalitätsobliegenheiten).

In allen solchen Fällen ist für die Anwendung staatlichen Rechts die Frage der Kirchenmitgliedschaft nach dem kirchlichen Mitgliedschaftsrecht zu beantworten. Der rechtliche Schutz der kirchlichen Selbstbestimmung verbietet es dem Staat grundsätzlich, die Kirchenmitgliedschaft ohne Rücksicht auf das kirchliche Recht zu beurteilen. Allein die »*Schranken des für alle geltenden Gesetzes*« hat der Staat gegenüber dem kirchlichen Mitgliedschaftsrecht zur Geltung zu bringen. Hierzu muss der Staat insbesondere das Grundrecht der → Religionsfreiheit aus Art. 4 Abs. 1 und 2 GG beachten. Es schützt unter anderem die Freiheit des einzelnen, seine Kirchenmitgliedschaft zu begründen oder nicht zu begründen, sie aufrechtzuerhalten oder zu beenden. Weil die Religionsfreiheit wie alle → Grundrechte unmittelbar nur den Staat verpflichtet, kann sie Differenzen zwischen der Kirchenmitgliedschaft nach staatlichem und nach kirchlichem Recht bewirken: Der Staat ist durch das Grundrecht der Religionsfreiheit daran gehindert, einen Menschen gegen seinen Willen als Kirchenmitglied zu behandeln. Der Kirche hingegen ist es unbenommen, ihr Mitgliedschaftsrecht nach theologischen Gesichtspunkten zu gestalten und demzufolge die Kirchenmitgliedschaft als kirchenrechtliches Statusverhältnis unverfügbar und unauslöschlich an die Taufe zu binden – unbeschadet einer Differenzierung in den Rechtsfolgen der Kirchenmitgliedschaft, die es aus theologischen und praktischen Gründen ebenfalls nicht darauf anlegen, den Einzelnen gegen seinen Willen für die Kirche in Anspruch zu nehmen.

Nichtchristliche Religionsgemeinschaften können ihre Mitgliedschaftsverhältnisse nach ihrem Selbstverständnis ähnlich oder anders gestalten. Sie können auch ganz darauf verzichten, die Zugehörigkeit ihrer Anhänger in einem Rechtsverhältnis auszuformen. Sie verzichten damit zugleich auf solche Wirkungsmöglichkeiten, für deren Eröffnung das staatliche Recht an eine mitgliedschaftliche Zuordnung anknüpfen muss. (→ Kircheneintritt / -austritt / -übertritt, → Taufe / Kindertaufe.)

Literatur: *von Campenhausen, Axel*: Die staatskirchenrechtliche Bedeutung des kirchlichen Mitgliedschaftsrechts, in: HdbStKirchR I, S. 755–775 = in: ders., Gesammelte Schriften II, 2014, S. 535–560 – *Haß, Matthias*: Der Erwerb der Kirchenmitgliedschaft nach evangelischem und katholischem Kirchenrecht, 1995 – *Kuntze, Johannes*: Bürgerliche Mitgliedschaft in Religionsgemeinschaften, 2013.

Michael Germann

Kirchenrecht

Der Begriff Kirchenrecht bezeichnet das von den Kirchen selbst gesetzte Recht im Unterschied zum → Staatskirchenrecht, das Teil der staatlichen Rechtsordnung ist. Über detaillierte eigene Rechtsordnungen verfügen in Deutschland insbesondere die römisch-katholische Kirche sowie die evangelischen → Landeskirchen mit ihren Zusammenschlüssen, aber auch einige Freikirchen.

Art. 140 GG i. V. m. Art. 137 Abs. 3 WRV garantiert allen Religionsgemeinschaften das Recht, ihre eigenen Angelegenheiten zu ordnen und zu verwalten (→ Selbstbestimmungsrecht). Das »Ordnen« der eigenen Angelegenheiten meint die Befugnis, Recht zu setzen, das »Verwalten« (neben anderem) die Befugnis, dieses Recht durch eine eigene Verwaltung und eigene Gerichte (→ Kirchengerichte) anzuwenden. → Religionsgemeinschaften, die (wie die großen christlichen Kirchen) den öffentlich-rechtlichen → Körperschaftsstatus innehaben, können sich dafür der besonderen Formen und Gestaltungsmöglichkeiten des Öffentlichen Rechtes bedienen (öffentlich-rechtliche Rechtsetzungsbefugnis).

Die Selbstbestimmungsgarantie wäre nichts wert, wenn der Staat das Recht der Religionsgemeinschaften einfach ignorieren dürfte. Wo staatliches und kirchliches Recht miteinander in Berührung kommen, muss der Staat – soweit das Selbstbestimmungsrecht reicht – das kirchliche Recht berücksichtigen, so etwa in der Frage der → Kirchenmitgliedschaft, oder wenn staatliche Gerichte über Angelegenheiten der Religionsgemeinschaften entscheiden (→ Gerichtlicher Rechtsschutz), insbesondere im Kirchlichen → Arbeitsrecht. Dem Kirchenrecht kommt somit auch im staatlichen Recht Wirksamkeit zu. Unmittelbar verbindlich ist das Recht einer Religionsgemeinschaft aber nur für ihre eigenen Mitglieder und Mitarbeiter. Die negative → Religionsfreiheit verbietet es, jemanden gegen seinen Willen den Regeln einer fremden Religionsgemeinschaft zu unterwerfen.

Kirchenrecht und staatliches Recht sind nicht gleichrangig; die staatliche Rechtsordnung beansprucht grundsätzlich den Vorrang. Religionsfreiheit und Selbstbestimmungsrecht gewährleisten dem kirchlichen Recht aber einen eigenen Freiraum, in den der Staat nicht eingreifen darf. Innerhalb dieses Freiraumes existiert das Kirchenrecht unabhängig und eigenständig, nicht nur aufgrund staatlicher Ermächtigung. Die Rechtsetzungsbefugnis der Religionsgemeinschaften wird vom Staat anerkannt, nicht zuerkannt. Das zeigt insbesondere das Kanonische Recht der römisch-katholischen Kirche: Dieses gab es schon Jahrhunderte vor der Entstehung des frühneuzeitlichen Staates (und war in mancherlei Hinsicht vorbildhaft für das weltliche Recht), und es gilt für die ganze Weltkirche, nicht nur im Geltungsbereich des Grundgesetzes. Vom

Staat abgeleitet sind lediglich gewisse Hoheitsrechte der Religionskörperschaften, insbesondere das Besteuerungsrecht (→ Kirchensteuer). Von diesen Ausnahmen abgesehen, ist das Kirchenrecht darum auch den für den Staat geltenden Verfassungsbindungen wie Grundrechten, Demokratie und Rechtsstaatlichkeit nicht unterworfen.

Im Unterschied zum staatlichen Recht ist das Kirchenrecht natürlich nicht religiös-weltanschaulich neutral, sondern an den religiösen Vorgaben der jeweiligen Religionsgemeinschaft ausgerichtet. Der Sinn der religiösen Freiheitsgarantien besteht gerade darin, dass alle Religionsgemeinschaften ihre innere Ordnung entsprechend ihren Glaubensüberzeugungen und ihrem Selbstverständnis ausgestalten dürfen; auch und gerade da, wo es den Vorstellungen Außenstehender widerspricht.

Literatur: *de Wall, Heinrich / Muckel, Stefan*: Kirchenrecht.

Christian Traulsen

Kirchensteuer

I. Die Kirchensteuer ist die wichtigste Finanzquelle der großen christlichen Kirchen in Deutschland. Der Begriff erfasst auch Steuern sonstiger »nichtkirchlicher« Religionsgemeinschaften (→ Körperschaftsstatus) und so auch die Kultussteuer jüdischer Gemeinden. Das Besteuerungsrecht verleiht den Steuergläubigern die hoheitliche Befugnis, von ihren Mitgliedern Beiträge zu erheben und zwangsweise durchzusetzen. Kirchensteuern sind Steuern im Sinne des § 3 AO.

II. Das Kirchensteuerrecht zeichnet sich durch ein Zusammenwirken staatlichen und religionsgemeinschaftlichen Rechts aus. Die Kirchensteuergesetze der Länder bieten eine Rahmenordnung, derer sich die steuererhebungsberechtigten Religionsgemeinschaften bedienen können, indem sie den Rahmen durch eigenverantwortetes Recht in den Kirchensteuerordnungen ausfüllen. Das staatliche Rahmenrecht ist also streng vom Anspruch der Religionsgemeinschaften auf Beiträge ihrer Mitglieder, dem Steuersubstrat, zu trennen. Art. 137 Abs. 6 WRV i. V. m. Art. 140 GG verpflichtet den Staat einerseits dazu, die gesetzlichen Voraussetzungen für ein geordnetes Kirchensteuerwesen zu schaffen, gewährt aber andererseits weitgehende Gestaltungsspielräume. Verfassungsrechtliches Kennzeichen des Kirchensteuerrechts ist insbesondere der Grundsatz der Mitgliedschaftsakzessorietät, der vor allem grundrechtlich in der → Religionsfreiheit des Art. 4 GG wurzelt.

III. Die Kirchensteuer wird sowohl als Orts- wie als Landeskirchen- bzw. Diözesansteuer erhoben. Sie lehnt sich als Annexsteuer regelmäßig an staatliche Maßstabsteuern an. Wichtigste Maßstabsteuer ist die Einkommensteuer. Die Kirchensteuersätze betragen zwischen 8 und 9% der Einkommensteuer. Durch die Anlehnung an die staatlichen Maßstabsteuern entstehen gewisse Verwerfungen der Kirchensteuer, etwa durch die Verfolgung von Lenkungszwecken, so im Rahmen des Familienleistungsausgleichs, und durch die Schedularisierung der Einkommensteuer, d.h. der unterschiedlichen Behandlung der Einkunftsarten, durch die Abgeltungssteuer auf Kapitalerträge. Widersprüche des progressiven Steuertarifs zum Gebot der Opfergleichheit werden weitgehend durch die Kappung der Kirchensteuerschuld vermieden. Sonderformen der Kirchensteuer sind die Kirchensteuer, die am Lebensführungsaufwand in konfessionsverschiedenen Ehen bemessen wird, das sogenannte besondere Kirchgeld, und das allgemeine Kirchgeld als Form der Mindestbesteuerung.

IV. Der Einzug der Kirchensteuer ist grundsätzlich gegen Kostenerstattung auf die Finanzverwaltung übertragen worden. Die daraus resultierende Indienstnahme der Arbeitgeber, aber auch die Angabe der Religions- und Konfessionszugehörigkeit im Rahmen des Lohnsteuerverfahrens führt zu einem verfassungsrechtlichen Rechtfertigungsbedarf. Dieser findet sich insbesondere im Charakter der Kirchensteuer als ein Instrument der kulturstaatlich legitimen Förderung von Religion. Kirchensteuerrecht ist Grundrechtsförderungsrecht.

V. Das staatliche → Kirchenaustrittsrecht ist nicht zuletzt dem verfassungsrechtlichen Gebot geschuldet, dem Steuerpflichtigen staatlicherseits die Möglichkeit zu geben, sich dem Steuerzugriff seiner Religionsgemeinschaft zu entziehen.

VI. Die Kirchensteuergläubiger ordnen und regeln das Kirchensteuerrecht als eigene Angelegenheit im Sinne des Art. 137 Abs. 3 WRV i. V. m. Art. 140 GG (→ Selbstbestimmungsrecht) und üben mit dem Steuererhebungsrecht des Art. 137 Abs. 6 WRV i. V. m. Art. 140 GG zugleich öffentliche Gewalt aus. Sie sind insoweit insbesondere selbst an → Grundrechte gebunden. Das Kirchensteuerwesen muss zudem rechtsstaatlichen Grundsätzen entsprechen und einen im Sinne des Art. 19 Abs. 4 GG hinreichend effektiven Rechtsschutz gewährleisten.

VII. In Folge der Einbettung des deutschen Steuerstaats in den europäischen Steuerrechtsraum unterliegt auch das Kirchensteuerrecht den Einwirkungen des Unionsrechts, namentlich der europäischen Grundrechte, des Beihilferegimes und der Grundfreiheiten. Im Rechtsvergleich hat sich das Kirchensteuerrecht als Finanzierungsform als im

Vergleich zur direkten Staatsfinanzierung, zur auch für Deutschland diskutierten Kultussteuer mit Optionsrecht des Steuerpflichtigen und zu rein auf freiwillige Spenden und Kollekten Privater aufbauenden Finanzierungssystemen als wettbewerbsfähig erwiesen.

Literatur: *Hammer, Felix*: Rechtsfragen der Kirchensteuer, 2002 – *ders.*: Kirchensteuer, in: EvStL, Sp. 1224–1230, *ders.*, Die Kirchensteuer und das Besteuerungsrecht anderer Religionsgemeinschaften, in: HdbStKR, 3. Auflage [in Vorbereitung], § 71 – *Petersen, Jens*: Kirchensteuer kompakt, 2010 – *Seer, Roman / Kämper, Burkhard* (Hg.): Bochumer Kirchensteuertag, 2004; *Droege, Michael:* Die delegierte Steuerhoheit, in: Birk, Dieter/ Ehlers, Dirk (Hg.), Aktuelle Rechtsfragen der Kirchensteuer, 2012, S. 24–48.

Michael Droege

Kirchenvermögen

Der Begriff des Kirchenvermögens folgt dem allgemeinen Vermögensbegriff. Er umfasst alle Güter und Rechte der Kirchen. Dazu gehören bewegliche und unbewegliche Sachen, Rechte an Sachen und auch Nutzungsrechte an fremdem Eigentum, angelegte Geldbestände sowie Ansprüche auf Geld-, Sach- und Dienstleistungen. Freilich haben die Güter und Rechte der Kirchen ihren Ursprung oft in der Geschichte (z.B.: Grundvermögen, Nutzungsrechte, → Baulasten, → Staatsleistungen). Daneben steht beim Kirchenvermögen nicht seine wirtschaftliche Verwertung, sondern sein Nutzen für die auf Dauer angelegten kirchlichen Zwecke im Vordergrund.

Träger des Kirchenvermögens sind die rechtlich selbständigen kirchlichen Körperschaften (→ Kirchengemeinde, → Landeskirchen) und → Stiftungen des öffentlichen und des privaten Rechts sowie die rechtlich selbständigen kirchlichen Anstalten. Historisch überkommenes Kirchenvermögen tritt jedoch auch in älteren Rechtsformen in Erscheinung, so z. B.: Lehen, Benefizien, Pfründe. Ungeachtet seiner Entstehung gilt für jedes Kirchenvermögen, dass die Organe der Träger von Kirchenvermögen am Rechtsverkehr nach den allgemein geltenden staatlichen Regelungen teilnehmen.

Die Verwaltung des Kirchenvermögens gehört gemäß Art. 140 GG i. V. m. Art. 137 Abs. 3 WRV zu den eigenen Angelegenheiten der Kirchen (→ Selbstbestimmungsrecht). Diese verpflichten ihre Vermögensverwalter seit Jahrhunderten im Interesse einer zweckbestimmten und nachhaltigen Bewirtschaftung, das Kirchenvermögen grundsätzlich zu erhalten und zu mehren. Eine Änderung der Zweckbestimmung des Kirchenvermögens oder seine Veräußerung ist den kirchlichen Vermögensverwaltern nur begrenzt und nur dann erlaubt, wenn die jeweilige kirchliche Aufsichtsbehörde zustimmt. Diese Vorgaben wurden mit der Einführung der → Kirchensteuer nicht hinfällig. Allerdings ergänzen die aus der Kirchensteuererhebung fließenden Einnahmen das Kirchenvermögen wesentlich.

Das Kirchenvermögen hat zwar immer kirchlichen Zwecken zu dienen. Seine Teile tun dies jedoch in unterschiedlicher Weise. In Anlehnung an die staatliche Vermögensverwaltung kann das Kirchenvermögen als kirchliches Verwaltungs- oder Finanzvermögen charakterisiert werden. Als kirchliches Verwaltungsvermögen dienen z. B. → Kirchengebäude, Pfarrhäuser, → Friedhöfe, aber auch → Kindergärten, → Schulen, sonstige Ausbildungsstätten, Pflegeheime, → Krankenhäuser oder Museen, Archive oder Bibliotheken unmittelbar kirchlichen Zwecken. Als kirchliches Finanzvermögen tragen z.B. land- oder forstwirtschaftlich genutzte Grundstücke durch ihre finanziellen Erträge mittelbar zur Erfüllung kirchlicher Aufgaben bei.

Wie jedes Vermögen genießt auch das Kirchenvermögen den Schutz des Art. 14 GG. Daneben wird das Kirchenvermögen hinsichtlich seiner religionsbezogenen Zweckbestimmung speziell durch Art. 140 GG i. V. m. Art. 138 Abs. 2 WRV geschützt (BVerfGE 99, 100). Dieser Schutz ist abhängig von der Nähe des Kirchenvermögens zum kirchlichen Auftrag, d. h. etwa, ob es dem kirchlichen Auftrag unmittelbar oder mittelbar dient. Dem differenzierten Schutz entspricht, dass der Staat z. B. kirchlich gewidmete Sachen (Kirchengebäude und Friedhöfe) als öffentliche Sache im Sinne des staatlichen Rechts anerkennt (→ res sacrae), besonderen strafrechtlichen Schutz (vgl. §§ 243, 304 und 306a StGB) und steuerliche Vergünstigungen (§§ 51 ff. AO) gewährt oder die Zulässigkeit von Insolvenzverfahren über Kirchenvermögen begrenzt (BVerfGE 66, 1), andererseits aber auch nicht gehindert ist, z. B. kirchliches Finanzvermögen zum Wohle der Allgemeinheit zu enteignen.

Literatur: *Kästner, Karl-Hermann*: Die Verfassungsgarantie des kirchlichen Vermögens, in: HdbStKirchR I, S. 891–906 – *Meyer, Christian*: Die Vermögensverwaltung und das Stiftungsrecht im Bereich der evangelischen Kirche, in: HdbStKirchR I, S. 907–946 – *Busch, Wolfgang*: Die Vermögensverwaltung und das Stiftungsrecht im Bereich der katholischen Kirche, in: HdbStKirchR I, S. 947–1008.

Burghard Winkel

Kompetenzen

Im Verfassungsstaat sind alle → Religionsgemeinschaften der Staatsgewalt unterworfen und an das staatliche Recht gebunden. Eine Gleichrangigkeit von Staat und Kirche, wie sie noch in der Nachkriegszeit behauptet wurde (sogenannte Koordinationslehre), besteht nicht. Im Zuge seiner → Säkularisierung und seiner → Trennung von der Kirche hat der Staat andererseits den Anspruch, für religiöse Fragen zuständig zu sein, völlig aufgegeben. Das bleibt nicht ohne Auswirkung auf seine Kompetenzen in Religionsangelegenheiten. Durch das Verbot der Staatskirche (Art. 140 GG i. V. m. Art. 137 Abs. 1 WRV, → Staatskirchentum) hat der Staat sich die Identifikation mit einzelnen Glaubensüberzeugungen und Weltanschauungen verboten, durch das Grundrecht der → Religionsfreiheit (Art. 4 Abs. 1, 2 GG) sich den Eingriff in Glaube und Weltanschauung verwehrt, durch die Paritätsbestimmungen des Grundgesetzes sich zur → Gleichbehandlung der Religionen und Weltanschauungen verpflichtet. Mit Recht wird darum von der religiös-weltanschaulichen → Neutralität des Staates gesprochen. In der Summe bilden die religionsverfassungsrechtlichen Normen des Grundgesetzes eine »negative Kompetenzbestimmung der Staatsgewalt« (*Martin Heckel*). Sie gewährleisten den Religionsgemeinschaften einen vor staatlichen Eingriffen geschützten Freiheitsraum. In einem säkularen und zugleich freiheitlichen Staat kann das nicht anders sein.

Das staatliche Religionsrecht ist darum Rahmenrecht. Die Normen der Verfassung sind säkular und religiös sinnentleert. Es ist Sache des Staates, sie zu definieren, zu gewährleisten und objektiv anzuwenden, aber Sache der Gläubigen und ihrer Religionsvereinigungen, sie mit jeweils eigenem Inhalt zu füllen:

So wenig der Staat selbst in Glaubensdingen urteilen kann, so wenig kann er andererseits die Einheit seiner Rechtsordnung und ihren grundsätzlichen Vorrang preisgeben. Er darf und muss die Grenzen religiöser Freiheit bestimmen, überwachen und ggf. durchsetzen; auch, damit keine Religionsgemeinschaft ihr eigenes Verständnis anderen aufnötigen kann. Ihm verbleibt die Letztentscheidungskompetenz.

Innerhalb dieses für alle geltenden Rahmens aber bezieht sich das staatliche Recht auf das religiöse Selbstverständnis der jeweils Betroffenen (→ Selbstbestimmungsrecht). Nur sie können bestimmen, was sie je für sich unter Glauben, Gewissen, religiösem und weltanschaulichem Bekenntnis, Religionsausübung und eigenen Angelegenheiten verstehen und praktizieren wollen, und nur sie können angeben, welches Gewicht dem jeweils für sie zukommt und wie hart sie ein staatlicher Eingriff träfe.

Wo Staat und Religionsgemeinschaften institutionell zusammenwirken (insbesondere in den sogenannten gemeinsamen Angelegenheiten: Militär- und Anstaltsseelsorge [→ Seelsorge], → Religionsunterricht, → theologische Fakultäten sowie kirchliche → Friedhöfe), entscheidet der Staat die weltlichen und jede Religionsgemeinschaft für sich die religiösen Gesichtspunkte.

Die maßgeblichen staatlichen Regelungen des Religionsrechtes enthält das Grundgesetz. Gesetzgebung und Verwaltung in Angelegenheiten der Religionen aber sind, von wenigen Ausnahmen abgesehen, Sache der Länder, so etwa die Verleihung der Körperschaftsrechte nach Art. 137 Abs. 5 S. 2 WRV (→ Körperschaftsstatus). Zu den Ausnahmen zählen die Seelsorge in Bundeswehr und Bundespolizei sowie die Ablösung von → Staatsleistungen, wofür nach Art. 138 Abs. 1 S. 2 WRV der Bund die Grundsätze aufstellt.

Die Europäische Union besitzt keine Allzuständigkeit, sondern kann gemäß dem Prinzip der begrenzten Einzelermächtigung (Art. 5 EUV) nur im Rahmen der Kompetenzen tätig werden, die ihr von den Mitgliedstaaten übertragen worden sind (→ Europarecht). Das Religionsrecht gehört nicht dazu. Nach dem Lissabon-Urteil des Bundesverfassungsgerichts ist das verfassungsrechtlich zwingend: Ihm zufolge zählt der Status der Religions- und Weltanschauungsgemeinschaften zu denjenigen kulturell bedeutsamen Grundentscheidungen, deren Übertragung auf die Europäische Union mit dem Demokratieprinzip des Grundgesetzes nicht vereinbar wäre (BVerfGE 123, 267 [363]). Jedoch kann die Union innerhalb ihrer sonstigen Kompetenzen Regelungen erlassen, die auch Auswirkungen auf Religionsgemeinschaften haben. Das betrifft insbesondere das Antidiskriminierungsrecht (→ Gleichbehandlung). Die grundlegenden Strukturen des deutschen Staatskirchenrechts aber werden durch die europäische Integration nicht in Frage gestellt, im Gegenteil: Nach Art. 17 AEUV achtet die Union den Status, den Religions- und Weltanschauungsgemeinschaften in den Mitgliedstaaten genießen, und beeinträchtigt ihn nicht. Die Ausgestaltung ihres jeweiligen Verhältnisses zu den Religionsgemeinschaften ist zudem Teil der nationalen Identität der Mitgliedstaaten, die durch Art. 4 Abs. 2 S. 1 EUV geschützt ist.

Literatur: *Heckel, Martin*: Zur Zukunftsfähigkeit des deutschen »Staatskirchenrechts« oder »Religionsverfassungsrechts«, AöR 134 (2009), S. 309–390 (364 ff.).

Christian Traulsen

Konkordate

Als Konkordate werden häufig vertragliche Abkommen zwischen dem Heiligen Stuhl als gewohnheitsrechtlich anerkanntes Völkerrechtssubjekt und Staaten bezeichnet, die das Rechtsverhältnis zwischen Staat und katholischer Kirche in umfassender Weise regeln und als Gesamtregelung auch »kodifikatorische Verträge« (*Hollerbach*) genannt werden. Der Sprachgebrauch des CIC 1983 (c. 3: *conventio*; c. 365 § 1 Nr. 2: *concordatum*) ist uneinheitlich; dies gilt auch für die neuere Praxis des Heiligen Stuhls. Flankiert wird das Konkordatsrecht i. w. S. durch völkerrechtliche Notenwechsel, Protokolle u. ä. Verträge zwischen Bistümern und Bundesländern werden als sog. »Bistumsverträge« tituliert.

Bei den Verträgen des Heiligen Stuhls mit Staaten handelt es sich um feierliche, in diplomatischen Formen abgeschlossene Abkommen. Anders als etwa die Bistumsverträge, die i. d. R. als Staatsverträge zu qualifizieren sind, handelt es sich bei den Konkordaten des Heiligen Stuhls um völkerrechtliche Verträge (str.). Sowohl die Konkordate als auch die Bistumsverträge sind nicht nur auf das bilaterale Rechtsverhältnis der Vertragspartner focussiert. Durch gesetzgeberischen Akt des Parlaments werden die Verträge i. d. R. – wie jeder andere völkerrechtliche Vertrag oder Staatsvertrag auch – in das innerstaatliche Recht umgesetzt (Transformation). Die Verträge zwischen Staat und katholischer Kirche schaffen aber auf diesem Wege nicht nur innerstaatliches Recht, sondern zudem partikulares Kirchenrecht, dem nach c. 3 CIC Vorrang zukommt, sofern der Vertragsinhalt nicht gegen das *ius divinum* verstößt (Prinzip »Konkordat geht vor Codex«). Nicht unumstritten ist die Bindungswirkung des Gesetzgebers an Konkordate (Staatskirchenverträge allgemein): Teilweise

wird ein dem Regelungsgehalt des Konkordats zuwider-
laufendes, nachfolgendes Gesetz für staatsrechtlich möglich, aber für völkerrechtlich unzulässig gehalten. Neuere
Ansätze erhöhen die staatskirchenvertragsrechtliche Ver-
bindlichkeit und halten ein vertragsverletzendes Gesetz
für nichtig, wenn sich kein besonderer Rechtfertigungsgrund für die Abweichung ergibt. Der vertragssensible
Gesetzgeber wird der Sachnotwendigkeit wegen in den
jeweiligen Gesetzen Berücksichtigungs- oder Unberührt-
heitsklauseln vorsehen (z. B. § 80 Abs. 1 HG NRW), die
die Vertragskonformität des Gesetzesrechts sicherstellen.

Der Vertragsinhalt der kodifikatorischen Verträge intendiert eine umfassende Regelung, die vom Grundver-
hältnis (Religions- und Kirchenfreiheit) bis zur konkreti-
sierenden Regelung von Spezialaspekten (z. B. Melde-,
Datenschutzrecht) reicht.

Ein Blick auf die deutsche wie globale »Konkordatsgeo-
graphie« (*Hollerbach*) in gegenwärtiger Breite zeigt, dass
der Heilige Stuhl das Instrument des Konkordats weltweit nutzt und pflegt. Diese praktische Umsetzung der
kirchenpolitischen Kooperation stimmt mit den kircheneigenen Prinzipien überein, die eine »*sana coopera-
tio*« zwischen Staat und Kirche beabsichtigen (II. Vatika-
nisches Konzil), bei der es nicht um ein Bündnis von Staat
und Kirche geht, sondern die freiheitliche Regelung der
die beiden Akteure betreffenden Rechtsfragen avisiert ist.
Das Instrument des Vertrages kann dabei auch auf eine
sehr lange Geschichte (etwa Wormser Konkordat 1122,
Bayerisches Konkordat 1817) zurückblicken. Die Verträge der Weimarer Zeit hat *Ulrich Stutz* als Ausdruck eines
»Systems der vertragsgesicherten autonomen Tren-
nungskirche« klassifiziert. Die kontroversen Auseinandersetzungen über die historisch-politische Beurteilung

des Reichskonkordats vom 20.7.1933 und dessen Fortgeltung (BVerfGE 6, 306) sind eine »genetische Last« (*Hollerbach*), die sich im Einzelnen aber historisch differenzieren und rechtsdogmatisch lösen lässt.

Literatur: → Verträge zwischen Staat und Kirche – *Hollerbach, Alexander*: Verträge zwischen Staat und Kirche in der Bundesrepublik Deutschland, 1965 – *ders.*: Aspekte der neueren Entwicklung des Konkordatsrechts, in: FS Häberle, 2004, S. 821–839 – *Minnerath, Roland*: L'Église catholique face aux états: Deux siècles de pratique concordataire 1801–2010, 2012 – *Wolf, Hubert*: Reichskonkordat für Ermächtigungsgesetz, in: Vierteljahreshefte für Zeitgeschichte 60 (2012), 169–200.

Ansgar Hense

Konkordatslehrstuhl

Als Konkordatslehrstuhl oder Konkordatsprofessur bezeichnet man eine nicht theologische Professur, bei deren Besetzung der römisch-katholischen Kirche aufgrund einer vertraglichen Vereinbarung des Staates (Bundeslandes) mit dem Heiligen Stuhl (→ Konkordate) Mitwirkungsrechte durch den Staat eingeräumt sind. Für die evangelischen Kirchen bestehen keine vergleichbaren Rechte.

Nach Art. 3 § 5 des Bayerischen Konkordats unterhält der Staat an den Universitäten Augsburg, Bamberg, Erlangen-Nürnberg, München (LMU), Passau, Regensburg und Würzburg *je einen Lehrstuhl für Philosophie, Gesellschaftswissenschaften und für Pädagogik, gegen deren Inhaber hinsichtlich ihres katholisch-kirchlichen Standpunktes keine Erinnerung zu erheben ist*. Für die Besetzung dieser Professuren ist, wie bei den Professoren der katholischen Theologie, die Zustimmung des zuständigen römisch-katholischen Diözesanbischofs (»*nihil obstat*«) vor der Ernennung erforderlich. Die verfassungsrechtlichen und historischen Grundlagen dieser Konkordatsprofessuren, zu denen es Parallelen aktuell nur noch nach dem Badischen Konkordat an der Universität Freiburg und nach einer gesonderten Vereinbarung an der Universität Mainz gibt, unterscheiden sich allerdings von denen der Professuren für Theologie. Denn anders als bei diesen ist der Fächerbereich der Konkordatsprofessuren nicht notwendig konfessionell geprägt.

Die Konkordatsprofessuren sind vor dem Hintergrund der Entkonfessionalisierung der Lehrerbildung und im Zusammenhang mit der Eingliederung der Pädagogischen Hochschulen in die Universitäten zu verstehen. Sie bilden sozusagen den Rest einer vordem konfessionell geprägten Lehrerbildung. Insofern dienen sie dazu, dass in einer säkularen Universität in den besonders von religiös-weltanschaulichen Positionen geprägten Wissenschaftsdisziplinen auch der katholische Standpunkt vertreten ist. Das ist auch in einem religiös-weltanschaulich neutralen Staat dort ein berechtigtes, durch die Verfassung selbst begründetes Anliegen, wo die Bildungsziele der Landesverfassung (Art. 131 LV Bay), die Erfordernisse der Ausbildung der Lehrer für konfessionelle Privatschulen (Art. 134 LV Bay) und einer für Schüler (bzw. Eltern) aller religiösen und weltanschaulichen Prägungen akzeptablen Gemeinschaftsschule gesichert werden. Wo dies allerdings nicht darstellbar ist, ist eine Rechtfertigung für die in den Voraussetzungen dieser Konkordatsprofessuren liegenden Abweichungen von den für den Zugang zu öffentlichen Ämtern gem. Art. 33 Abs. 2 und 3 GG bzw. Art. 94 Abs. 2, 107 Abs. 4, 116 LV Bay zulässigen Kriterien nicht gegeben. Der Bayerische Verfassungsgerichtshof hat in einer Entscheidung aus dem Jahre 1980 die Verfassungsmäßigkeit der Konkordatsprofessuren aus einer Gesamtschau verschiedener Verfassungsvorschriften (Art. 142, 127, 131 Abs. 2, 136, 135 S. 2 LV Bay) abgeleitet und dabei neben den o.a. Gesichtspunkten auch das in der Verfassung verankerte Verhältnis von Staat und Kirche (Art. 142 ff. LV Bay) herangezogen (BayVerfGHE 33, 65, 76 ff.).

Im Zusammenhang mit Rechtsstreitigkeiten über die Besetzung eines Konkordatslehrstuhls im Fach Philosophie an der Universität Erlangen-Nürnberg haben die römisch-katholischen Bischöfe Bayerns ihren Verzicht auf die Mitwirkung bei der Besetzung der Konkordatsprofessuren angekündigt. Damit ist die verfassungsrechtliche Problematik der Konkordatsprofessuren weitgehend obsolet.

Literatur: *Baldus, Manfred*: Konfessionsgebundene Professuren außerhalb der Theologie an deutschen staatlichen Universitäten, in: Hanau u. a. (Hg.), Wissenschaftsrecht im Umbruch. Gedächtnisschrift für Hartmut Krüger, 2001, S. 21–45 – *Goldhammer Michael*: Entwicklung an den bayerischen Universitäten? Konkordatslehrstühle im staatskirchenrechtlichen Kontext, Bay VBl. 2014, S. 618–625 – *Pabel, Katharina*: Die verfassungsrechtliche Zulässigkeit von Konkordatslehrstühlen, KuR 2004, S. 65–86 – *von Campenhausen, Axel*: Das konfessionsgebundene Staatsamt, in: ders., Gesammelte Schriften, 1995, S. 201–210.

Heinrich de Wall

Kopftuch

Das Kopftuch ist das → Symbol für eine Generation muslimischer Frauen geworden, die nach Teilhabe an öffentlichen Ämtern verlangt, ohne dabei auf das religiös motivierte Tragen eines Kopftuches verzichten zu wollen. Darin ist das Kopftuch zu einem Sinnbild der rechtlichen Konflikte geworden, die die religiös pluralisierte Gesellschaft zu lösen aufgerufen ist. Ausgetragen wurde der Streit in Deutschland zunächst vor allem im Hinblick auf den Schuldienst, zunehmend aber auch mit Sicht auf andere öffentliche Ämter, in der Justiz beispielsweise das der Schöffin oder der Rechtsanwältin oder der Beamtin im Bereich der Exekutive. Auch arbeits- und mietrechtlich ist das Tragen des Kopftuchs verschiedentlich Anlass rechtlicher Auseinandersetzungen geworden, in denen hinter dem Streitgegenstand des Kopftuchs nicht selten tiefgehende kulturelle Konflikte verborgen sind.

Kristallisationspunkt der Kopftuch-Debatte ist eine Entscheidung des Bundesverfassungsgerichts aus dem Jahr 2003. Das Gericht hat darin den Gesetzgeber aufgefordert, »hinreichend bestimmte gesetzliche Grundlage(n)« für ein Kopftuch-Verbot (in der Schule) zu schaffen. Das Urteil hat in den Bundesländern zu einer Welle von Schulrechtsnovellen geführt, mit denen das Ausmaß zulässiger religiöser Bezüge in der Schule neu und unterschiedlich geregelt wurde. Die Vorschriften reichen dabei von einem vollständigen Verbot religiöser Bekundungen gleich welcher Art, z.B. in Berlin, bis hin zu Verbotsregelungen, die offensichtlich nur auf alle nicht-christlichen Glaubensbekundungen abzielen, z.B. in Baden-Württemberg.

In dieser Chronologie hat sich die rechtliche Natur des Kopftuchstreits gewandelt – von der Frage nach der Reichweite der positiven Bekenntnisfreiheit (→ Religionsfreiheit) einer Lehrerin in der Schule (Primärebene) hin zu der Frage nach den gleichheitsrechtlichen Implikationen (→ Gleichbehandlung) einer Verbotsregelung durch die Schulgesetzgeber der Länder (Sekundärebene).

Auf der Primärebene steht eine Ausgleichsentscheidung zwischen konkurrierenden Grundrechtspositionen im Zentrum: Die positive Bekenntnisfreiheit der Lehrerin ist in Ausgleich zu bringen mit der negativen Religionsfreiheit der Schüler. Dabei muss die besondere öffentlich-rechtliche Überformung der Grundrechte im staatlichen Zwangsverband der Schule (Sonderstatus) berücksichtigt werden. Der Sonderstatus schwächt die Grundrechtsposition der Lehrerin, die primär als Amtsträgerin auftritt und beamtenrechtlichen Neutralitätspflichten unterliegt. Der Sonderstatus stärkt die Grundrechtsposition der Schüler, die in der Schule keiner staatlich verordneten religiösen Zwangslage ausgesetzt sein sollen.

Während die Senatsmehrheit im Kopftuch-Urteil über die Hochzonung der Einschränkungsanforderungen letztlich zugunsten der Religionsfreiheit der Lehrerin entschieden hat, hat das Sondervotum die positive Bekenntnisfreiheit der Lehrerin durch Rückgriff auf die beamtenrechtliche Neutralitätspflicht praktisch auf null gesetzt: Das grundrechtsfreundliche Konzept des Sonderstatus wird so zurückgeführt auf das der vorverfassungsstaatlichen Ära entstammende Konzept des besonderen Gewaltverhältnisses, in dem Grundrechte nicht galten.

Auf der Sekundärebene kommt zur Rechtfertigung der selektiven Verbotsregelungen der Länder regelmäßig ein tradiertes Argument zum Zuge: Die christlich-abendländische Prägung der Rechtsordnung erlaube eine Differenzierung zwischen christlichen, den → Schulfrieden nicht störenden religiösen Bekenntnissen (diese seien erlaubt) und solchen nicht-christlichen, die den Schulfrieden stören (diese seien verboten). Dabei wird regelmäßig verkannt, dass das verfassungsrechtliche Gleichheitsversprechen des Art. 3 Abs. 1 und 3 GG und der darin wurzelnde Grundsatz der → Neutralität nicht unter Kulturvorbehalt stehen. Der Anspruch auf gleiche Freiheit kennt in diesem Sinne keine Konfession.

Literatur: *Heinig, Hans Michael*: Religionsfreiheit auf dem Prüfstand: Wie viel Religion verträgt die Schule?, KuR 2013, S. 8–20 – *Wiese, Kirsten*: Lehrerinnen mit Kopftuch, 2008 – *Borowski, Martin*: Die Glaubens- und Gewissensfreiheit des Grundgesetzes, 2006, S. 467 f. – *Walter, Christian*: Religionsverfassungsrecht, 2006, S. 523 ff. – *Krüper, Julian*: Alle Bekenntnisse sind in der Schule gleich, NdsVBl. 2005, S. 249–256.

Julian Krüper

Körperschaftsstatus

Nach Art. 137 Abs. 5 WRV i. V. m. Art. 140 GG bleiben »Religionsgesellschaften (…) Körperschaften des öffentlichen Rechts, soweit sie solche bisher waren. Anderen Religionsgesellschaften sind auf ihren Antrag die gleichen Rechte zu gewähren, wenn sie durch ihre Verfassung und die Zahl ihrer Mitglieder die Gewähr der Dauer bieten.« Damit stellt das Grundgesetz den → Religionsgemeinschaften (und wegen Art. 37 Abs. 7 WRV auch den Weltanschauungsgemeinschaften) neben den allgemeinen Rechtsformen des bürgerlichen Vereins- und Gesellschaftsrechts den Status der Körperschaft des öffentlichen Rechts zur Verfügung.

Bezogen auf staatliche Organisationen (wie z. B. Gemeinden oder Universitäten) bezeichnet der Begriff der Körperschaft des öffentlichen Rechts solche Personenverbände, die unter staatlicher Aufsicht Staatsaufgaben wahrnehmen. Die Religionsgemeinschaften stehen aber weder unter einer besonderen staatlichen Aufsicht noch nehmen sie Staatsaufgaben wahr. Der Begriff der Körperschaft des öffentlichen Rechts ist daher in Bezug auf Religionsgemeinschaften anders zu verstehen. Er ist lediglich ein Sammelbegriff für eine Reihe von einzelnen Befugnissen öffentlich-rechtlicher Natur, wie sie sonst für den Staat typisch sind. Dazu gehören das in der Verfassung ausdrücklich genannte Recht der Erhebung von Steuern (Art. 37 Abs. 6 WRV, → Kirchensteuer) und die Möglichkeit, öffentlich-rechtliche Dienstverhältnisse nach Art der Beamtenverhältnisse zu unterhalten (→ Kirchenbeamte). Neben diesen und anderen mit dem Körperschaftsstatus verbundenen Rechten räumen zahlreiche Vorschriften des Bundes- und Landesrechts den Religionsgemeinschaften, die Körperschaften des öffentlichen Rechts sind, einzelne Rechte und Vergünstigungen ein. Man bezeichnet diese Regelungen plastisch und missverständlich als »Privilegienbündel«.

Der Status einer Körperschaft des öffentlichen Rechts ist kein Privileg der Großkirchen. Vielmehr steht er jeder Religions- und Weltanschauungsgemeinschaft offen. Dementsprechend besitzt eine große Zahl von Religionsgemeinschaften, darunter auch recht kleine, den Körperschaftsstatus. Eine inhaltliche Kontrolle und Bewertung der Religion darf bei der auf Antrag einer Religionsgemeinschaft durch das entsprechende Bundesland vorzunehmenden Verleihung der Körperschaftsrechte nicht stattfinden. Die im Grundgesetz genannten Voraussetzungen sind formal-organisatorischer Natur. Danach muss eine Religionsgesellschaft lediglich nach Verfassung und Mitgliederzahl die Gewähr der Dauer bieten, um die

Körperschaftsrechte erlangen zu können. Die dabei erforderliche Prognoseentscheidung erfordert eine Bewertung, die der Festlegung absoluter Mindestzahlen der Mitglieder oder eines bestimmten Verhältnisses der Mitgliederzahl zur Bevölkerungszahl entgegensteht (BVerwG NVwZ 2013, 943).

Unstreitig ist, dass über diese rein formalen Kriterien hinaus eine Religionsgemeinschaft prinzipiell rechtstreu sein muss, um in den Genuss der Körperschaftsrechte zu kommen. Das Bundesverfassungsgericht hat zu Recht hervorgehoben, dass aus dem Körperschaftsstatus keine besondere Nähe zum Staat folgt und dass daher keine besondere Staatsloyalität gefordert werden kann. Allerdings fordert das BVerfG die Gewähr, dass das Verhalten der entsprechenden Religionsgemeinschaft die fundamentalen Verfassungsprinzipien, die Grundrechte Dritter sowie die Grundprinzipien des freiheitlichen Religions- und Staatskirchenrechts nicht gefährdet (BVerfGE 102, 370 – Zeugen Jehovas).

Auch als Körperschaften des öffentlichen Rechts bleiben die Religionsgemeinschaften Träger der Grundrechte, insbes. der Religionsfreiheit und des Selbstbestimmungsrechts. »Im Kontext des Grundgesetzes ist der (...) Status einer Körperschaft des öffentlichen Rechts ein Mittel zur Entfaltung der Religionsfreiheit (...). Der Status einer Körperschaft des öffentlichen Rechts soll die Eigenständigkeit und Unabhängigkeit der Religionsgemeinschaften unterstützen« (BVerfGE 102, 387). Das gilt auch für das organisatorische Selbstbestimmungsrecht der betreffenden Religionsgemeinschaften: Die Binnenstruktur bleibt Gegenstand ihrer eigenen Entscheidung. Sie können monokratisch oder demokratisch strukturiert sein, zentralistisch oder dezentral.

Literatur: *Heinig, Hans Michael*: Öffentlich-rechtliche Religionsgesellschaften, 2003 – *Magen, Stefan*: Körperschaftsstatus und Religionsfreiheit, 2004.

Heinrich de Wall

Krankenhäuser, kirchliche

Das Krankenhausangebot in Deutschland (für eine Definition des Krankenhauses s. § 2 Nr. 1 KHG) ruht auf drei Säulen: Neben Krankenhäusern in öffentlicher Trägerschaft (Bettenanteil: 47%), stehen solche in privatgewerblicher (18%) und solche in freigemeinnütziger (→ Freie Wohlfahrtspflege) Trägerschaft (34%). Letzteren sind auch die »kirchlichen Krankenhäuser« zuzurechnen und stellen deren Hauptanteil (Bettenanteil: knapp 30%).

Kirchliche Krankenhäuser sind nicht als solche Rechtspersönlichkeiten, sondern einem Rechtsträger zuzuordnen, der sie betreibt. Dieser gehört nur sehr selten der verfassten Kirche an. Stattdessen werden Kliniken traditionell i. d. R. von der Kirche gegenüber mehr oder weniger verselbständigten, häufig in privatrechtlicher Rechtsform organisierten Rechtsträgern, z. B. Diakonie- oder Caritasvereinen, Stiftungen oder karitativen Orden unterhalten. In jüngerer Zeit steigt der Anteil an Kliniken, die durch eine Kapitalgesellschaft (meist als gGmbH) betrieben werden. Von einem »kirchlichen Krankenhaus« kann insofern nur dann gesprochen werden, wenn der Träger der verfassten Kirche »zugeordnet« ist (→ Zuordnung).

Die Qualifikation eines Krankenhauses bzw. seines Trägers als »kirchlich« ist rechtlich insofern von Bedeutung, als sich »kirchliche Einrichtungen« der Rechtsprechung des Bundesverfassungsgerichts zufolge auch für ihre rein karitativen Aktivitäten auf die Religionsfreiheit

(Art. 4 GG) und das kirchliche Selbstbestimmungsrecht (Art. 140 GG i. V. m. Art. 137 Abs. 3 WRV) berufen können. Daraus folgt, dass (nur) in »kirchlichen Krankenhäusern« im oben definierten Sinn das kirchliche → Arbeitsrecht (→ Dritter Weg) Anwendung findet. Außerdem sind kirchliche Krankenhäuser von bestimmten staatlichen Vorgaben (v. a. solchen für die innere Organisation) ausgenommen (vgl. nur § 25 Brandenburgisches Krankenhausentwicklungsgesetz, § 33 Krankenhausgestaltungsgesetz NRW) und teilweise auch zwingend auszunehmen, damit die dadurch freibleibenden Regelungsbereiche in Ausübung des Selbstbestimmungsrechts durch Kirchenrecht gefüllt werden können, das auch sonst – in unterschiedlichem, u. a. von der Rechtsnatur des Trägers abhängigen Umfang – auf kirchliche Krankenhäuser Anwendung findet. Allerdings gilt das Selbstbestimmungsrecht nicht schrankenlos, sondern kann durch staatliche Regelungen eingeschränkt werden, die zur Gewährleistung einer zuverlässigen, modernen Standards genügenden Gesundheitsversorgung erforderlich und angemessen sind.

Kirchliche Krankenhäuser haben schließlich auch Anteil an der Sonderstellung, die das Krankenhausrecht freigemeinnützigen Krankenhäusern zugesteht. So ordnet z. B. das Krankenhausfinanzierungsgesetz des Bundes an, dass bei seiner Durchführung die »Vielfalt der Krankenhausträger« (also eine hinreichende Repräsentation freigemeinnütziger Einrichtungen, aber darüber hinaus richtigerweise auch kirchlicher Einrichtungen) zu beachten und die »wirtschaftliche Sicherung« freigemeinnütziger und privater Krankenhäuser zu gewährleisten ist (§ 1 KHG). Auch gelten für sie die Vorteile und Nachteile, die mit dem steuerrechtlichen Gemeinnützigkeitsstatus verbunden sind (Steuervergünstigungen einerseits, Restriktionen bei der Bildung von Kapitalrücklagen andererseits).

Diese Sonderbehandlung ist insofern rechtfertigbar, als »kirchliche Krankenhäuser« für sich in Anspruch nehmen, neben reinen Gesundheits- und Pflegedienstleistungen einen Mehrwert zu erbringen, indem sie dem Leitbild der christlichen Nächstenliebe gemäß den »ganzen Menschen« mit seinen nicht nur physischen, sondern auch sozialen, psychischen und religiösen Bedürfnissen in den Blick nehmen, die in Grenzsituationen wie einem Krankenhausaufenthalt besonders hervortreten können, und dadurch ggf. auch dort weiterzuhelfen, wo Menschen mit einer nicht heilbaren Krankheit oder dem Tod konfrontiert sind. Die Verbände der kirchlichen Krankenhausträger bemühen sich darum, diese zusätzlichen Standards durch eigene, über die allgemeinen Vorgaben hinausgehende Qualitätsmanagementmaßnahmen (z.B. mithilfe einer eigenen Zertifizierungsgesellschaft proCum Cert) zu gewährleisten.

Allerdings steht die Verwirklichung dieses spezifischen, kirchlichen Auftrages gegenwärtig vor besonderen Herausforderungen: Weil staatliche Leistungen (in Gestalt von Investitionskostenzuschüssen und in Gestalt der Leistungsentgelte der Sozialversicherungsträger, die inzwischen überwiegend als »Fallpauschalen« gewährt werden) rückläufig sind, stehen auch kirchliche Kliniken unter erheblichem Rationalisierungs- und Ökonomisierungszwang. Weil Finanzierungslücken durch Spenden oder Eigenmittel nur begrenzt geschlossen werden können, gewinnt auch für sie der Rückgriff auf die vierte mögliche Finanzierungsquelle, nämlich Eigenleistungen der Patienten und Leistungen der privaten Krankenversicherungen, an Bedeutung. Schließlich bereitet angesichts der schwindenden Kirchenbindung der Bevölkerung die Rekrutierung von Mitarbeitern Probleme, die sich hinreichend mit dem kirchlichen Selbstverständnis identifizieren.

Literatur: *Heinig, Hans Michael / Schlüter, Bernd*: Krankenhäuser in freigemeinnütziger Trägerschaft, in: Huster / Kaltenborner (Hg.), Praxishandbuch des Krankenhausrechts, 2010, § 16 B – *Fischer, Michael*: Das konfessionelle Krankenhaus, 3. Auflage, 2012 – *Makoski, Kyrill*: Kirchliche Krankenhäuser und staatliche Finanzierung, 2010.

Renate Penßel

Kriegsdienstverweigerung

Das Recht der »Kriegsdienstverweigerung«, geregelt in Art. 4 Abs. 3 Satz 1 GG, ist eine besondere Ausprägung der → Gewissensfreiheit und Ausdruck der Würde des Menschen, deren Achtung auch in ernsten Konfliktlagen Vorrang vor der Selbstbehauptung des Staates hat. Das Grundrecht schützt jedermann davor, von der grundrechtsgebundenen öffentlichen Gewalt (Art. 1 Abs. 3 GG) gegen sein Gewissen in die Streitkräfte eingegliedert zu werden. Im internationalen Vergleich ist dies eine Seltenheit. Da sich in der EMRK keine entsprechende Vorschrift findet, nahmen EGMR und EKMR in ständiger Rechtsprechung an, dass den Mitgliedsstaaten die Anerkennung eines Rechts auf Kriegsdienstverweigerung freistehe. 2011 allerdings gab der EGMR diese Rechtsprechung auf und erklärte im Fall *Bayatyan gegen Armenien*, dass die Verurteilung eines Zeugen Jehovas wegen Wehrdienstverweigerung dessen Gewissens- und Religionsfreiheit nach Art. 9 Abs. 1 EMRK verletze.

Das Grundrecht der Kriegsdienstverweigerung schützt vor dem »Kriegsdienst mit der Waffe«. Die ergänzende Regelung des Art. 12a Abs. 2 GG, nach der Kriegsdienstverweigerer zu einem Ersatzdienst außerhalb der Verbände der Streitkräfte herangezogen werden können, verdeutlicht, dass die Vorschrift nicht nur vor dem Zwang schützt, töten zu müssen (womit der absolut geschützte Kernbereich des Grundrechts umschrieben ist), sondern schon vor der zwangsweisen Eingliederung in bewaffnete Verbände, die für kriegerische Kampfhandlungen ausgerüstet und ausgebildet sind. Auch unterstützende Tätigkeiten wie der Radar- und der Sanitätsdienst sind vom Schutzbereich erfasst, ebenso der auf den Kriegsdienst vorbereitende Militärdienst im Frieden, nicht jedoch die Verweigerung (auch) des Ersatzdienstes oder die Ablehnung (nur) bestimmter Verwendungen in den Streitkräften. In diesen Fällen ist die Berufung auf die in Art. 4 Abs. 1 GG gewährleistete → Gewissensfreiheit möglich.

Geschützt durch die Vorschrift sind alle nach deutschem Recht Wehrpflichtigen und Soldaten, die sich aus Gewissensgründen zum Dienst in den Streitkräften des Bundes außerstande sehen. Gewissensentscheidungen gegen die Eingliederung in die Streitkräfte anderer Staaten können Art. 4 Abs. 1 GG unterfallen. Auf juristische Personen ist das Grundrecht seinem Wesen nach (Art. 19 Abs. 3 GG) nicht anwendbar; sie können sich für die Unterstützung von Kriegsdienstverweigerern ggf. auf andere Grundrechte berufen. Da Art. 4 Abs. 3 GG kein freies Wahlrecht zwischen Wehr- und Ersatzdienst einräumt, muss eine reelle Prüfung der geltend gemachten Gewissensbedenken stattfinden, was durch das 1977 eingeführte »Postkartenverfahren« nicht sichergestellt war. Tatbestandliche Voraussetzung für die Inanspruchnahme des

Grundrechts ist nach der Rechtsprechung des BVerfG ein »unmittelbar evidentes Gebot unbedingten Sollens«, das »den Charakter eines unabweisbaren, den Ernst eines die ganze Persönlichkeit ergreifenden sittlichen Gebots trägt« (BVerfGE 48, 127 [173]).

Der Bundesgesetzgeber, nach Art. 4 Abs. 3 Satz 2 GG zur Regelung des »Näheren« ermächtigt, kann Kriegsdienstverweigerer nach Art. 12a Abs. 2 GG zu einem Ersatzdienst außerhalb der Streitkräfte verpflichten, der die Dauer des Wehrdienstes nicht übersteigen, aber auch nicht so gestaltet werden darf, dass er zu einem Missbrauch des Verweigerungsrechts einlädt. Mit ihrer »Aussetzung« durch das Wehrrechtsänderungsgesetz 2011 wurden die Wehrpflicht und die mit ihr korrespondierende Zivildienstpflicht auf den Spannungs- und Verteidigungsfall beschränkt. Die vorsorgliche Durchführung eines Anerkennungsverfahrens ist damit aber nicht hinfällig geworden. Praktische Bedeutung hat das Grundrecht auch für Berufssoldaten und Soldaten auf Zeit: Dass diese auch vor Beendigung ihrer Dienstverhältnisse ein Rechtsschutzbedürfnis für ein auf ihre Anerkennung als Kriegsdienstverweigerer gerichtetes Verfahren haben, hat das BVerwG 2012 unter Aufgabe seiner bisher anderslautenden Rechtsprechung anerkannt (BVerwGE 142, 48–58).

Literatur: *Eckertz, Rainer*: Die Kriegsdienstverweigerung aus Gewissensgründen als Grenzproblem des Rechts. Zur Überwindung des Dezisionismus im demokratischen Rechtsstaat, 1986 – *Herdegen, Matthias*: Kriegsdienstverweigerung aus Gewissensgründen, in: HdbStKirchR I, § 16 – *Magen, Stefan*: Grundfälle zu Art. 4 III GG, JuS 2009, 995–999.

Christoph Goos

Kulturkampf

Der von *Rudolf Virchow* in einer Reichstagsrede 1873 geprägte polemische Kampfbegriff v. a. der liberalen Bewegung umschreibt eine Phase der Auseinandersetzung staatlicher, vornehmlich preußischer Stellen mit dem Katholizismus in seinen religiösen, sozialen und politischen Ausprägungen während der ersten zwei Jahrzehnte nach der Reichsgründung 1867/71. Auch für andere deutsche Länder – etwa für Baden – und in anderen Staaten – so etwa in den von der Reformation unberührten romanisch-katholischen Staaten Südeuropas und Südamerikas – können ähnliche Ereignisse in teilweise anderem Kontext beschrieben werden.

Der Sache nach handelt es sich um einen vielschichtigen Zusammenstoß des postabsolutistisch agierenden Staates mit der Kirche als Konflikt zwischen dem im säkularisierten Nationalstaat mündenden Modernisierungsprozess (→ Säkularisation) und der konfessionellen konservativen katholischen Amtskirche. Staats-(kirchen-)rechtliche, innen-, außenpolitische und weltanschauliche Faktoren überlagerten sich in diesen Auseinandersetzungen komplex. Nach Auseinandersetzungen um Schulfragen, um gemischt-konfessionelle Ehen, um die Priesterausbildung und um Bischofsernennungen führten die Verkündung des Unfehlbarkeitsdogmas auf dem Ersten Vatikanischen Konzil 1870 und die Reichsgründung 1871 zur Eskalation. In einer ersten, durch kämpferische Maßnahmen seitens des Staates gekennzeichneten Phase sollten zahlreiche legislative und administrative Maßnahmen den konfessionellen Einfluss der katholischen Kirche auf die »Kultur« unterbinden: Aufhebung der katholischen Abteilung im Preußischen Kultusministerium, der sog. Kanzelparagraph, der Geistliche bei Meinungsäußerungen gegen staatliche Interessen strafrechtlich bedrohte, die Konzentration der Schulaufsicht beim Staat, das Verbot des Jesuitenordens und die Auflösung aller Orden, sofern sie nicht in der Krankenpflege tätig waren, das sog. Kulturexamen für Geistliche und der Zwang, dass diese an staatlichen Universitäten ihre akademische Ausbildung erhalten mussten, die obligatorische → Zivilehe, die Möglichkeit, Geistliche des Landes zu verweisen, die Einstellung der → Staatsleistungen an die katholische Kirche, überhaupt die Kontrolle des katholischen Milieus, d.h. der kirchlichen Vereine und Verbände u.v.a.m. Auf dem Höhepunkt waren die meisten Bischofsstühle verwaist, zahlreiche katholische Priester und Bischöfe inhaftiert bzw. ausgewiesen. Die religionsfreundlichen Bestimmungen der Preußischen Verfassung mussten zu diesem Zweck aufgehoben werden. Die katholische Kirche reagierte mit passivem Widerstand, der politische Katholizismus wurde durch den publizistischen und parlamentarischen Kampf gegen zahlreiche Maßnahmen gestärkt. Als zentrale Gestalt muss hier *Ludwig Windthorst* (1812–1891) als entscheidender parlamentarischer Gegenspieler *Bismarcks* Erwähnung finden. Bereits seit 1876/78, verstärkt dann in den 1880er Jahren wurden zahlreiche »Kampfgesetze« aufgehoben. *Bismarck*, erkennend, dass der Staat keinen eindeutigen Sieg werde erringen können, und an neuen innenpolitischen Bündnissen interessiert, beendete sukzessive v.a. auch durch Verhandlungen mit der Kurie unter dem neuen Papst *Leo XIII.* die aktiven Auseinandersetzungen unter Düpierung des politischen Katholizismus in Deutschland. Einige »Errungenschaften« des Kulturkampfs blieben freilich erhalten, so insbesondere die obligatorische Zivilehe und die Verwaltung des Kirchenvermögens auf lokaler Ebene (»Kirchenvorstände«, → Kirchengemeinde). Die katholische Kirche erlitt durch den »Kulturkampf« einerseits ein lange fortwirkendes Trauma als diskriminierte, mit dem Vorwurf der nationalen Unzuverlässigkeit (»Ultramontanismus«) tendenziell rückständige Minderheit, welches die Kirchenpolitik bis zum Abschluss des Reichskonkordats 1933 mitbestimmte, andererseits ging sie geschlossen und innerlich gestärkt aus diesen Auseinandersetzungen hervor, insbesondere das katholische Verbandswesen erlebte eine noch lange nachwirkende Stärke. Auch manche innere Modernisierung der Kirche sowie das Niveau der wissenschaftlichen Theologie an staatlichen Universitäten können als unmittelbare oder mittelbare Folgen des »Kulturkampfs« erklärt werden. Für das → Staatskirchenrecht bzw. → Religionsverfassungsrecht bietet die Episode des »Kulturkampfs« die Lehre, seitens des Staates religiöse Autonomie zu wahren und zu schützen, Religion auch als Institution ernst zu nehmen und den Mehrwert, den Kirche und Religion dem Gemeinwesen zu stiften in der Lage sind, zu nutzen, ohne auf staatliche Letztbestimmung verzichten zu müssen.

In einem ausdehnenden, übertragenen Sinn wird auch in der Gegenwart von »kulturkämpferischen Tendenzen« o. ä. gesprochen, sofern es darum geht, Religion grundsätzlich aus der Öffentlichkeit zu verbannen und – in erstaunlicher rhetorischer Übereinstimmung nicht nur mit den Argumenten des 19. Jahrhunderts – einen militanten → Laizismus zu fördern. Auch sofern sich der Staat »seine« Religion gestalten möchte, besteht die Gefahr neuer »Kulturkämpfe«. Insbesondere in der Diskussion um die Integration des → Islam in das deutsche Staatskirchen- / Religionsverfassungsrecht werden entsprechende Argumentationsmuster erneut virulent.

Literatur: *Morsey, Rudolf*: Der Kulturkampf – Bismarcks Präventivkrieg gegen das Zentrum und die katholische Kirche, in: Essener Gespräche zum Thema Staat und Kirche 34 (2000), S. 5–27 – *Lill, Rudolf*: Der Kulturkampf, 1997 – *Casanova, José*: Religion, Politik und Geschlecht im Katholizismus und im Islam, in: ders., Europas Angst vor der Religion, 2009, S. 31–81.

Christian Waldhoff

Laizismus

I. Der Begriff Laizismus etablierte sich mit der heute bekannten Bedeutung in Frankreich während der zweiten Hälfte des 19. Jahrhunderts. Die Neuschöpfung »laicité« entstand im Kontext des Antiklerikalismus der Dritten Republik, der zunächst die Schulpolitik und die Neuordnung des öffentlichen Schulwesens bestimmte, dann aber für die Verdrängung der Kirche aus dem öffentlichen Raum und die Eliminierung kirchlichen Einflusses auf den Staat insgesamt stand. Das Programm trug stark ideologische Züge und beruhte auf einem säkularistischen Welt- und Menschenbild (→ Säkularisation). Um den weltanschaulichen Charakter hervorzuheben, führten die Gegner die Bezeichnung »Laizismus« ein. Im weiteren Verlauf hat sich der antikirchlich-ideologische Überschuss in der französischen Religionspolitik ermäßigt. Gleichwohl blieb das Grundmuster erhalten: Staat und Religion werden nicht nur organisatorisch und ideell getrennt, sondern dem Ideal nach in eine Nichtbeziehung gesetzt. Religion ist (bloß) Privatsache.

II. In letzter Zeit mehren sich auch in Deutschland die Stimmen, die mit Verweis auf Frankreich und die USA auf einer striktere Trennung von Staat und Religionsgemeinschaften drängen. Doch das US-amerikanische und das französische System lassen sich schwerlich zusammenbinden. Beide Trennungsmodelle sind mit grundlegend verschiedenen historischen Erzählungen verbunden. Der Laizismus will den Staat vor der Religion schützen – das amerikanische System dagegen umgekehrt die Religion vor dem Staat. Vorbild für Forderungen nach einer strikteren Form der Trennung in Deutschland ist und bleibt Frankreich.

III. Lange Zeit war im deutschen Staatskirchenrecht die Vorstellung unangefochten, das Grundgesetz begründe ein Modell der wohlwollend-integrativen → Trennung. Für erste Irritationen sorgte 1995 der Kruzifix-Beschluss des Bundesverfassungsgerichts (BVerfGE 93, 1 ff.). Er wurde als Bruch mit der vorherrschenden Lesart des grundgesetzlichen Staatskirchenrechts verstanden. Jedenfalls markiert einige Jahre später die Entscheidung des Bundesverfassungsgerichts zum Kopftuch der Lehrerin eine solche Zäsur. Einerseits heißt es in den Entscheidungsgründen: »Die dem Staat gebotene religiös-weltanschauliche Neutralität ist ... nicht als eine distanzierende im Sinne einer strikten Trennung von Staat und Kirche, sondern als eine offene und übergreifende, die Glaubensfreiheit für alle Bekenntnisse gleichermaßen fördernde Haltung zu verstehen« (BVerfGE 102, 282 [300]). Andererseits betont das Gericht: »Der mit zunehmender religiöser Pluralität verbundene gesellschaftliche Wandel kann Anlass zu einer Neubestimmung des zulässigen Ausmaßes religiöser Bezüge in der Schule sein« (BVerfGE 102, 282 [309]). Im Ergebnis überlässt das Gericht mit dieser Begründung dem Gesetzgeber die Entscheidung darüber, ob er eine distanzierende oder integrative Trennungskonzeption verfolgt.

Dem Grundgesetz würde es jedoch eher entsprechen, die Argumentationslast für eine laizistische Verdrängung der Religion aus der staatlich verfassten öffentlichen Sphäre den Befürwortern einer solchen Lösung aufzuerlegen. Denn der zweifache Verfassungskompromiss von Weimar und Bonn war von der Vorstellung beseelt, gerade keine laizistischen Verhältnisse wie in Frankreich zu schaffen (→ Staatskirchenrecht). Aus der Offenheit des Staates für die Religionen seiner Bürger, die das Grundgesetz an verschiedenen Stellen zum Ausdruck bringt, folgt ein gewisser verfassungsrechtlicher Vorrang dafür, dass der Staat den unterschiedlichen Religionen und Weltanschauungen, soweit diese rechtstreu sind, integrativ gegenübertritt. Der Staat darf zu den Mitteln der Ausgrenzung und Abschottung deshalb nur greifen, wenn sich Religions- und Weltanschauungskonflikte so verfestigt haben, dass ohne solche Maßnahmen der Religionsfrieden und die Funktionsfähigkeit staatlicher Institutionen (wie Schulen, → Schulfrieden) gefährdet wären. Nur so wird man der öffentlichen Dimension der → Religionsfreiheit und ihren institutionellen Konkretisierungen im Grundgesetz umfassend gerecht.

Literatur: *Willaime, Jean-Paul*: Frankreich: Laizität und Privatisierung der Religion, in: Besier / Lübbe (Hg.), Politische Religion und Religionspolitik, 2005, S. 343–358 – *Toscer-Angot, Sylvie*: Zur Genealogie der Begriffe »Säkularisierung« und »Laizität«, in: Koenig / Willaime (Hg.), Religionskontroversen in Frankreich und Deutschland, 2008, S. 39–57 – *Walter, Christian*: Religionsverfassungsrecht, S. 69 ff., 162 ff., 204 ff.

Hans Michael Heinig

Landeskirchen

Die Landeskirche ist die wichtigste territoriale Gliederung im deutschen Protestantismus. Die Evangelische Kirche in Deutschland ist keine Kirche, sondern der Zusammenschluss 20 (2014) selbständiger Gliedkirchen, die sich historisch aus Landeskirchen entwickelt haben. Die Evangelisch-reformierte Kirche (Leer) besitzt kein geschlossenes Territorium; ansonsten ergibt sich die Zugehörigkeit zur Landeskirche aus dem Wohnort. Nach ihrem eigenen Selbstverständnis keine Landeskirche im traditionellem Sinne, sondern eher ein Zusammenschluss von Kirchengemeinden ist die Bremische Evangelische Kirche; faktisch wird sie, insbesondere innerhalb der EKD, wie eine Landeskirche behandelt. Einige Landeskirchen besitzen Gemeinden außerhalb des Bundesgebiets, insbesondere die Nordkirche in Dänemark (Nordschleswig).

Das schweizerische Staatskirchenrecht kennt ebenfalls kantonale Landeskirchen (Kantonalkirchen), je nach Kanton teilweise auch für die regionale Gliederung der katholischen und altkatholischen Kirche.

Ab der Reformation bezeichnete Landeskirche die Kirche auf dem Gebiet eines weltlichen Territoriums, also das Übereinstimmen politischer und kirchlicher Grenzen. Zuvor war, bei Überschneidungen, die kirchenrechtliche Einteilung in Bistümer maßgeblich. Anders als in Skandinavien oder Großbritannien folgten die deutschen Bischöfe nicht der Reformation. Um die kirchliche Verwaltung zu gewährleisten, amtierten die weltlichen Herrscher als »Notbischöfe« (landesherrliches Summepiskopat) der jeweiligen Landeskirche. Innerhalb der politischen Grenzen bestand Einheit von staatlicher und kirchlicher Verwaltung (Kultusministerium). Daran änderte sich im We-

sentlichen bis 1918 nichts. Zunehmend wurden landeskirchliche Verwaltungen innerhalb der staatlichen
Verwaltung eingerichtet, in Preußen die Konsistorien.
Versuche, evangelische Bistümer zu begründen, im 19.
Jahrhundert durch den preußischen König *Friedrich Wilhelm IV.* (Erzbischof von Magdeburg nach anglika-
nischem Vorbild) scheiterten.

Wurden innerhalb der Landeskirche zunächst inner-
protestantische konfessionelle Unterschiede berücksichtigt, bildete 1817 die preußische Landeskirche trotz
Widerständen eine Union von Lutheranern und Reformierten. Einige Landeskirchen folgten (Baden, Nassau,
Bayern links des Rheins), andere be- oder erhielten konfessionell getrennte Kirchenverwaltungen (Hannover, Bayern rechts des Rheins). Zunehmend wurde die Einheit
politischer und kirchlicher Grenzen in Frage gestellt. Als
Preußen 1866/68 Hannover, Schleswig-Holstein, Kur-
hessen, Nassau und Frankfurt am Main annektierte, blieben die dortigen Landeskirchen erhalten. Auch Bayern
(rechts des Rheins und Pfalz) und Oldenburg (Oldenburg, Birkenfeld, Eutin) besaßen mehrere Landeskirchen.
Bei Gründung des Deutschen Reichs 1871 bestanden 32
Landeskirchen. Mit wenigen Ausnahmen (Sächsische
Oberlausitz, Stolbergsche Konsistorien im Harz, Schutz-
gebiete) war jeder evangelische Christ Glied einer Landeskirche.

Mit der Weimarer Republik entfiel das Summepiskopat,
staatliche und kirchliche Verwaltung wurden endgültig
getrennt; durch den Versailler Vertrag lagen Teile einzelner Landeskirchen im Ausland (Polen, Dänemark, Belgien, Danzig, Memel- und Saargebiet). Theologen wie
Otto Dibelius stellten das landeskirchliche Prinzip in Frage. 1918 hatten sich sieben Landeskirchen zur »Thüringer

Evangelischen Kirche« zusammengeschlossen, seit 1934 bestand in Mecklenburg nur noch eine Landeskirche. 1922 entstand aus 30 Landeskirchen der lose »Deutsche Evangelische Kirchenbund«. Zunehmend führten Landeskirchen für leitende Geistliche den Bischofstitel ein, ohne Diözesanstrukturen folgen zu lassen.

Der politisch motivierten nationalsozialistischen »Reichskirche« 1934 sollte die Umwandlung der Landeskirchen in Bistümer folgen. Einzelne »intakte« Landeskirchen (Bayern, Hannover, Württemberg) verhinderten im Nationalsozialismus einen völligen staatlichen Zugriff. Die Gründung der EKD 1945 aus 27 Landes- und Provinzialkirchen bestätigte das landeskirchliche Prinzip. Die verbliebenen Kirchenprovinzen der preußischen Landeskirche (Berlin-Brandenburg, Provinz Sachsen, Rheinland, Westfalen, Teile von Pommern und Schlesien) wurden faktische Landeskirchen. Die Zonengrenzen, aber auch die der nach 1945 entstandenen Länder fanden nur ausnahmsweise Niederschlag in der kirchlichen Organisationsstruktur. So erinnerten in der DDR nach Einführung der Bezirke 1952 die Landeskirchen als einzige nennenswerte Organisationen an die aufgelösten Länder.

Wiederholt kam es nach 1945 zum Zusammenschluss einzelner Landeskirchen. 1946 entstand die Evangelische Kirche in Hessen und Nassau (Frankfurt, Nassau, Hessen-Darmstadt), 1977 die Nordelbische Evangelisch-Lutherische Kirche (Hamburg, Lübeck, Schleswig-Holstein, Eutin), 2004 die Evangelische Kirche Berlin-Brandenburg-schlesische Oberlausitz, 2009 die Evangelische Kirche in Mitteldeutschland (Kirchenprovinz Sachsen, Thüringen), 2012 schließlich die Evangelisch-Lutherische Kirche in Norddeutschland (Nordelbien, Mecklenburg, Pommern). Der EKD gehören 20 Landeskirchen an.

Die evangelischen Landeskirchen sind nach Größe (größte Landeskirche: Hannover, 2,76 Mio. Mitglieder; kleinste Landeskirche: Anhalt, 47.000 Mitglieder) und Finanzkraft heterogen. Sie lassen sich theologisch nicht begründen und sind allein historisch zu erklären. Nur in wenigen Fällen (Bayern, Berlin, Hamburg, Schleswig-Holstein) deckt sich das Territorium eines Bundeslandes mit dem einer Landeskirche, was bei Verträgen zwischen Bundesländern und evangelischen Landeskirchen zum Tragen kommt. Nicht unterschätzt werden darf die Bedeutung der Landeskirchen für die regionale Identität ihrer Mitglieder.

Literatur: *Brunotte, Heinz / Weber, Rudolf / Grundmann, Siegfried*: Personalitätsprinzip und landeskirchliches Territorialprinzip, ZevKR 7 (1959/60), S. 348–388 – *Müller, Konrad*: Staatsgrenzen und evangelische Kirchengrenzen. Gesamtdeutsche Staatseinheit und evangelische Kirchenhoheit nach deutschem Recht, 1988 – *Görisch, Christoph*: Art. Landeskirche, in: RGG V, Sp. 59–62 – *Evangelische Kirche in Deutschland*: Wandkarte »Die Gliedkirchen der evangelischen Kirche in Deutschland«, 2012.

Martin Otto

Loyalitätsobliegenheiten

I. Mit jedem Arbeitsvertrag gehen aus dem Vertragsverhältnis resultierende Treuepflichten einher. Arbeitnehmer haben ihre Verpflichtungen aus dem Arbeitsverhältnis generell nach Treu und Glauben so zu erfüllen, dass die legitimen Interessen des Arbeitgebers gewahrt bleiben. Im Rahmen dieser allgemeinen Treuepflicht können → Religionsgemeinschaften von ihren Bediensteten verlangen, die nach dem Arbeitsvertrag übernommene Arbeit so zu erfüllen, dass der religiös geprägte Auftrag der Institution verwirklicht wird (→ Arbeitsrecht).

II. Über diesen normalen arbeitsrechtlichen Rahmen hinaus garantiert das Grundgesetz mit der korporativen → Religionsfreiheit (Art. 4 Abs. 1, 2 GG) und dem Recht, die eigenen Angelegenheiten selbständig zu ordnen und zu verwalten (Art. 140 GG i.V.m. Art. 137 Abs. 3 S. 1 WRV, → Selbstbestimmungsrecht), den Religionsgesellschaften die Möglichkeit, dem religiösen Selbstverständnis gemäß weitere Loyalitätsobliegenheiten vertraglich zu begründen. Diese können auch die private Lebensführung erfassen. Der Inhalt solcher Pflichten unterscheidet sich zwischen den verschiedenen Religionsgesellschaften in Deutschland nicht unerheblich je nach theologischer Positionierung. Illoyalität in Form des Austritts wird gemeinhin von keiner Gemeinschaft geduldet. Außereheliche Beziehungen, Wiederverheiratung nach Scheidung oder praktizierte Homosexualität werden in der römisch-katholischen Kirche bislang (nicht ohne Widerspruch von Theologen und Laien) als Lebensführung im Widerspruch zur religiösen Lehre begriffen, in der evangelischen Kirche hingegen nicht *per se* als Verstoß gegen Loyalitätsobliegenheiten gewertet.

III. Strukturell, nicht aber in der Reichweite ist dieses Recht, besondere Loyalitätsobliegenheiten zu vereinbaren, mit dem auch für Parteien (Art. 21 GG), Gewerkschaften (Art. 9 Abs. 3 GG) und Medienunternehmen (Art. 5 Abs. 1 GG) geltenden Tendenzschutz vergleichbar. Bei diesen folgt aus ihrem grundrechtlichen Status, dass die Glaubwürdigkeit der Organisation als Bedingung ihrer Betätigung besonderen Schutz genießt und insoweit Mitarbeitern auferlegt werden kann, sich auch außerdienstlich tendenzschonend zu verhalten. Für Religionsgesellschaften reicht diese Möglichkeit weiter, weil ihnen das Recht zusteht, ihre gesamte Organisationstätigkeit an der eigenen religiösen Lehre auszurichten. Loyalitätsobliegenheiten sind bei ihnen selbst unmittelbarer Ausdruck der Wahrnehmung grundrechtlicher Freiheit und nicht bloß, wie bei anderen Tendenzorganisationen, äußeren Bedingungen ihres Wirkens geschuldet. Da dieser grundlegende Unterschied in der politischen und wissenschaftlichen Auseinandersetzung immer wieder einmal übersehen wird, stehen die beiden Kirchen der Einordnung der von ihnen begründeten Loyalitätsobliegenheiten in das Tendenzrecht reserviert gegenüber. Das ist politisch verständlich, aber in rechtlicher Betrachtung nicht zwingend. Entscheidend ist, dass es in der Folge ihres spezifischen grundrechtlichen Schutzes den Religionsgemeinschaften grundsätzlich frei steht, Loyalitätsobliegenheiten nicht bloß den Funktionseliten aufzuerlegen, deren Verhalten für die Glaubwürdigkeit einer Organisation besonders wichtig ist, sondern allen Mitarbeitern in gleicher Weise. Dem entspricht in den beiden großen Kirchen, dass diese den kirchlichen Dienst als gemeinschaftliches Handeln aller in der Kirche Tätigen in der Nachfolge und im Auftrag Jesu Christi verstehen (→ Dienstgemeinschaft).

IV. Eine verfassungsrechtliche Grenze erfährt der grundgesetzliche Schutz religiöser Tendenzfreiheit und Tendenzreinheit durch die Schranke des »für alle geltenden Gesetzes« nach Art. 140 GG i. V. m. Art. 137 Abs. 3 S. 1 WRV. Korporative Religionsfreiheit und die grundrechtlich geschützten Belange des Arbeitnehmers der Religionsgesellschaft sind demnach zu einem Ausgleich zu bringen. Das Bundesarbeitsgericht (BAG) entschied in älterer Rechtsprechung, dass besondere Loyalitätsobliegenheiten nach der Nähe zum Verkündigungsauftrag zu differieren hätten, ignorierte damit aber gerade den grundrechtlichen Unterschied zu anderen Tendenzorganisationen. Zudem widerspricht es dem kirchlichen Selbstverständnis, aus verschiedenen Dienstfunktionen Rückschlüsse auf die »Wertigkeit« des Dienstes zu ziehen.

Das Bundesverfassungsgericht sah die Grenzen möglicher Loyalitätsobliegenheiten deshalb erst erreicht, wenn das vertraglich Vereinbarte in Widerspruch zu den »Grundprinzipien der Rechtsordnung« steht, »wie sie im allgemeinen Willkürverbot (Art. 3 Abs. 1 GG), sowie in dem Begriff der ›guten Sitten‹ (§ 138 BGB) und des ›ordre public‹ (Art. 30 EGBGB) ihren Niederschlag gefunden hat« (BVerfGE 70, 138 [168]). Es erinnerte daran, dass als Ausfluss der Religionsfreiheit es den Religionsgesellschaften überlassen bleiben muss, »verbindlich zu bestimmen, was ›die Glaubwürdigkeit der Kirche und ihrer Verkündigung erfordert‹, was ›spezifisch kirchliche Aufgaben‹ sind, was ›Nähe‹ zu ihnen bedeutet, welches die ›wesentlichen Grundsätze der Glaubenslehre und Sittenlehre‹ sind und was als – gegebenenfalls schwerer – Verstoß gegen diese anzusehen ist« (BVerfGE 70, 138 Ls. 3.). Diese Rechtsprechung wirft die Frage auf, ob das Bundesverfassungsgericht nicht in der Korrektur des in der Tat verfehlten Ansatzes des BAG über das Ziel hinausschießt und ob die verfassungsrechtlich geschützten Arbeitnehmerbelange hinreichend in Ansatz gebracht werden. Verfassungsrechtlich geboten dürfte wohl eher eine durch die jeweils involvierten Rechtsgüter strukturierte Abwägung im Einzelfall sein. Dabei hat freilich bei innerkirchlichen Konflikten aus Sicht der staatlichen Rechtordnung die individuelle Religionsfreiheit *per se* der korporativen Religionsfreiheit nachzustehen, weil sonst letztere leerlaufen würde. Das Individuum wird seitens des Staates gegen-

über seiner Religionsgemeinschaft durch die Austritts-
freiheit geschützt, nicht aber durch ein »Recht auf innerkirchliche Häresie«.

V. In Richtung einer einzelfallorientierten Betrachtung
der konkreten Umstände des jeweiligen Falls zielte zuletzt auch die Rechtsprechung des Europäischen Gerichtshofs für Menschenrechte (→ Europäische Menschenrechtskonvention), die keine durchgreifenden Ein-
wände gegen die deutsche Praxis im Zusammenhang mit
Loyalitätsobliegenheiten nach kirchlichem Arbeitsrecht
erhob, zugleich aber eine umfassende Würdigung der
Umstände des Einzelfalls durch die staatlichen Arbeitsge-
richte anmahnte. Ebenso steht das Antidiskriminierungsrecht (→ Gleichbehandlung) der Europäischen Union der
Vereinbarung von Loyalitätsobliegenheiten nicht entgegen (→ Europarecht). Die einschlägige Richtlinie erlaubt,
die Rechtslage in Deutschland und anderen Mitgliedstaaten im Blick, ausdrücklich, dass religiöse Organisationen von ihren Mitarbeitern verlangen, »sich loyal und
aufrichtig im Sinne des Ethos der Organisation zu verhalten« (Art. 4 Abs. 2 S. 3 RL 2000/78/EG). Der deutsche
Gesetzgeber hat diese Formulierung in der Sonderklausel
für Religionsgemeinschaften in § 9 Allgemeines Gleichbehandlungsgesetz übernommen.

VI. Geltungsgrund für die Loyalitätsobliegenheiten im
Arbeitsverhältnis ist der Arbeitsvertrag. Dieser kann Bezug nehmen auf kirchenrechtliche Regelungen (→ Kirchenrecht). So hat die EKD eine Richtlinie über die Anforderungen der privatrechtlichen beruflichen Mitarbeit
in der evangelischen Kirche erlassen, die dem Verständnis
von kirchlicher Dienstgemeinschaft entsprechend, im Detail differenzierende Regelungen für evangelische, sonstige christliche und nichtchristliche Mitarbeiter enthält.

Literatur: *Morlok, Martin*, in: Dreier (Hg.), GG-Kommentar, Bd. 3, 2. Auflage, 2008, Art. 137 WRV Rn. 65 ff. – *von Campenhausen, Axel / de Wall, Heinrich*: Staatskirchenrecht, S. 177 ff. – *Albrecht, Christian* (Hg.), Wie viel Pluralität verträgt die Diakonie?, 2013.

Hans Michael Heinig

Meldewesen

Unter dem Begriff »Melderecht« werden herkömmlich diejenigen Rechtsnormen verstanden, die sich mit der staatlichen Erfassung, Speicherung, Verarbeitung und Weiterleitung sog. personenbezogener Einwohnerdaten befassen. So erfassen die Meldebehörden gemäß dem abschließenden Katalog des § 2 Abs. 1 MRRG u. a. den Vor- und Zunamen, den Tag und den Ort der Geburt, das Geschlecht, die Staatsangehörigkeit sowie Daten über Anschrift, Familienstand und Personalausweis/Pass. Das staatliche Datensammeln dient schlicht dem ordnungsrechtlichen Interesse des Staates an der Identifizierbarkeit seiner Bürger. Es beschränkt sich grundsätzlich auf diesen Zweck (vgl. § 1 MRRG). Daneben führen die Meldebehörden aber auch nach §§ 2 Abs. 1 Nr. 11, 4 Abs. 1 MRRG die »rechtliche Zugehörigkeit zu einer Religionsgesellschaft«. Dieses Kriterium interessiert den Staat nicht als persönliches »Milieukennzeichen«, sondern nur, um die grundrechtlich gewährte, religiöse Betätigung seiner Bürger zu schützen und zu fördern. Nach Art. 140 GG i. V. m. Art. 136 Abs. 3 WRV gehört es zur → Religionsfreiheit, dass niemand seine religiösen Überzeugungen offenbaren muss, weshalb der Staat dem Begriff der rechtlichen Zugehörigkeit eine formelle Interpretation zugrundelegt. Eine inhaltliche Bewertung und Zuordnung der subjektiven

Glaubenshaltung darf der Staat dagegen nicht vornehmen. Ihm geht es nur um den erklärten Mitgliedschaftswillen des Einzelnen und seiner Religionsgemeinschaft. Insoweit ist die gelegentliche Praxis der Melde- bzw. Kirchenaustrittsbehörden, undifferenziert nach der »Religion« statt der Mitgliedschaft in einer konkreten Religionsgemeinschaft zu fragen, unpräzise und hat die Gerichte vor eine Reihe von Auslegungsschwierigkeiten gestellt. Denn die Religionszugehörigkeit ist allein dann melderechtlich relevant, soweit von ihr Rechte und Pflichten abhängen oder eine gesetzlich angeordnete statistische Erhebung dies erfordert. Jede weitere Erfassung der Religionszugehörigkeit ist untersagt. Zur ersten Ausnahme zählt das Recht der öffentlich-rechtlich verfassten Religionsgemeinschaften zur Erhebung von → Kirchen- bzw. Kultussteuern, aber auch Rechte und Pflichten im Zusammenhang mit dem konfessionellen → Religionsunterricht, im Familien- und Vormundschaftsrecht oder im Bereich der Anstaltsseelsorge (→ Seelsorge), die allesamt auch aus der Mitgliedschaft in privatrechtlich organisierten Religionsgemeinschaften entstehen. Die rechtlich unerhebliche Identifikation mit einer Religion an sich wird in diesem Zusammenhang jedoch nicht erfasst, weil von ihr auch keine Rechte und Pflichten abhängen. Die zweite Ausnahme stellen statistische Zwecke dar (vgl. §§ 1, 2 Abs. 1, 4 Nr. 3 Bevölkerungsstatistikgesetz): Da es nur um ein repräsentatives und prognosesicheres Querschnittsbild der religiösen Betätigung der Bürger geht, stellt die rein informatorische Erfassung der Zugehörigkeit keinen unzumutbaren Eingriff in die Religionsfreiheit dar. Soweit die Angabe freiwillig erfolgt, darf der Staat hier auch nach der Zugehörigkeit zu einer nicht-korporierten Religion wie etwa dem Islam fragen.

Der Staat hat die Meldedaten seiner Bürger zu schützen, weshalb er sie nur ausnahmsweise beim Vorliegen eines berechtigten Interesses gegenüber Dritten preisgibt. Die öffentlich-rechtlichen Religionsgemeinschaften gehören zwar nicht zum staatlichen Behördenapparat, aber sie haben ein qualifiziertes Interesse an den erhobenen Meldedaten, weil sie so ihre Mitglieder identifizieren, mit ihnen in Kontakt treten, ihre Kirchenbücher führen und Kirchensteuern erheben können. Mit § 19 MRRG wurde daher eine Regelung getroffen, nach der die öffentlich-rechtlichen Religionsgemeinschaften gegenüber den Meldebehörden einen begrenzten Übermittlungsanspruch derjenigen Datensätze ihrer Mitglieder (und ihrer Familienangehörigen) haben, die für ihre Aufgabenwahrnehmung erforderlich sind. Den Familienangehörigen steht dabei ein Widerspruchsrecht (Übermittlungssperre) zu. Der Informationsanspruch, der häufig zusätzlich staatskirchenvertraglich abgesichert ist, setzt allerdings voraus, dass die oberste Datenschutzbehörde ausreichende Datenschutzmaßnahmen bei den öffentlich-rechtlichen Religionsgemeinschaften feststellt. Dazu haben die beiden großen Kirchen in Deutschland jeweils ein eigenes Datenschutzrecht (Datenschutzgesetz der Evangelischen Kirche in Deutschland vom 12.11.1993; Anordnung über den kirchlichen Datenschutz in den Diözesen der Katholischen Kirche vom 22.10.2003) erlassen (→ Datenschutz).

Literatur: *Medert, Klaus M. / Süßmuth, Werner*: Melderecht des Bundes und der Länder, Teil I: Bundesrecht, Stuttgart, Loseblattsammlung (Stand: 30. Ergänzungslieferung Mai 2012), insb. Einführung und Kommentierungen zu §§ 2, 19 MRRG – *Lorenz, Dieter*: Personenstandswesen. Meldewesen. Datenschutz, in: HdbStKirchR I, S. 717–742 – *von Campenhausen, Axel / de Wall*, Heinrich: Staatskirchenrecht, S. 289–299.

Johannes Kuntze

Moscheebau

Religion als kollektives Phänomen verlangt nach Riten und nach Orten kollektiver Selbstvergewisserung und -repräsentation. Antike Tempel, germanische Ritualstätten, ägyptischer und südamerikanischer Pyramidenbau, buddhistische Schreine, islamische Moscheen, jüdische Synagogen und christliche Kirchen bezeugen dies weltweit. Religiöse Stätten sind dabei gleichermaßen Ausdruck öffentlichen Glaubensbekenntnisses wie sie Zeugnis ablegen von der Leistungsfähigkeit eines religiösen Kollektivs, in der sich ein Anspruch auf gesellschaftliche Relevanz dokumentiert.

Vor diesem Hintergrund ist mit dem Anwachsen muslimischer Bevölkerungsteile in vielen deutschen Städten die Errichtung von Moscheen (und Minaretten) betrieben worden. Während etwa die Moscheebauten in Köln und Duisburg von teils massiven politischen Protesten begleitet wurden, gelang der Bau islamischer Kultstätten zum Beispiel im bayerischen Penzberg nahezu komplikationslos. Neben unterschiedlichen Kommunikationsstrategien im Vorfeld mögen im Einzelfall auch architekturästhetische Gründe der konkreten Gebäudegestalt eine Rolle spielen.

Den kulturellen Kern des Konflikts um den Moscheebau bildet der Anspruch auf gesellschaftliche Präsenz, soziale Dauerhaftigkeit und Relevanz des durch die Moschee verkörperten Glaubens. Durch ihn fühlen sich die

Anhänger einer längst vergangenen, religiös homogenen Gesellschaft herausgefordert und provoziert. Die Einrichtung von islamischen Gebetsstätten schien nämlich jedenfalls solange kein gesellschaftliches Problem zu sein, wie diese sich auf Hinterhöfe und Industriegebiete beschränkte.

Verfassungsrechtlich ist zweifelsfrei, dass das Errichten von Moscheen von der (kollektiven) → Religionsfreiheit des Art. 4 Abs. 1 GG gedeckt ist: Sie schützt gerade auch das »forum externum«, das das Leben und Handeln nach den Glaubensgrundsätzen schützt. Dabei zielt die Garantie des Art. 4 Abs. 1 GG auf die Gewährleistung »gleicher Freiheit« (*S. Gosepath*), also auf Teilhabeparität aller Religionen (→ Gleichbehandlung, → Neutralität). Der Bau einer Moschee unterliegt also den gleichen Voraussetzungen wie der Bau einer christlichen Kirche, einer Synagoge oder eines buddhistischen Tempels. Weder gilt anderes, noch gilt strengeres Recht.

In dem Versuch, der verfassungsrechtlichen Eindeutigkeit auszuweichen, verlagern sich rechtliche Kontroversen um den Moscheebau regelmäßig auf die Ebene unterhalb der Verfassung, namentlich in den Bereich des öffentlichen Baurechts. Dort bilden unbestimmte Rechtsbegriffe die Ansatzpunkte für den Versuch einer religiös-mehrheitsgesellschaftlichen Einfärbung des Baurechts, über die ein Moschee-, bisweilen aber auch nur ein Minarettbau zu verhindern versucht wird. Dem sind die Gerichte frühzeitig mit dem Hinweis entgegen getreten, dass das Baurecht nicht dem Milieuschutz diene. Das bedeutet, dass der Bau sowie die Gestaltung einer Moschee nicht deswegen baurechtlich unzulässig sind, weil sie nicht der herrschenden Bauästhetik oder der mehrheitsgesellschaftlichen Religionskultur entsprechen. Vielmehr verlangt das öffentliche Baurecht gerade die Berücksichtigung der kulturellen Bedürfnisse der Bevölkerung insgesamt, § 1 Abs. 6 Nr. 3 BauGB. Dazu zählen auch die religiösen Bedürfnisse solcher Religionsgemeinschaften, die nicht die Mehrheitsgesellschaft repräsentieren. Dementsprechend sind auch die Vorschriften der Baunutzungsverordnung zu interpretieren, die in praktisch allen Baugebieten Anlagen für »kirchliche Zwecke« (mindestens ausnahmsweise) zulassen. Der Begriff der »kirchlichen Zwecke« im Sinne dieser Vorschriften ist aufgrund der verfassungsrechtlich gebotenen Neutralität des Staates weit auszulegen, so dass Anlagen erfasst werden, die religiösen Zwecken dienen, unabhängig davon, ob die Religionsgemeinschaft eine Kirche im statusrechtlichen Sinne ist.

Entsprechendes gilt im Immissionsschutzrecht für den Muezzinruf, der entgegen einer in der rechtwissenschaftlichen Literatur vertretenen Auffassung nicht wesentlich anderen Anforderungen als das christliche Glockengeläut unterliegt.

Literatur: *Stoop, David*: Recht fremd – Moscheebau, Baurecht und Leitkultur, Forum Recht 2009, S. 52–53 – *Guntau, Burkhard*: Der Ruf des Muezzin in Deutschland – Ausdruck der Religionsfreiheit?, ZevKR 43 (1998), S. 396–386 – *Muckel, Stefan / Tillmanns, Reiner*: Die religions-verfassungsrechtlichen Rahmenbedingungen des Islam in Deutschland, in: Muckel (Hg.), Der Islam im öffentlichen Recht des säkularen Verfassungsstaats, 2010, S. 254–256.

Julian Krüper

Neutralität

Die Verpflichtung des Staates zu religiös-weltanschaulicher Neutralität ist im Grundgesetz nicht ausdrücklich ausgesprochen. Sie ergibt sich aber zwingend aus einer Zusammenschau der religionsrechtlichen Bestimmungen der Verfassung, insbesondere aus der Pflicht zur → Gleichbehandlung der Religionen und Weltanschauungen und dem Verbot der Staatskirche (Art. 140 GG i. V. m. Art. 137 Abs. 1 WRV, → Trennung). Der Neutralitätsgrundsatz ist ein zentraler Baustein im Verhältnis von Staat und Religionen.

Der Staat des Grundgesetzes ist – nach einer Formulierung des Bundesverfassungsgerichts – »Heimstatt aller Bürger«, unabhängig von ihrem Glauben oder Unglauben. Ihm selbst ist es verwehrt, sich mit einer bestimmten Religion oder Weltanschauung inhaltlich zu identifizieren (Grundsatz der Nichtidentifikation). Mehr noch: Er besitzt weder Kompetenz noch Maßstäbe, Glaubensinhalte zu bewerten oder zu Glaubensfragen Stellung zu nehmen. Der Staat ist gewissermaßen »ekklesiologisch farbenblind« (*Hans Barion*). Neutralität bedeutet insofern Unparteilichkeit in Fragen der Religion und Weltanschauung.

Eine solche Neutralität lässt sich grundsätzlich in zweierlei Weise verwirklichen: als negative bzw. distanzierende Neutralität, indem der Staat von allen Religionen und Weltanschauungen gleichermaßen Abstand wahrt, und als positive bzw. respektierende Neutralität, indem er ihnen allen gleichermaßen Raum gewährt. So entspricht es beispielsweise der negativen Neutralität, religiös motivierte Bekleidung von Lehrern (→ Kopftuch) insgesamt zu untersagen, der positiven Neutralität hingegen, sie gleichmäßig zuzulassen. Positive und negative Neutralität ergänzen einander. Welche Form jeweils am Platze ist, ergibt sich aus dem Sachzusammenhang. Der negativen Neutralität kommt dabei kein Vorrang zu. Im Gegenteil gebieten die → Religionsfreiheit (Art. 4 Abs. 1, 2 GG) und das → Selbstbestimmungsrecht (Art. 140 GG i. V. m. Art. 137 Abs. 3 WRV), den Bürgern und den Religionsgemeinschaften die Entfaltung und Betätigung ihres Glaubens zu ermöglichen. Hier besteht die staatliche Neutralität darin, die unterschiedlichen Glaubensüberzeugungen in ihrer Verschiedenheit entsprechend ihrem jeweiligen Selbstverständnis zu berücksichtigen. Dies geschieht etwa im staatlichen → Religionsunterricht. Distanzierende Neutralität hingegen ist dort geboten, wo staatliche Funktionen ausgeübt, die demokratische Willensbildung organisiert und der für alle Religionen geltende Rechtsrahmen definiert werden (→ Kompetenzen).

Das Neutralitätsgebot steht einer Kooperation von Staat und Religionsgemeinschaften nicht entgegen. Vielmehr hat der Staat bei der Zusammenarbeit mit Religionsgemeinschaften seine Neutralität zu wahren, insbesondere durch Gleichbehandlung und Nichtidentifikation.

Die staatliche Neutralitätsverpflichtung gilt auch gegenüber Atheismus und Agnostizismus. Die Religionslosigkeit ist in Deutschland nicht Staatsreligion; auch mit ihr darf sich der Staat nicht identifizieren. Der → Laizismus findet darum keine Stütze im Neutralitätsgrundsatz, sondern widerspricht ihm sogar.

Literatur: *Heckel, Martin*: Religionsfreiheit, in: ders., Gesammelte Schriften, Bd. 4, 1997, S. 647 (773 ff.) – *Heinig, Hans Michael*: Verschärfung der oder Abschied von der Neutralität?, JZ 2009, 1136–1140 – *Huster, Stefan*: Die ethische Neutralität des Staates, 2002.

Christian Traulsen

Öffentlichkeitsauftrag

»Öffentlichkeitsauftrag« ist ein Begriff, der in erster Linie auf eine theologisch zu erfassende Dimension des Auftrags der christlichen Kirchen verweist. Hieraus ergeben sich rechtliche Konsequenzen für das sich im Rahmen des Religionsverfassungsrechts des Grundgesetzes im öffentlichen Bereich vollziehende kirchliche Handeln.

Aus theologischer Sicht ergibt sich der Öffentlichkeitsauftrag aus dem Tauf- und Missionsbefehl Jesu Christi aus Matthäus 28,18–20. Die christliche Botschaft ist öffentlichkeitsbezogen. Das Evangelium ist keine wirklichkeitsferne Heilsbotschaft. Seine Verkündigung findet innerhalb der weltlichen Ordnung und für sie statt. Öffentliches Predigen und Wirken gehören zum Christentum zwingend dazu. Dies geschieht allerdings nicht nur durch Worte, sondern auch durch Werke in Form öffentlich sichtbaren Handelns, also etwa auch durch diakonische Tätigkeit (→ Diakonie). Der sich auf den so verstandenen Verkündigungsauftrag der Kirche gründende, auf die aktive Tätigkeit innerhalb der weltlichen Öffentlichkeit gerichtete Öffentlichkeitsauftrag wird wiederum durch den Verkündigungsauftrag begrenzt. Das gesellschaftliche Engagement der Kirche muss stets als kirchliche Lebensäußerung erkennbar bleiben. Wichtige Bedeutung für das Handeln der Kirche in der Gesellschaft hat dem entsprechend im Bereich der Evangelischen Kirche die 6. These der »Barmer Theologischen Erklärung« von 1934 erlangt. In ihr wird festgestellt: »*Der Auftrag der Kirche, in welchem ihre Freiheit gründet, besteht darin, an Christi Statt und also im Dienst seines eigenen Wortes und Werkes durch Predigt und Sakrament die Botschaft von der freien Gnade Gottes auszurichten an alles Volk.*« Mit diesen Formulierungen ist gegen den Totalitätsanspruch der nationalsozialistischen Staatsideologie der Grundstein gelegt für die in der Nachkriegszeit einsetzende Anerkennung des öffentlichen Wirkens der Kirchen. Diese Anerkennung folgt der Einsicht des Kirchenkampfes, dass die christliche Gemeinde sich nicht vom öffentlichen Geschehen absondern kann, sondern in ihm eine Verantwortung für die Gesamtheit wahrzunehmen hat.

In der Rechtsordnung unter dem Grundgesetz hat der kirchliche Öffentlichkeitsauftrag Niederschlag gefunden in einer Reihe von Staatskirchenverträgen von Bundesländern mit Landeskirchen (→ Verträge), erstmalig in der Präambel des Niedersächsischen Kirchenvertrages vom 19. März 1955 in der sog. »Loccumer Formel«. Danach lag dem Vertragsschluss zwischen Staat und Kirche die »Übereinstimmung über den Öffentlichkeitsauftrag der Kirchen und ihre Eigenständigkeit« zugrunde. Die rechtliche Grundlegung des Öffentlichkeitsauftrags der Kirchen und anderer Religionsgemeinschaften folgt in Deutschland heute aus den dem Religionsverfassungsrecht zugrunde liegenden Normen des Grundgesetzes. → Religionsfreiheit (Art 4 GG), kirchliches → Selbstbestimmungsrecht (Art. 140 GG i. V. m. 137 Abs. 3 WRV) und der Grundsatz der → Trennung von Staat und Kirche (Art. 140 GG i. V. m. 137 Abs. 1 WRV) bilden zusammen mit dem Grundsatz der Meinungsfreiheit (Art. 5 Abs. 2 GG) die rechtliche Basis für den Öffentlichkeitsauftrag.

So ist gewährleistet, dass die Kirchen ihrem Selbstverständnis gemäß frei in der Öffentlichkeit wirken können. Dem dient der Umstand, dass das Grundgesetz keine strikte Trennung von Staat und Kirche in einem laizistischen Sinn etabliert. Das Religionsverfassungsrecht des Grundgesetzes enthält vielmehr eine klare Absage an ein System des → Laizismus, dessen Konsequenz es wäre, Re-

ligion auf den Bereich des Privaten zu beschränken in der
falschen Annahme, dass der Staat auf diese Weise seiner →
Neutralität gerecht werden könnte. Laizismus ist aber
eben nicht ein Synonym für staatliche Neutralität. Die
Rechtsordnung des Grundgesetzes erweist sich demgegenüber vielmehr dadurch als neutral, dass in ihr die
Staatsbürger die Möglichkeit haben, ihre religiös-weltanschaulichen Überzeugungen – unbeeinflusst vom Staat –
auch im öffentlichen Leben soweit wie möglich zur Geltung zu bringen.

Literatur: *Rat der Evangelischen Kirche in Deutschland*: Das
rechte Wort zur rechten Zeit. Eine Denkschrift zum Öffentlichkeitsauftrag der Kirche, 2008 – *Reuter, Hans-Richard*: Öffentlichkeitsauftrag der Evangelischen Kirche, in: RGG VI, Sp. 491–
493 – *Klostermann, Götz / Barth, Hermann*: Art. Öffentlichkeitsanspruch der Kirche, in: EvStL, Sp. 1661–1663.

Christoph Thiele

Parochialrecht

Im → Staatskirchenrecht versteht man unter Parochialrecht das vom Staat anerkannte Recht einer Religionsgemeinschaft, ihr Mitgliedschaftsrecht (→ Kirchenmitgliedschaft) so auszugestalten, dass Bekenntnisangehörige durch Wohnsitznahme im jeweiligen Territorium von
selbst Mitglied in ihr selbst oder einem ihrer Teilverbände
werden, ohne dass es einer Beitrittserklärung bedarf. Diesem Grundprinzip folgt auch das Angehörigkeitsrecht
öffentlich-rechtlicher Gebietskörperschaften. Es ist also
typisch für öffentlich-rechtliche Rechtspersönlichkeiten
und dem privaten Gesellschaftsrecht grundsätzlich fremd.
Jedoch zeigt schon der Wortstamm des Begriffs, dass er

dem kirchlichen Recht entstammt: Das aus dem Griechi-
schen abgeleitete lat. Wort ›parochia‹ verbreitete sich in
frühchristlicher Zeit als Bezeichnung für die einem bestimmten Bischof zugeordnete christliche Gemeinde, also
die christliche Gemeinde innerhalb eines örtlichen Seel-
sorgebezirks der Weltkirche. Schon früh bildete sich die
Tradition, die Gläubigen einem solchen Seelsorgebezirk
nach ihrem Wohnsitz zuzuordnen, und dem lokalen Seelsorger das alleinige Recht zur seelsorgerischen Betreuung
dieser Gläubigen (insbes. zur Vornahme von Amtshandlungen an ihnen) einzuräumen (Parochialrecht im *kirchenrechtlichen Sinn*, bis heute prägender Grundsatz des
ev. und röm.-kath. Kirchen- bzw. Pfarrgemeinderechts,
→ Kirchengemeinde). Zugleich führte die Entwicklung
des Christentums zur Staatskirche (→ Staatskirchentum)
dazu, dass die Mitgliedschaft in einem politischen Verband (Gemeindebürgerrecht, u. s. w.) mit der Zugehörigkeit zu einer bestimmten Religion bzw. Konfession ein-
herging. Deshalb lag es nahe, das in diesem geschichtlichen Stadium ohnehin nur bedingt voneinander
abgrenzbare »staatliche« und »kirchliche« Mitgliedschaftsrechts parallel zu konstruieren.

Die Zuordnung von Kirchen(gemeinde)mitgliedern
nach dem Parochialprinzip blieb staatlich anerkannt, auch
als sich im 19. Jahrhundert staatliche und kirchliche Verbände auseinanderzuentwickeln begannen. Sie blieb so
über das Ende des 19. Jahrhunderts hinaus ein Aspekt der
staatsähnlichen Organisation der großen Kirchen. Daher
gilt das Parochialrecht heute als eine der Befugnisse, um
derentwillen den Kirchen trotz ihrer Lösung vom Staat
1919 der Status als »öffentlich-rechtliche Körperschaft«
erhalten bleiben sollte (Art. 137 Abs. 5 WRV, heute i. V. m.
Art. 140 GG), und das deshalb all solchen und nur solchen

Religionsgesellschaften zusteht, die Körperschaften des öffentlichen Rechts sind (→ Körperschaftsstatus). Diesen steht es frei, es zu nutzen oder darauf zu verzichten. Während verschiedene kleinere Gemeinschaften es nicht in Anspruch nehmen und die Mitgliedschaft an einen willentlichen Beitrittsakt knüpfen, machen die mitgliederstärksten, traditionellen korporierten Religionsgemeinschaften, darunter insbesondere die röm.-kath. Diözesen, die ev. → Landeskirchen und viele jüdische Gemeinden, von ihm Gebrauch (so umfasst z. B. gem. can. 372 § 1 CIC/1983 eine Diözese alle in ihrem Gebiet wohnenden Gläubigen; gem. § 8 S. 1 des KMG.EKD setzt sich die Kirchenmitgliedschaft bei einem Umzug von einer Gliedkirche der EKD in die andere grundsätzlich in der Gliedkirche des neuen Wohnsitzes fort). Dabei sehen sie jedoch inzwischen verschiedene Lockerungen (z. B. die Möglichkeit zur Umgemeindung oder das Recht auf rückwirkenden Widerruf der Mitgliedschaft) vor.

Dies rührt auch daher, dass im Recht unter dem Grundgesetz die → Religionsfreiheit und die (negative) Vereinigungsfreiheit zu beachten sind, die nicht nur die an das Mitgliedschaftsrecht anknüpfende, mit staatlichem Zwang durchgesetzte Kirchensteuerpflicht einschränken, sondern als grundlegende Wertentscheidungen der Verfassung auch im Verhältnis zwischen Religionsgemeinschaften und Gläubigen (mittelbare) »Drittwirkung« entfalten. Daher wird das Parochialrecht heute eingeschränkter ausgelegt als es historisch der Fall war: Der Staat erkennt nur solche kirchenrechtlichen Mitgliedschaftsregelungen an, deren Tatbestand so interpretiert werden kann, dass die Mitgliedschaft dem Willen der Betroffenen entspricht (vgl. nur BVerfGE 19, 206 [217]; BVerfGE 30, 415 [423]). In welcher Form sich dieser Wille manifestieren muss, ist noch nicht abschließend geklärt. Fest steht, dass nach wie vor keine ausdrückliche Beitrittserklärung nötig ist. Jedoch genügt der jüngeren Rechtsprechung zufolge die bloße Angabe der Religions- bzw. Konfessionszugehörigkeit im Formular des Einwohnermeldeamts nicht mehr, solange sie sich nicht klar auf die Mitgliedschaft in einer konkreten, organisatorisch verfassten Religionsgemeinschaft bezieht (anders noch BFHE 172, 570). Es soll aber ausreichen, dass der Betroffene einmal einer Religionsgemeinschaft freiwillig beigetreten ist, wenn das Recht eines gemeinsamen Oberverbandes oder eine Vereinbarung zwischen aufnehmender und abgebender Religionsgemeinschaft bestimmt, dass die Mitgliedschaft durch Umzug auf die Gemeinschaft des neuen Wohnsitzes übergeht. In diesem Fall bringe der (freiwillige) Beitritt zur ursprünglichen Gemeinschaft das Einverständnis mit dem Übergang der Mitgliedschaft zum Ausdruck (BVerwG, Urteil v. 23.9.2010, NVwZ-RR 2011, 90).

Literatur: *Magen, Stefan*: Körperschaftsstatus und Religionsfreiheit, 2004, S. 92f. – *Rausch, Rainer*: Art. Parochialsystem, LKStKR III, S. 145f. – *de Wall, Heinrich / Muckel, Stefan*: Kirchenrecht, § 29.

Renate Penßel

Patronat

Unter Patronat wird grundsätzlich das Rechtsverhältnis zwischen einer → Kirchengemeinde und ihrem Patron verstanden. Es wurde ursprünglich durch Errichtung oder Stiftung einer Kirche begründet (→ Kirchengebäude); nach → Kirchenrecht ist es ein dem Stifter einer Kirche zustehendes Sonderrecht (Privileg). Im Gegenzug unterhielt der Patron die Kirche und die damit verbundene Pfarrstelle. Das Recht der Patronate gehört gleichermaßen dem öffentlichen wie dem privaten Recht an. In keinem Zusammenhang mit dem kirchenrechtlichen Patronat steht ein gleichnamiger Terminus des Gesellschaftsrechts (Patronatserklärung).

Bei dem Patronat handelt es sich um den letzten Rest des mittelalterlichen Eigenkirchenwesens. Das »germanische Eigenkirchenwesen« fand in der kirchenrechtlichen Forschung um 1900 besondere Aufmerksamkeit, da hier ein Vorläufer der von Rom unabhängigen Kirche gesehen wurde. Danach war mit dem Eigentum an einem Grundstück auch Eigentum an den dort befindlichen Kirchen verbunden. Seit dem *Decretum Gratiani* (1140) wurden die Rechte der Laien aus dem Patronat zunehmend eingeschränkt. Unter Papst *Alexander III.* (1100–1181) wurde das Patronat gänzlich der kirchlichen Gewalt unterstellt.

Nach katholischem Kirchenrecht wird zwischen Laienund geistlichem Patronat unterschieden. Geistlicher Patron kann ein Bischof oder eine Ordensgemeinschaft sein. Auch das Laienpatronat kann von einer Körperschaft wahrgenommen werden, etwa einer Universität. Die Reformation war auf die Patronate, abgesehen von dem Wegfall der Unterscheidung von geistlichem und Laienpatronat, ohne Einfluss. Geistliche Patronate, etwa von Ordensgemeinschaften, wurden meist von den Städten übernommen.

Ein grundlegender Unterschied besteht zwischen persönlichem und dinglichem Patronat; das im deutschen Sprachraum vorherrschende dingliche Patronat ist mit dem Eigentum am Grundstück verbunden. Der Patron war verpflichtet, den Geistlichen zu finanzieren und die

→ Baulast der Kirche zu tragen; der Umfang richtete sich nach der Gestaltung als lastenpflichtiges oder lastenfreies Patronat. Bei der Besetzung von Pfarrstellen kam dem Patron ein Mitspracherecht zu; oft durften der Patron und seine Familienangehörigen in der Kirche oder an einem anderen bevorzugten Ort begraben werden und besaßen einen hervorgehobenen Platz in der Kirche (Kirchenbankrecht). Das Patronat zählte aufgrund seiner Erwerbsform (Verleihung) zu den wohlerworbenen Rechten und war vererbbar. Zahlreiche Patronate fielen im Laufe ihres Bestehens an den Staat (Inkorporation), insbesondere auch nach dem Säkularisierungsschub durch den → Reichsdeputationshauptschluss (1803).

In ländlichen Gebieten, insbesondere der preußischen Provinzen Ostpreußen, Pommern, Schlesien und Brandenburg sowie Mecklenburg, war das Patronat des Grundherren bis in das 20. Jahrhundert hinein häufig anzutreffen. Zusammen mit der bis 1918 bestehenden Ortspolizei und dessen militärischen Funktionen sowie der in Preußen bis 1849 bestehenden Patrimonialgerichtsbarkeit führte dies zu einer herausragenden Machtposition des Gutsherren, in der ein Grund für die vermeintliche politische Rückständigkeit Deutschlands im 19. Jahrhundert gesehen wird (Deutscher Sonderweg); tatsächlich war die wirtschaftliche Bedeutung der Gutsbesitzer in stetem Rückgang, was die Bedeutung des Patronats für das örtliche kirchliche Leben keinesfalls minderte. Sonderformen des Patronats bestanden bis 1918 in der sächsischen Oberlausitz (Sonderrechte der Stände bei der Besetzung von Pfarrstellen, eigene Kirchenverwaltung) und bei den Grafen von Stolberg im Harz (eigenes Konsistorium). Die zahlreichen Kirchenstiftungen im Kaiserreich, insbesondere durch die Kaiserin *Auguste Viktoria*, aber auch andere Landesfürsten begründeten keine kirchenrechtlichen Patronate; deren Zahl war seit dem 19. Jahrhundert rückläufig. Zunehmend wurde aus finanziellen Gründen die Ablösung von Patronaten erstrebt. Das 1900 in Kraft tretende BGB beließ die landesrechtlichen Bestimmungen zu Patronaten, Pfründen und Kirchenstuhlrechten ausdrücklich in Geltung (»unberührt«; Art. 80, 133 EGBGB).

Nach 1918 wurden bei unveränderter Rechtslage keine Patronate mehr begründet. Gleichwohl bestanden im gesamten Deutschen Reich ungefähr 1500 Patronate; hinzu kamen einzelne staatliche. Teilweise waren sie mit erheblichen Lasten für den Patron verbunden. Ihre dauerhafte Ablösung wurde aus unterschiedlichen Gründen in Weimarer Republik (Art. 83 Preußische Verfassung 1920) und Nationalsozialismus diskutiert. Doch erst nach 1945 beseitigten äußere Einflüsse wie die Vertreibung der evangelischen Bevölkerung aus Ostdeutschland und die Bodenreform in Mitteldeutschland faktisch eine Vielzahl von Patronaten. Zu einer formellen Abschaffung kam es nicht; insbesondere bei dinglichen Patronaten war sie nicht möglich, da das Patronatsrecht mit dem Grundeigentum verknüpft war. Die verbliebenen Patronatsrechte in Westdeutschland wurden zurückhaltend ausgeübt (bis heute etwa das Patronat des jeweiligen Oberbürgermeisters über die Marktkirche Hannover) und beschränkten sich meist auf die Baulast. So unterhält die Stadt Frankfurt am Main bis heute acht innerstädtische Kirchen (Dotationskirchen) und deren Glocken (Frankfurter Stadtgeläute). Einzelne Landeskirchen kehrten von der Patronatsverfassung ab (Evangelisch-reformierte Kirche). Nach der Wiedervereinigung gab es in den Landeskirchen der ehemaligen DDR, in der die Patronate formal nie aufgehoben wurden, keine einheitliche Praxis; einzelne Landeskirchen (Berlin-Brandenburg, Provinz Sachsen) gingen vom Ende dieser Rechtsverhältnisse aus, teilweise wurde dies ausdrücklich in Kirchenverträgen festgestellt (vgl. Art. 12 Abs. 1 EvKiStV Sachsen). In anderen Landeskirchen, insbesondere Mecklenburg und Pommern, wurde von zahlreichen Kirchengemeinden der Wunsch geäußert, im Einzelfall Patronatsverträge wieder aufleben zu lassen.

Eine große Baulast an historischen Kirchengebäuden und ein Rückgang der Kirchenmitglieder lassen Elemente des Patronatswesens wieder anschlussfähig an die Gegenwart erscheinen. Auch unter dem Gesichtspunkt der Laienbeteiligung wird das Patronat heute betrachtet. Grundsätzlich ist es eine kirchenrechtliche Herausforderung des 21. Jahrhunderts, rechtliche Formen für ein Patronat in einer Bürgergesellschaft zu finden.

Literatur: *Sperling, Eberhard*: Zur Rechtslage der Patronate, ZevKR 21 (1976), S. 244–265 – *Wehler, Hans-Ulrich*: Deutsche Gesellschaftsgeschichte, Bd. 1: 1700–1815, 1996, S. 145, 272 – *Conze, Eckart*: Von deutschem Adel, 2003, S. 109–129 – *Otte, Hans*: Fürsorge oder Selbstbestimmung? Das Patronat in der hannoverschen Landeskirche, ZevKR 56 (2011), S. 405–429.

Martin Otto

Pfarrerdienstrecht / Pfarrerbesoldung

I. Das in den Landeskirchen und in der EKD geltende Pfarrerdienstrecht lehnt sich inhaltlich in Aufbau und Systematik eng an die staatlichen Beamtengesetze an und regelt die Rechte und Pflichten der im Pfarrdienst der → Landeskirchen und der EKD stehenden Pfarrer.

II. Die Rechtssetzungskompetenz für das Pfarrerdienstrecht liegt allein in den Händen der Landeskirchen und ihren gliedkirchlichen Zusammenschlüssen, der VELKD (Vereinigte Ev.-Luth. Kirche Deutschlands) und der UEK (Union evangelischer Kirchen) sowie der EKD. Letztere darf im Bereich des Pfarrerdienstrechts, welches bis November 2010 noch nicht einheitlich durch Kirchengesetz für alle Gliedkirchen geregelt war, mit Wirkung für die Gliedkirchen gesetzgeberisch tätig werden, sofern diese dem Kirchengesetz bis zum 31.12.2012 zugestimmt haben. Das Kirchengesetz zur Regelung der Dienstverhältnisse der Pfarrerinnen und Pfarrer in der Evangelischen Kirche in Deutschland (Pfarrdienstgesetz der EKD – PfDG.EKD vom 10. November 2010) stellt nach Erklärung der gliedkirchlichen Zustimmung einen allgemeinverbindlichen Rahmen für die Gliedkirchen dar, den diese im Rahmen der im Gesetz angelegten Öffnungsklauseln eigenständig durch Ergänzungs- und Ausführungsgesetze zum Pfarrerdienstrecht ausfüllen dürfen. So bleiben gliedkirchliche pfarrdienstrechtliche Besonderheiten, etwa was die Verpflichtung auf das jeweilige gliedkirchliche Bekenntnis angeht oder die Ordination, erhalten, ohne dass das primäre Ziel des PfDG.EKD, eine Rechtsvereinheitlichung auf dem Gebiet des Pfarrdienstrechts unter den einzelnen Gliedkirchen herzustellen, verloren geht. Der Staat hat diesbezüglich keine Mitwirkungsrechte, denn es handelt sich um eine eigenständige Angelegenheit der Kirchen, wie Art. 137 Abs. 3 WRV formuliert. Für diese Angelegenheiten gesteht die Verfassung den Religionsgemeinschaften gegenüber ein umfassendes → Selbstbestimmungsrecht zu (Art. 140 GG i.V.m. Art. 137 Abs. 3 WRV), vorbehaltlich der Einhaltung der für alle geltenden Gesetze (→ Ämterfreiheit).

Daneben erkennt Art. 140 GG i.V.m. Art. 137 Abs. 5 WRV den Religionsgesellschaften den Status einer Körperschaft des öffentlichen Rechts zu. Der → Körperschaftsstatus ist u. a. durch die Dienstherrenfähigkeit gekennzeichnet, also durch das Recht, (Kirchen-) Beamtenverhältnisse und Pfarrerdienstverhältnisse unter Ausschluss des Arbeits- und Sozialrechts zu begründen (→ Kirchenbeamte). Da es sich bei diesen Dienstverhältnissen jedoch ebenso wie bei angestellt Tätigen um soziale und finanzielle Abhängigkeitsverhältnisse handelt, sind die Kirchen in deren Ausgestaltung nicht völlig frei. Man spricht insofern vom »dienstrechtlichen Typenzwang«, als die Kirchen mit Blick auf die auch für sie geltenden allgemeinen Gesetze einen Mindeststandard an sozialem Schutz und Fürsorge zu leisten verpflichtet und somit an einen Kernbestand typusprägender Grundsätze des öffentlichen Dienstrechts gebunden sind – etwa das Lebenszeitprinzip oder den Alimentationsgrundsatz. Die Landeskirchen sind zudem durch zahlreiche Staatskirchenverträge (→ Verträge) die Verpflichtung eingegangen, den Pfarrdienst als öffentlichen Dienst, d. h. in Anlehnung an das staatliche Beamtenrecht auszugestalten. Auf dieser Grundlage sind Dienstzeiten im staatlichen und kirchlichen Dienst grundsätzlich wechselseitig anerkennungsfähig.

III. In § 2 Abs. 1 PfDG.EKD wird das Pfarrdienstverhältnis definiert als »kirchengesetzlich geregeltes öffentlich-rechtliches Dienst- und Treueverhältnis zu der Evangelischen Kirche in Deutschland, den Gliedkirchen oder gliedkirchlichen Zusammenschlüssen (Dienstherren)«. Es wird in der Regel auf Lebenszeit begründet. Das Pfarrerdienstrecht statuiert neben allgemeinen Rechten und Pflichten, die denen der staatlichen Beamten ähnlich sind (Verschwiegenheits- und Treuepflichten, Recht auf Alimentation, Schutz und Fürsorge durch den Dienstherrn) auch Pflichten, welche das besondere Dienstverhältnis als Pfarrer kennzeichnen und über die Pflichten eines staatlichen Beamten hinaus gehen (z. B. Residenz- und Präsenzpflicht, Restriktionen für die Übernahme von Nebentätigkeiten und politischen Ämtern, besondere Verhaltenspflichten in Amts- und Lebensführung [Ehe und Familie], in Gemeinde und Kirche und in der Öffentlichkeit, Verfahren mangels gedeihlichen Wirkens in einer Gemeinde mit der Rechtsfolge des Wartestandes). Die Dienstaufsicht über die Pfarrer, die von Zeit zu Zeit von Landesbischof und Superintendenten visitiert werden, führt die oberste kirchliche Verwaltungsbehörde (Konsistorium bzw. Landeskirchenamt). Zum Pfarrdienstrecht i. w. S. gehört auch das kirchliche Disziplinarrecht, das sich an die entsprechenden staatlichen Regelungen anlehnt. Begründet werden die besonderen Pflichten des Pfarrers mit der Ganzheitlichkeit und Besonderheit des pfarramtlichen Dienstes, der das private und familiäre Leben und Verhalten mit umfasst und die Glaubwürdigkeit des Predigtamtes gewährleistet.

Den besonderen Pflichten des Pfarrers stehen besondere Rechte gegenüber, wie z. B. der Grundsatz der Unversetzbarkeit (der freilich gewisse Durchbrechungen kennt) und eine große Freiheit und Unabhängigkeit in der Ausübung des Amtes, die ihre Grenze mangels eines einheitlichen Lehramtes in der evangelischen Kirche lediglich in Schrift und Bekenntnis findet. Für aus dem Pfarrdienst resultierende Lehrstreitigkeiten kennt das evangelische Kirchenrecht ein besonderes Verfahren jenseits der dienstrechtlichen Disziplinargewalt.

Sinn und Zweck des als Lebensdienstverhältnis ausgestalteten Pfarrerdienstverhältnisses ist neben der Gewährleistung der Unabhängigkeit des Pfarrers die Sicherung der Kontinuität in der Verkündigung des Evangeliums und der Sakramentsverwaltung als Kernaufgaben der Kirche, um einen Gegenpol zu bilden zu den periodisch regelmäßig neu zu wählenden und personell austauschbaren Synoden und Kirchenvorständen.

IV. Die oben skizzierten Grundsätze gelten ebenso für die Ausgestaltung des Pfarrbesoldungsrechtes. Auch hier liegt die Gesetzgebungskompetenz für die Pfarrbesoldungsgesetze in den Händen der einzelnen Landeskirchen. Sie orientieren sich durch die Bindung an den Alimentationsgrundsatz – also die aus dem Berufsbeamtentum kommende Pflicht des Dienstherrn, dem Beamten für seine Dienste anstelle einer Vergütung eine angemessene Besoldung und Versorgung für seinen Lebensunterhalt zukommen zu lassen – an den jeweiligen Besoldungstabellen der Landes- bzw. Bundesbeamten und verweisen auf diese. Daneben haben die Landeskirchen eigene Besoldungsgesetze erlassen.

V. Im kanonischen Recht der katholischen Kirche ist das Pfarrerdienstrecht aufgrund der unterschiedlichen Verfasstheit der Kirche anders strukturiert. Nach katholischem Verständnis ist der Papst die höchste Autorität der römisch-katholischen Kirche und als Nachfolger des Apostels Petrus und Stellvertreter Christi auf Erden ihr oberster Gesetzgeber. Die Hauptrechtsquelle des kanonischen Rechts, welches göttliche (*ius divinum*) und menschliche Rechtsebenen (*ius humanum*) unterscheidet, ist der *Codex Iuris Canonici* (CIC). Dieser regelt Rechte und Pflichten der katholischen Pfarrer, welche denen der evangelischen Pfarrer recht ähnlich sind (z.B. die Verpflichtung zur Verkündigung des Wortes und der Seelsorge, Residenz- und Verwaltungspflichten der Pfarrei, Bestimmungen zu Versetzung und Amtsenthebung). Der

Pfarrer übt seinen Dienst unter der Aufsicht des Diözesanbischofs aus.

Auf dem Gebiet der deutschen Diözesen wird den katholischen Pfarrern in Abweichung vom kanonischen Recht – dort wird das Amtseinkommen des Pfarrers aus den Gaben der Gläubigen und den Erträgen aus der Verwaltung des Pfarramtes erwirtschaftet – eine Pfarrbesoldung gezahlt, welche sich aus Kirchensteuern und staatlichen Zuschüssen zusammensetzt.

Literatur: *de Wall, Heinrich / Muckel, Stefan*: Kirchenrecht – *Mainusch, Rainer*: Aktuelle kirchenrechtliche und kirchenpolitische Fragestellungen im Pfarrerdienstrecht, ZevKR 47 (2002), S. 1–55 – *Listl, Joseph / Schmitz, Heribert* (Hg.): Handbuch des katholischen Kirchenrechts, 2. Auflage, 1999; *de Wall, Heinrich*: Das Pfarrdienstgesetz der EKD, ZevKR 57 (2012), S. 390–409.

Viola Vogel

Privatschulfreiheit

I. Das Grundgesetz stellt sich gegen ein staatliches Schulmonopol und bejaht schulische Vielfalt, indem es in Art. 7 Abs. 4 GG die Privatschulfreiheit schützt. Landesverfassungsrechtliche Verbürgungen treten hinzu (z. B. Art. 30 Abs. 6 LV Bbg., 30 Abs. 1 LV RP). Diese Vorgaben werden durch die Schulgesetze der Länder konkretisiert.

Die Privatschulfreiheit umfasst die Errichtung und das Betreiben von Privatschulen, die eigenverantwortliche Gestaltung des Unterrichts im Hinblick auf die Erziehungsziele, Lehrmethoden und -inhalte sowie die freie Schüler- und Lehrerwahl. Das Recht der freien Schülerwahl kann bei anerkannten Ersatzschulen dahingehend beschränkt werden, dass diese an die allgemeinen gesetz-

lichen Aufnahme- und Versetzungsvoraussetzungen gebunden sind.

Art. 7 Abs. 4 GG wird nicht nur als Freiheitsrecht, sondern auch als Institutsgarantie der Privatschule verstanden. Privatschulen zählen zum Schulwesen, das gem.
Art. 7 Abs. 1 GG unter der Aufsicht des Staates steht.

II. Öffentliche Schulen stehen zumeist in der Trägerschaft des Landes oder der Kommunen. Unter einer *Privatschule* (oder: *Schule in freier Trägerschaft*) ist eine
Schule zu verstehen, deren Träger nicht die öffentliche
Hand ist. Privatschulträger sind z.B. die Kirchen und
kirchliche Organisationen oder Elternvereine. Ersatzschulen sind Privatschulen, welche als Ersatz für öffentliche Schulen dienen. Ihr Besuch erfüllt die Schulpflicht.
Anerkannte Ersatzschulen können in gleicher Weise wie
öffentliche Schulen öffentlich-rechtliche Prüfungen
durchführen und Schulabschlüsse verleihen (z.B. Abitur).
Die Anerkennung erfolgt nicht schon durch die Genehmigung als Ersatzschule (Ausnahme: NRW, vgl. § 100
Abs. 4 SchulG NRW), sondern bedarf eines zusätzlichen
Beleihungsaktes. Fehlt die Anerkennung, müssen die
Schüler eine staatliche Externenprüfung absolvieren, um
einen der üblichen Schulabschlüsse zu erlangen. *Ergänzungsschulen* sind Privatschulen, für die keine vergleichbare öffentliche Schule vorgesehen ist. An ihnen kann die
Schulpflicht im Grundsatz nicht erfüllt werden.

III. Ergänzungsschulen sind genehmigungsfrei. Er-
satzschulen benötigen nach Art. 7 Abs. 4 S. 2 GG eine Ge-
nehmigung. Die Genehmigungsvoraussetzungen sind in
Art. 7 Abs. 4 S. 3, 4 GG abschließend aufgezählt: Die
Lehrziele und Einrichtungen sowie die wissenschaftliche
Ausbildung der Lehrkräfte müssen denen der öffentlichen
Schulen gleichwertig (nicht: gleichartig) sein. Es darf kei-

ne Sonderung nach den materiellen Verhältnissen der Eltern erfolgen (keine Eliten- oder Reichenschule). Die
wirtschaftliche und rechtliche Stellung der Lehrkräfte
muss gesichert sein. Sind die Genehmigungsvoraussetzungen erfüllt, besteht ein Anspruch auf Erteilung/Fortbestand der Genehmigung.

Zusätzliche Anforderungen gelten gem. Art. 7 Abs. 5
GG für private Volksschulen, worunter jedenfalls Grundschulen und nach verbreiteter Auffassung auch Hauptschulen fallen. Hier ist entweder ein besonderes pädagogisches Interesse nötig oder es muss eine religiös-weltanschauliche Ausrichtung erstrebt werden, für die es vor
Ort keine Entsprechung im öffentlichen Volksschulwesen
gibt.

IV. Ohne staatliche Förderung droht die Privatschulfreiheit leer zu laufen: Einerseits gelten hohe Qualitätsanforderungen (Gleichwertigkeit mit öffentlichen Schulen).
Andererseits verhindert das Sonderungsverbot die Erhebung kostendeckender Schulgelder, sodass viele Privatschulen nicht lebensfähig wären. Die Schutzpflicht zugunsten der Institution verpflichtet die Länder daher zur
Förderung der Privatschulen (→ Subventionen), wie manche Landesverfassung bekräftigt (z. B. Art. 8 Abs. 4 S. 3
LV NRW). In welcher Form diese Förderung erfolgt, unterliegt dem Gestaltungsermessen der Landesgesetzgeber.
Art. 7 Abs. 4 GG verlangt keine staatliche Vollfinanzierung. Das BVerfG erwartet vielmehr einen angemessenen
Eigenanteil des Privatschulträgers, auch außerhalb etwaiger Einnahmen durch Schulgelder.

Literatur: *Avenarius, Hermann / Pieroth, Bodo / Barczak, Tristan*: Die Herausforderung des öffentlichen Schulwesens durch
private Schulen – eine Kontroverse, 2012 – *Krampen, Ingo / Kel-*

ler, Johanna: Das Recht der Schulen in freier Trägerschaft – Handbuch für Praxis und Wissenschaft, 2014.

Jörg Ennuschat / Christian Weinbuch

Reichsdeputationshauptschluss

Der Reichsdeputationshauptschluss (RDH) war das letzte Verfassungsgesetz des Heiligen Römischen Reiches Deutscher Nation. Er veränderte das Verhältnis von Staat und Kirche und das politische Gefüge im Reichsverband grundlegend.

In seiner Bezeichnung kommt zum Ausdruck, wie er entstand: Nachdem russ.-franz. Vorgaben seinen Inhalt weitgehend festgelegt hatten, war er am 25.2.1803 durch einen Ausschuss des Reichstages (eine »Reichsdeputation«) beschlossen worden und anschließend als Reichsgesetz in Kraft getreten. Der RDH diente der Ausführung des Vertrages von Lunéville (1801), der die Reichsgebiete links des Rheins an Frankreich übertrug und bestimmte, dass die Gebietsverluste erleidenden weltlichen Fürsten (»Erbfürsten«) aus dem Reich heraus entschädigt werden sollten. Der RDH formulierte die dazu erforderlichen Einzelregelungen und führte dabei erhebliche Gebietsverschiebungen herbei:

Die unmittelbare »Entschädigung« bewirkte er auf zwei Arten: Überwiegend erfolgte sie durch → Säkularisation geistlicher Territorien (Fürstentümer, reichsunmittelbarer Abteien, u. s. w.), im Übrigen durch Mediatisierung reichsunmittelbarer weltlicher Territorien, v. a. von Reichsstädten (d. h. deren Unterwerfung unter eine Landesherrschaft). Bei der Säkularisation ließ er sowohl die für die betroffenen Gebiete geltenden Herrschaftsrechte

(Herrschaftssäkularisation), als auch deren Vermögen – zusammen mit dem Vermögen der Domkapitel und Inhaber der höheren Kirchenämter – (Vermögenssäkularisation) auf die erwerbenden Staaten übergehen.

Darüber hinaus erlaubte der RDH sämtlichen Landesherren, die landsässigen Besitzungen aller drei anerkannten Konfessionen – mit Ausnahme des Vermögens der örtlichen Pfarrkirchen – zu säkularisieren. Infolgedessen eigneten sich einige Territorien in beträchtlichem Umfang kirchliches Vermögen an.

Durch den »Entschädigungsprozess« verminderte der RDH die Zahl der reichsunmittelbaren Herrschaften von ursprünglich über 1000 auf gut 30. Dabei beseitigte er die geistlichen Fürstentümer (mit Ausnahme von dreien) und schaffte damit die geistliche Territorialherrschaft weitgehend ab. Zugleich reduzierte er die Zahl der Reichsstädte von 47 auf sechs. So entstanden in bisher unbekanntem Umfang gemischt-konfessionelle Territorien. Dabei wurde den einzelnen Teilgebieten zwar ihre bisherige Konfession garantiert, der Landesherr aber ermächtigt, auch andere Konfessionen zuzulassen. Wegen des Wegfalls zahlreicher Reichsstände, insbesondere zweier geistlicher Kurfürsten, musste der Reichstag neu organisiert werden: Der RDH errichtete deshalb neue Kurfürstentümer und vergab neue Stimmen im Fürstenrat und machte dadurch den Reichstag zu einem insgesamt protestantisch dominierten Reichsorgan.

Durch all dies erlangte der RDH große Bedeutung für die weitere deutsche Rechts- und Verfassungsgeschichte:

Er bestimmte das Verhältnis von Staat und Kirche neu, indem er einerseits der Kirche ihre weltlich-herrschaftlichen Funktionen und andererseits dem Reich – mit der Reichskirche – seine überkommene religiöse Legitimation entzog. Mit der Bildung gemischt-konfessioneller Staaten bereitete er der Gleichberechtigung und organisatorischen Verselbständigung der Konfessionen in den Territorien und damit langfristig der staatlichen → Neutralität in Religionsfragen, der → Religionsfreiheit und der → Selbstbestimmung der Religionsgemeinschaften den Weg. Indem er die Aneignung von Kirchengut für staatliche Zwecke erlaubte, begünstigte er den Übergang von Gemeinwohlaufgaben (Unterricht, Wohlfahrtswesen etc.) von der Kirche auf den Staat.

Zugleich wurde er zur Grundlage für manche der bis heute erbrachten und durch Art. 140 GG i.V.m. Art. 138 WRV als fortbestehend anerkannten staatlichen Leistungen an die Kirchen (→ Staatsleistungen). Zwar stellt er dafür nicht mehr selbst die Rechtsgrundlage dar, weil seine langfristig wirkenden Verpflichtungen (wie z.B. die zur »bleibenden Ausstattung der Domkirchen«) durch spätere Regelungen abgelöst wurden. Er ließ aber Unterhaltspflichten, die ursprünglich ein geistliches Territorium trafen (z.B. gegenüber einer inkorporierten Pfarrkirche), durch Rechtsnachfolge auf den Staat übergehen, und erzeugte dadurch auch mittelbar Ansprüche auf staatliche Leistungen. Außerdem verstanden die Staaten die Säkularisationsermächtigung des RDH als Verpflichtung, die von den Kirchen wahrgenommenen Aufgaben aus den erzielten Gewinnen zumindest in gewissem Umfang weiter zu unterstützen, und nahmen sie daher zum Anlass, weitere gesetzliche, vertragliche oder gewohnheitsrechtliche Anspruchsgrundlagen für Staatsleistungen an die Kirchen zu schaffen.

Da sich der RDH nicht auf den Ausgleich erlittener Verluste beschränkte, sondern einzelne Territorien (insbes. Baden, Württemberg, Hessen und Bayern) gezielt und übermäßig bereicherte, schuf er selbständig lebensfähige Mittelstaaten, die Preußen und Österreich gegenüber Gewicht besaßen. Indem er deren Territorium neu gestaltete, stieß er grundlegende, vereinheitlichende Verfassungs- und Verwaltungsreformen an und förderte dadurch ihre Modernisierung. Zugleich schwächte er den Kaiser und die Entscheidungsfähigkeit des Reiches, indem er wesentliche, traditionelle Parteigänger des Kaisers (insbes. Reichskirche und Reichsstädte) dezimierte und dem Reichstag ein protestantisches Gepräge gab. Er war daher sowohl Mitursache für das baldige Ende des Reiches 1806, als auch Wegbereiter der föderalen Verfassungsentwicklung, des modernen Flächen- und Verwaltungsstaates und des Übergangs von der ständischen in die bürgerliche Gesellschaft in Deutschland.

Literatur: *Hufeld, Ulrich* (Hg.): Der Reichsdeputationshauptschluss von 1803, 2003 (Quellensammlung) – *Hömig, Klaus Dieter*: Der Reichsdeputationshauptschluß vom 25. Februar 1803 und seine Bedeutung für Staat und Kirche, 1969 – *Decot, Rolf* (Hg.): Kontinuität und Innovation um 1803, 2005 – *Becker, Hans-Jürgen*: Art. Reichsdeputationshauptschluß, in: HRG IV, 1990 m. w. N.

Renate Penßel

Religionsfreiheit im Grundgesetz

I. Die Religionsfreiheit aus Art. 4 GG schützt die innere Freiheit, einen Glauben zu bilden und zu haben, und die äußere Freiheit, seinen Glauben zu bekunden und ihm gemäß zu handeln.

Die innere Freiheit umfasst zunächst die freie Bildung des Glaubens. Jedem soll es selbst überlassen sein, ob er einen bestimmten Glauben annimmt oder nicht. Ferner wird die Möglichkeit geschützt, den persönlichen Glauben nach den eigenen Vorstellungen zu entwickeln und zu formen, um ihm so unter Umständen ein ganz bestimmtes Gepräge zu verleihen. Einmal gebildet, gewährleistet die Religionsfreiheit dem Glaubenden auch das Haben des Glaubens, schützt also insbesondere davor, aufgrund der Zugehörigkeit zu einem bestimmten Glauben diskriminiert zu werden. Die Religionsfreiheit wirkt insofern als Recht auf Gleichbehandlung, genauer: als Recht auf gleiche Freiheit.

Als äußere Freiheit schützt die Religionsfreiheit die Verwirklichung des Glaubens in der Lebenspraxis. Darunter fallen zunächst Bekenntnisse des Glaubens nach außen, wie etwa das Tragen eines Glaubenssymbols (→ Symbole). Religion will typischerweise in verschiedenen Formen praktiziert werden. Dazu zählen kultische Handlungen wie Gottesdienste, das Veranstalten von Prozessionen, die Missionierungsarbeit oder Speiserituale wie das Fasten und das Fastenbrechen. Nach einem weiten Verständnis fallen darunter auch diakonische und karitative Betätigungen – um die christliche Terminologie zu benutzen – wie etwa das Sammeln von Spenden für Handlungen aus Nächstenliebe (→ Diakonie). Der Schutz solcher Glaubensverwirklichungen muss jedoch dort seine Grenze finden, wo gewerbliche Interessen in den Mittelpunkt rücken.

Schließlich sehen zahlreiche → Religionsgemeinschaften zudem verpflichtende Ge- und Verbote für die Lebensführung ihrer Mitglieder vor. Letzteren muss es möglich sein, diesen Anforderungen entsprechen zu können. Der Glaubende folgt dabei einem inneren Verhaltensgebot seiner religiösen Überzeugung. Damit können dem ersten Blick nach neutrale Handlungen von der Religionsfreiheit gedeckt sein. Dabei muss der Schutz des Grundrechts offen für Minderheitspositionen und auch für neuartige Vorstellungen sein. Der Staat darf insofern keine abstrakten Maßstäbe definieren, die den Schutzgehalt der Religionsfreiheit inhaltlich fixieren. Maßgeblich für eine solche wertneutrale Bestimmung ist daher das Selbstverständnis des jeweiligen Grundrechtsträgers.

Eine Religion hat man nicht alleine. Die Religionsfreiheit deckt deswegen auch kollektive Handlungen und die Tätigkeit religiöser Vereinigungen: Religionsgesellschaften und deren Teilorganisationen.

Die Religionsfreiheit umfasst nicht den Schutz vor der Begegnung mit religionsgetragenem Handeln anderer, etwa religionsbestimmter Kleidung oder rituellen Praktiken. Sie bietet also keinen Konfrontationsschutz. Die tolerante Hinnahme der Glaubensäußerung anderer ist der Preis für die eigene Glaubensfreiheit.

II. Unter einem staatlichen Eingriff versteht man jede Einschränkung des durch die Religionsfreiheit geschützten Verhaltens oder auch das Anknüpfen nachteiliger Folgen an das Innehaben oder die Ausübung einer Religion für welche der Staat verantwortlich ist. Staatlich meint dabei die Ausübung von Hoheitsgewalt. In der üblichen Einteilung versteht man darunter Akte der Legislative, der Exekutive oder der Judikative. Die Exekutive, die Verwaltung, greift dabei in erster Linie durch Ge- und Verbote ein, die die Religionsausübung unmittelbar betreffen – etwa bei der Untersagung des Gebets im Schulgebäude seitens des Schulleiters oder beim behördlichen Verbot, eine Prozession in der Öffentlichkeit abzuhalten. Auch die Judikative als rechtsprechende Gewalt verkennt im Einzelfall mitunter die Reichweite und den Stellenwert der Religionsfreiheit. Konfliktfelder in diesem Bereich sind etwa das Tragen eines Glaubenssymbols (→ Symbole) auf Seiten des Richters oder eines Schöffen oder die Pflicht als Zeuge seine Aussage per Eid mit Gottesbezug zu bekräftigen. Schließlich vermag auch die Gesetzgebung, die Legislative, per Rechtsetzung in die Ausübung der Religion einzugreifen. Denkbar ist etwa, dass eine bestimmte religiöse Anschauung durch Gesetz verboten wird. Auch kann auf diese Weise eine bestimmte Glaubensausübung verboten werden, etwa beim gesetzlichen Verbot der Schächtung.

Eingreifen kann der Staat auch mittelbar. Ein mittelbarer Eingriff liegt etwa vor, wenn staatliche Behörden die Baugenehmigung für eine Diskothek im direkten Umfeld zu einer Kirche oder einem Friedhof erteilen. Im bauplanungsrechtlichen Kontext sind in einem derartigen Fall alle relevanten Rechtspositionen abzuwägen, wobei Grundrechte im Vordergrund stehen. Solche Eingriffe richten sich zwar nicht unmittelbar gegen die Glaubenden, beeinträchtigen diese aber gleichermaßen. Ebenfalls nicht unmittelbar wirken staatliche Informationen oder Warnungen, die sich gegen bestimmte Religionsgemeinschaften richten. Aus dem Blickwinkel einer solchen Gemeinschaft stellt es sich etwa als Eingriff dar, wenn staatliche Behörden sie in ihrem Ansehen etwa als »Psychosekte« diskreditieren, um so die weitere Missionierung zu erschweren.

Grundrechte sind in erster Linie Abwehrrechte gegen den Staat. Beeinträchtigungen durch Private sind auf dem Zivilrechtsweg abzuwehren. Bei der Anwendung und Auslegung des einfachen Rechts haben die Gerichte hierbei auch die Ausstrahlungswirkung der Grundrechte zu beachten. Dies folgt schon daraus, dass Grundrechte nicht nur Abwehrrechte sind, sondern auch staatlich aktiven

Grundrechtsschutz gebieten. Wenn der Schutzauftrag der Verfassung den Staat zu einem Einschreiten zwingt, um so den Schutz des Einzelnen zu gewährleisten und der Staat dies unterlässt, ist eine dem Staat zurechenbare Grundrechtsverkürzung anzunehmen. Auseinandersetzungen innerhalb einer Religionsgesellschaft sind regelmäßig nicht am staatlichen Recht und durch den staatlichen Richter zu entscheiden – etwas anderes gilt nur, wenn es um den Schutz staatlich gewährleisteter Rechtspositionen geht.

III. Alle Grundrechte sind einschränkbar. Die vom Grundgesetz vorgesehenen Gründe, die eine Einschränkung rechtfertigen, nennt man die Schranken eines Grundrechts. Die Religionsfreiheit ist ein Grundrecht, welches dem textlichen Befund nach vorbehaltlos gewährleistet wird, also ohne Schranken. Das bedeutet, dass sie nicht ohne weiteres durch gesetzgeberische Entscheidungen eingeschränkt werden kann. Vielmehr muss eine Einschränkung durch entgegenstehende Güter von Verfassungsrang getragen sein. In der Abstufung des grundgesetzlichen Schutzniveaus kommt der Religionsfreiheit daher eine herausragende Bedeutung zu. Dieser starke Schutz hat jedoch nicht zur Folge, dass die Religionsfreiheit völlig schrankenlos gewährleistet wird. Zudem bedarf es in formeller Hinsicht für jeden einzelnen Grundrechtseingriff einer gesetzlichen Grundlage. Dem Einzelnen kommt dies insofern zugute, als dass er die Einschränkungsmöglichkeiten seiner Religionsfreiheit so besser zu überblicken vermag – und diese gegebenenfalls gerichtlich verteidigen kann.

Als mögliche verfassungsimmanente Schranken kommen die Grundrechte anderer Personen in Betracht. Für den Fall des liturgischen → Glockengeläuts oder Muezzinrufs ist etwa aus Gründen des Lärmschutzes die Gesundheit der Anwohner aus Art. 2 Abs. 2 S. 1 GG in Ansatz zu bringen. Kultische Handlungen, die in besonderem Maße erniedrigend und herabwürdigend sind (etwa Folterrituale), können unter Umständen nur schwierig mit der Menschenwürdegarantie aus Art. 1 Abs. 1 GG in Einklang zu bringen sein. Schließlich kommt auch die Religionsfreiheit oder die körperliche Unversehrtheit einer anderen Person als Gegenposition in Betracht (→ Beschneidung).

Nicht nur Grundrechte können eine Einschränkung der Religionsfreiheit rechtfertigen, sondern auch weitere Güter von Verfassungsrang. So kann etwa der Tierschutz, der in Art. 20a GG einen verfassungsrechtlichen Anknüpfungspunkt findet, für den Fall des rituellen Schächtens eine Beschränkung tragen. Im Widerstreit zum religiösen Erziehungsrecht der Eltern (→ Kindererziehung) steht der auch staatliche Erziehungsauftrag in der Schule: Eltern dürfen nicht allein über die Erziehung ihrer Kinder entscheiden. Die Schule darf auf ein Leben in unserer Gesellschaft vorbereiten, auch wenn aus dem Blickwinkel einer bestimmten religiösen Überzeugung diese Gesellschaft mancherlei »sündige« Züge trägt.

Die gegenläufigen Rechtsgüter, die Religionsfreiheit und das konkurrierende Verfassungsrechtsgut, müssen schließlich gegeneinander abgewogen haben. Es handelt sich hierbei um das von *K. Hesse* geprägte sog. Herstellen praktischer Konkordanz. Dabei müssen die entgegenstehenden Güter so einander zugeordnet werden, dass beide zu bestmöglicher Wirksamkeit gelangen können; es handelt sich dabei also nicht um eine Abwägung in dem Sinne, dass ein Recht sich uneingeschränkt durchsetzt und das entgegenstehende völlig zurücktreten muss. Man könnte insoweit von einem Kompromiss sprechen.

Literatur: *Michael, Lothar / Morlok, Martin*: Grundrechte, 4. Auflage, 2014, Rn. 178 ff. – *Hufen, Friedhelm*: Staatsrecht II – Grundrechte, 4. Auflage, 2014, S. 379 ff. – *Goerlich, Helmut*: Art. Religionsfreiheit, in: EvStL, Sp. 2004 ff. – *Morlok, Martin*: Art. 4, in: Dreier (Hg.), Grundgesetz-Kommentar, Bd. I, 3. Auflage, 2013.

Martin Morlok

Religionsfreiheit im Völkerrecht

In den durch das Völkerrecht bestimmten Beziehungen zwischen Staaten und internationalen Organisationen kommt der Religions- und Weltanschauungsfreiheit als eines der ältesten Menschenrechte eine besondere Bedeutung zu. Erschwert durch eine Vielzahl unterschiedlicher kultureller Einflüsse und die in religiös geprägten Gesellschaften damit verbundene Emotionalität wurde die Notwendigkeit der Schaffung von Schutzmechanismen zu Gunsten religiöser Freiheiten bereits in der Antike erkannt.

Der vertragliche Schutz andersgläubiger Fremder reicht bis ins 9. Jahrhundert n. Chr. zurück und entwickelte sich im Spannungsverhältnis zwischen Christentum und Islam. In der weiteren historischen Entwicklung wurden diese sogenannten Fremdenrechte, die z. B. in freiem Geleit für Pilger oder der (beschränkten) Kultusfreiheit bestanden, bis zum Ende des 19. Jahrhunderts erweitert. Aus der Entstehungsgeschichte sind etwa die religionsrechtliche Gewährleistung des Augsburger Religionsfriedens von 1555 oder der Westfälische Frieden von 1648 zum

Schutz religiöser Minderheiten und der Gleichbehandlung verschiedener Konfessionen und Religionen zu nennen.

Erst mit dem Ende des zweiten Weltkriegs und der Gründung der Vereinten Nationen ist ein umfassenderer Schutz der Religions- und Weltanschauungsfreiheit Bestandteil einer Vielzahl von universellen und regionalen Menschenrechtsverträgen, Konventionen und Resolutionen geworden.

Auf universeller Ebene sind die Allgemeine Erklärung der Menschenrechte durch die Generalversammlung der Vereinten Nationen von 1948 (*AEMR*) und der Internationale Pakt über bürgerliche und politische Rechte von 1966 (*IPbpR*) von zentraler Bedeutung. Beide sehen in Art. 18 einen umfassenden Schutz der Religions-, Weltanschauungs- und Gewissensfreiheit vor. Umfasst ist neben dem »Haben« einer religiösen oder weltanschaulichen Überzeugung auch die individuelle und kollektive Ausübung und Bekundung dieser Überzeugung sowie das Recht, die Religion zu wechseln und das Recht der Eltern, ihre Kinder religiös zu erziehen.

Anders als der *IPbpR* weist die *AEMR* gleichwohl keine unmittelbare Bindungswirkung für die Staatengemeinschaft auf. Der *IPbpR* ist wie andere Konventionen und Abkommen zum Schutz von Menschenrechten ein multilateraler völkerrechtlicher Vertrag, der die inzwischen 168 Mitgliedsstaaten grundsätzlich rechtlich bindet. Insbesondere islamisch geprägte Staaten wie z.B. Ägypten haben sich im Rahmen der Ratifikation solcher Abkommen jedoch vorbehalten, dass die darin enthaltenen Regelungen nicht im Widerspruch zu den Vorschriften der Scharia stehen dürfen. Neben solchen Vorbehalten enthält Art. 18 *IPbpR* selbst zu Gunsten der Öffentlichen Sicherheit und anderer Schutzgüter die Möglichkeit, die Ausübung der Religion im öffentlichen Bereich einzuschränken. Eine weitere generelle Einschränkung beim Schutz der Religionsfreiheit im Völkerrecht besteht in der nur begrenzt möglichen Gewährleistung der Einhaltung von Menschenrechtsverträgen. Der *IPbpR* etwa sieht neben dem für solche Verträge üblichen Staatenberichtssystem eine Staatenbeschwerde und mittels eines Fakultativprotokolls auch eine Beschwerde durch Einzelpersonen gegenüber dem mit dem Vertrag geschaffenen Menschenrechtskomitee vor.

Auf regionaler Ebene enthält die → Europäische Konvention zum Schutz von Menschenrechten und Grundfreiheiten (*EMRK*) in Art. 9, die Amerikanische Menschenrechtskonvention (*AMRK*) in Art. 12 sowie die Afrikanische Charta der Rechte der Menschen und Völker (*AfrChMVR*) in Art. 8 und die Arabische Charta der Menschenrechte in Art. 30 Regelungen zum Schutz der Religions- und Weltanschauungsfreiheit. Durch den effektiv arbeitenden Europäischen Gerichtshof für Menschenrechte und das für Staaten verbindliche System der Individualbeschwerde erreicht die *EMRK* dabei den weitestreichenden Schutzstandard. Die *AMRK* ist inhaltlich an die *EMRK* angelehnt, es fehlt ihr jedoch an wirksamen Rechtsdurchsetzungsmöglichkeiten. Sowohl die *AfrChMVR* als auch die Arabische Charta gewährleisten durch eine deutlich schwächere inhaltlich Ausgestaltung und weitreichendere Einschränkungsmöglichkeiten sowie nur unzureichende Kontroll- und Überwachungsmechanismen einen weitaus geringen Schutz der Religionsfreiheit als die *EMRK* oder auch der *IPbpR*.

Literatur: *Ottenberg, Daniel*: Der Schutz der Religionsfreiheit im internationalen Recht, 2009 – *Scheel, Holger*: Die Religionsfreiheit im Blickwinkel des Völkerrechts, des islamischen und ägyptischen Rechts, 2007 – *Morlok, Martin*: Art. 4 Rn. 23 ff., in: Dreier (Hg.), Grundgesetz-Kommentar, Bd. I, 3. Auflage, 2013.

Martin Morlok

Religionsgemeinschaft

Das Grundgesetz und die Länderverfassungen enthalten besondere Regelungen für Religionsgemeinschaften oder -gesellschaften (beide Begriffe sind gleichbedeutend). So haben Religionsgemeinschaften ein → Selbstbestimmungsrecht (Art. 140 GG i. V. m. Art. 137 Abs. 3 WRV), können den Status einer Körperschaft des öffentlichen Rechts (→ Körperschaftsstatus) erlangen (Art. 140 GG i. V. m. Art. 137 Abs. 5 WRV) oder legen die Grundsätze des → Religionsunterrichts i. S. v. Art. 7 Abs. 3 S. 2 GG fest. Für die Anwendbarkeit solcher Regelungen kommt es also darauf an, ob eine Vereinigung als Religionsgemeinschaft zu qualifizieren ist.

Anders als in anderen Rechtsordnungen gibt es in Deutschland das Rechtsinstitut der formellen → Anerkennung von Religionsgemeinschaften nicht. Daher ist jeweils im Einzelfall durch die zuständigen Behörden oder Gerichte festzustellen, ob eine Gemeinschaft, die beispielsweise einen Antrag auf Einräumung des Körperschaftsstatus stellt oder die ihr Selbstbestimmungsrecht geltend macht, eine Religionsgemeinschaft ist.

Für die Definition des Begriffs der Religionsgemeinschaft kann auf eine Formulierung aus dem Kommentar zur Weimarer Reichsverfassung von *Gerhard Anschütz* (Die Verfassung des Deutschen Reiches, 14. Auflage, 1933) zurückgegriffen werden. Danach ist Religionsgemeinschaft »ein die Angehörigen eines und desselben Glaubensbekenntnisses – oder mehrerer verwandter Glaubensbekenntnisse (...) – für ein Gebiet (...) zusammenfassender Verband zu allseitiger Erfüllung der durch das gemeinsame Bekenntnis gestellten Aufgaben«. Der Begriff der Religionsgemeinschaft wird dementsprechend von vier Elementen geprägt:

1. Eine Religionsgemeinschaft besteht – mit Besonderheiten für Dachverbandsorganisationen (→ Dachverband) – aus natürlichen Personen.

2. Ein Minimum an organisatorischer Struktur und Dauerhaftigkeit gehört zum Wesen einer Gemeinschaft. Die spontane Versammlung von Betenden ist noch keine Religionsgemeinschaft.

3. Von anderen Gemeinschaften unterscheidet sich die Religionsgemeinschaft dadurch, dass es ihr gerade um die Pflege einer Religion bzw. eines Bekenntnisses geht. Selbstverständlich können auch nichtchristliche Vereinigungen Religionsgemeinschaften sein. Keine Religionsgemeinschaften sind Vereinigungen, die sich anderen als religiösen Zwecken widmen, etwa der Kultur- oder Brauchtumspflege. Die Abgrenzung kann schwierig sein.

Religion ist in der Rechtsprechung definiert worden als eine »mit der Person des Menschen verbundene Gewissheit über bestimmte Aussagen zum Weltganzen sowie zur Herkunft und zum Ziel des menschlichen Lebens« (BVerwG, NJW 1992, 2497). Was »Religion« und »Religionsgemeinschaft« sind, kann nur unter wesentlicher Berücksichtigung des Selbstverständnisses der jeweiligen Vereinigung bestimmt werden. Allerdings reichen »nicht allein die Behauptung und das Selbstverständnis« aus. Vielmehr muss es sich auch »tatsächlich, nach geistigem Gehalt und äußerem Erscheinungsbild, um eine Religion und Religionsgemeinschaft handeln. Dies im Streitfall zu prüfen und zu entscheiden, obliegt – als Anwendung einer Regelung der staatlichen Rechtsordnung – den staatlichen Organen« (BVerfGE 83, 341 [353]).

Ohne Bedeutung ist es, ob eine Religionsgemeinschaft alle Bekenntnisangehörige umfasst oder ob es mehrere konkurrierende Religionsgesellschaften gleichen Bekenntnisses gibt. Auch kann eine Religionsgemeinschaft mehrere verwandte Glaubensrichtungen zusammenführen. Ausgeschlossen ist insofern nur, dass fundamentale Unterschiede zwischen den Glaubensrichtungen bestehen.

4. Ein viertes Merkmal dient der Abgrenzung der Religionsgemeinschaften von religiösen Vereinen, die in Art. 138 Abs. 2 WRV genannt werden. Während sich die Religionsgemeinschaften der umfassenden Erfüllung der durch das Bekenntnis gestellten Aufgaben widmen, dient ein religiöser Verein nur Teilaspekten des religiösen Lebens – beispielsweise sind Vereine der Caritas oder der → Diakonie keine Religionsgemeinschaften, sondern religiöse Vereine.

Nach Art. 137 Abs. 4 WRV erwerben Religionsgesellschaften die Rechtsfähigkeit nach den allgemeinen Vorschriften des bürgerlichen Rechtes. Für Religionsgesellschaften soll im bürgerlichen Rechtsverkehr kein Sonderrecht gelten. Allerdings sind, so das BVerfG, die glaubensbedingten Anforderungen an die innere Organisation der Religionsgemeinschaft zu berücksichtigen, soweit nicht unabweisbare Rücksichten auf die Sicherheit des Rechtsverkehrs und auf die Rechte anderer entgegenstehen.

Gegenstand aktueller Diskussionen ist die Frage, inwiefern islamische Organisationen Religionsgemeinschaften sind. Dabei geht es insbesondere um den Charakter der wichtigsten islamischen Vereinigungen als Dachverbände.

Auch die Kirchen sind Religionsgemeinschaften. Ihre Eigenschaft als Körperschaft des öffentlichen Rechts (→ Körperschaftsstatus) ändert daran nichts.

Literatur: *von Campenhausen, Axel / de Wall, Heinrich*: Staatskirchenrecht, S. 116 – *Germann, Michael*: Art. 140 GG/137 WRV, in: Epping / Hillgruber (Hg.), Grundgesetz, Beck'scher Online-Kommentar GG, Rn. 25 – *Unruh, Peter*: Religionsverfassungsrecht, Rn. 153; – *de Wall, Heinrich*: Der Begriff der Religionsgemeinschaft im Deutschen Religionsverfassungsrecht – aktuelle Probleme, in: Rees u. a. (Hg.), Neuere Entwicklungen im Religionsrecht europäischer Staaten, 2013, S. 789–811.

Heinrich de Wall

Religionsrecht / Religionsverfassungsrecht

Die Begriffe »Religionsrecht« und »Religionsverfassungsrecht« werden unterschiedlich verwendet. Überwiegend werden sie anstelle der in Deutschland überkommenen Bezeichnung → Staatskirchenrecht eingesetzt, denn Staatskirchenrecht ist eine missverständliche Begriffsbildung: Es geht von vornherein gerade nicht um »Staatskirche« (→ Staatskirchentum), sondern um das Verhältnis des Staats zu Kirche und Religion. Zudem wird terminologisch nicht klar, dass es sich gerade nicht um kirchliches Recht, sondern um Staatsrecht, d. h. säkulares Recht handelt. Der Begriff des Religionsrechts bzw. Religionsverfassungsrechts scheint daher näher zu liegen. »Religionsrecht« wurde freilich durch seine bewusste Verwendung zwecks Vermeidung des Terminus »Kirche« und der beabsichtigten institutionellen Schädigung der Kirchen in der nationalsozialistischen Diskussion wenn nicht diskreditiert, so doch beschädigt (etwa durch die Einrichtung eines Ausschusses für Religionsrecht bei der Akademie für deutsches Recht 1938), auch wenn der Begriff mit *Paul Mikat* in der Nachkriegszeit einen prominenten Befürworter gefunden hat.

Die aktuellen Diskurse, das Rechtsverhältnis Staat-Religion betreffend, und zahlreiche weitere staatskirchenrechtliche Fragestellungen werden inzwischen überwölbt von einem »begriffspolitischen Grundsatzstreit«: »Staatskirchenrecht oder Religionsverfassungsrecht?« Sofern durch die Ersetzung des Begriffs der Kirche, der semantisch, historisch und theologisch nur auf das Christentum bezogen werden kann, durch den übergreifenden Terminus der Religion zum Ausdruck gebracht werden soll, dass dieses Teilgebiet des Verfassungsrechts prinzipiell auf alle Religionen Anwendung findet, handelte es sich um eine begrüßenswerte terminologische Klarstellung. Rechtsdogmatisch ist das Verhältnis zwischen Art. 4 GG einerseits und den über Art. 140 GG inkorporierten Weimarer Staatskirchenartikeln andererseits angesprochen. Ein neuer Trend im deutschen Staatskirchenrecht versteht die über Art. 140 GG inkorporierten Weimarer Kirchenartikel im Lichte des Grundrechts der → Religionsfreiheit. Die Entscheidung des Bundesverfassungsgerichts zum → Körperschaftsstatus der Zeugen Jehovas enthält Anklänge in diese Richtung (BVerfGE 102, 370 [387]). In extremer Zuspitzung könnte das institutionelle Staatskirchenrecht letztendlich funktionslos werden, da über den grundrechtlichen Zugriff das Rechtsverhältnis von Staat und Religionen abschließend geklärt würde. Diese Ansicht ist jedoch aus mehreren Gründen nicht haltbar:

1. Die Berücksichtigung religiösen Selbstverständnisses verlangt auch die Berücksichtigung institutionellen Selbstverständnisses. Religionssoziologisch ist Religion zunächst vorrangig ein kollektives Phänomen.

2. Es wird im Rechtsverhältnis Staat-Religion immer einen institutionellen »Überhang« geben, der nicht freiheitsrechtlich erklärt werden kann. Als Kontrollüberlegung sei nur darauf hingewiesen, dass andere Rechtsordnungen, die eine entsprechende grundrechtliche Gewährleistung besitzen, die kooperativen Strukturen des deutschen Staatskirchenrechts gerade nicht kennen.

3. Die Inbeziehungsetzung von Grundrecht und Körperschaftsstatus in der Zeugen-Jehovas-Entscheidung des Bundesverfassungsgerichts bleibt letztlich ambivalent: Wenn dort betont wird, der Körperschaftsstatus schaffe »die Voraussetzung und den Rahmen, in dem die Religionsgemeinschaften das Ihre zu den Grundlagen von Staat und Gesellschaft beitragen können«, dann dieser Status jedoch als »ein Mittel zur Entfaltung der Religionsfreiheit« interpretiert wird, würde es sich um eine paternalistische Vereinnahmung grundrechtlicher Freiheit handeln, brächte man beide Bereiche zur Deckung.

4. Schließlich ist darauf hinzuweisen, dass eine übertriebene Vergrundrechtlichung stets die politischen Gestaltungsspielräume einschränkt; diese sind jedoch für die religionspolitischen Herausforderungen der Gegenwart von zentraler Bedeutung.

Da es sich bei diesem Streit um Begriffe um eine aktuelle Diskussion handelt, werden im Ausgangspunkt auch Argumente aus dem Völker- und Europarecht zur Bekräftigung der These vom Religionsverfassungsrecht angeführt:

Der internationale Menschenrechtsschutz mit seinen vielfältigen Verbürgungen von Glaubens-, Gewissens- und Religionsfreiheit scheint hier auf den ersten Blick dominierend zu sein. Die These, das Völkerrecht nehme Religion nicht institutionell wahr, ist jedoch nicht richtig (→ Europäische Menschenrechtskonvention). Der Schutz der Religionsfreiheit war Gegenstand völkerrechtlicher Vereinbarungen, lange bevor sich ein völkerrechtlicher Menschenrechtsschutz im modernen Sinne entwickelte. Selbst wenn die Kirchen als Institutionen hier zunächst noch nicht Vertragsparteien waren, betraf der Regelungsinhalt der Vereinbarungen doch institutionell geformte Religionsgemeinschaften und weniger Individuen. Es ging um die Normierung einer Koexistenz der Konfessionen, nicht um Individualfreiheit. Der Hl. Stuhl ist bis in die Gegenwart ausgesprochen aktives Völkerrechtssubjekt. Durch den Vertrag von Lissabon nimmt inzwischen auch die Europäische Union Kirche und Religion institutionell wahr, wenn in Art. 17 AEUV normiert ist: »(1) Die Union achtet den Status, den Kirchen und religiöse Vereinigungen oder Gemeinschaften in den Mitgliedstaaten nach deren Rechtsvorschriften genießen, und beeinträchtigt ihn nicht. (2) [...] (3) Die Union pflegt mit diesen Kirchen und Gemeinschaften in Anerkennung ihrer Identität und ihres besonderen Beitrags einen offenen, transparenten und regelmäßigen Dialog.« (→ Europarecht)

Literatur: *Mikat, Paul*: Zur rechtlichen Bedeutung religiöser Interessen, 1973 = ders., Kirche und Staat in der neueren Entwicklung, 1980, S. 319 ff. – *Häberle, Peter*: »Staatskirchenrecht« als Religionsrecht der verfassten Gesellschaft, DÖV 1976, 73–80 – *Heinig, Hans Michael / Walter, Christian* (Hg.): Staatskirchenrecht oder Religionsverfassungsrecht?, 2007.

Christian Waldhoff

Religionsstrafrecht

Das deutsche Strafgesetzbuch enthält einen Abschnitt mit der Überschrift »Straftaten, welche sich auf Religion und Weltanschauung beziehen« (§§ 166 bis 168 StGB). Allerdings weisen nicht alle diese Verbotsnormen einen notwendigen Bezug zu Religion auf. »Störung der Totenruhe« (§ 168 StGB) und »Störung einer Bestattungsfeier« (§ 167a StGB) enthalten in den Handlungsbeschreibungen keine auf Religion verweisenden Elemente. Außerdem ist für die Analyse des Verbotszwecks (Schutz der Menschenwürde des Verstorbenen, der Gefühle von Angehörigen oder des Pietätsempfindens der Allgemeinheit) irrelevant, ob die betroffenen Personen oder Zeremonien religiös geprägt waren oder nicht. Echtes Religionsstrafrecht gibt es aber in Form der Bekenntnisbeschimpfung (§ 166 StGB) und der Störung der Religionsausübung (§ 167 StGB). Die historischen Wurzeln liegen im Verbot der Gotteslästerung, die noch in § 166 Reichsstrafgesetzbuch von 1871 erfasst war. Erst 1969 wurde § 166 StGB (auch in Anpassung an Art. 4 Abs. 1, 2 GG) neu formuliert. In der zeitgenössischen Praxis werden nur sehr selten Strafen nach den §§ 166, 167 StGB verhängt: 2011 gab es bundesweit sechs Verurteilungen, 2012 sieben. Der gesetzliche Strafrahmen reicht von Geldstrafe bis zu drei Jahren Freiheitsstrafe; fast immer werden Geldstrafen verhängt.

Störung der Religionsausübung ist in zwei Varianten möglich: als Störung eines Gottesdienstes einer Kirche oder anderen Religionsgemeinschaft, wenn diese absichtlich und in grober Weise erfolgt, oder als Verübung von beschimpfendem Unfug an einem Ort, der dem Gottesdienst gewidmet ist (§ 167 Abs. 1 Nr. 1, 2 StGB). Handlungen wie das sog. »Punk-Gebet« von Mitgliedern der Gruppe »Pussy Riot« in der Moskauer Christ-Erlöser-

Kathedrale im Jahr 2012 wären nach deutschem Recht strafbar. Die Strafbarkeit ist nicht auf christliche Gottesdienste oder Handlungen in Kirchen beschränkt: Selbstverständlich sind auch Angehörige anderer Religionsgemeinschaften dagegen geschützt, dass ihre gottesdienstlichen Zeremonien in grober Weise gestört oder dafür gewidmete Räume für beschimpfenden Unfug missbraucht werden. Das Gesetz erfasst auch weltanschauliche Feiern (§ 167 Abs. 2 StGB), was aber praktisch bedeutungslos ist. Kriminalpolitisch ist die Legitimität der Verbote in § 167 StGB weitgehend anerkannt. Es besteht ein direkter Bezug zu Grundrechten anderer: Art. 4 Abs. 2 GG gewährleistet die ungestörte Religionsausübung, und dazu gehört die Durchführung von Gottesdiensten und die Respektierung der dafür erforderlichen Räumlichkeiten.

Beim zweiten Religionsdelikt, der Bekenntnisbeschimpfung (§ 166 StGB), setzen die Tathandlungen dagegen nicht voraus, dass Täter direkt und unmittelbar andere Personen bei ihren religiösen Praktiken und an ihren religiösen Orten stören. Vielmehr macht sich strafbar, wer öffentlich oder in Schriften i. w. S. (auch neue Medien) den Inhalt eines religiösen Bekenntnisses (§ 166 Abs. 1 StGB) oder eine Kirche, andere Religionsgesellschaften, ihre Einrichtungen und Gebräuche (§ 166 Abs. 2 StGB) beschimpft, wenn die Beschimpfung geeignet ist, den öffentlichen Frieden zu stören. Weltanschauungen sind Religionen gleichgestellt (auch hier ohne praktische Relevanz). Geschützt werden grundsätzlich alle Bekenntnisse (auch Sekten und fundamentalistische Strömungen), ohne dass es auf eine sozialethische Bewertung von Inhalten und Praktiken ankäme. Allerdings sind bei Prüfung der Strafbarkeit von negativen Bewertungen die Grundrechte des sich Äußernden zu beachten, vor allem Meinungsäußerungsfreiheit sowie Freiheit der Berichterstattung (Art. 5 Abs. 1 GG) und Kunstfreiheit (Art. 5 Abs. 3 GG). Ob dies zu Straffreiheit führt, ist eine Frage des Einzelfalls. Für den Fall der »Mohammed-Karikaturen« wäre die Kunstfreiheit ausschlaggebend.

Rechtspolitisch ist stark umstritten, ob § 166 StGB in einem modernen Verfassungsstaat, jenseits der Tradition des Gotteslästerungsparagraphen, überzeugend zu rechtfertigen ist. Ein häufig zu findender Ansatz verweist auf den Schutz des öffentlichen Friedens: Gekränkte Bekenntnisanhänger könnten Schäden und Gefahren verursachen. Gegen diese Begründung spricht, dass dies in erster Linie den gewalttätig Reagierenden zuzurechnen und ggf. (nur) von ihnen strafrechtlich zu verantworten wäre. Im neueren Schrifttum wird teilweise nicht mehr auf den öffentlichen Frieden abgestellt, sondern auf Rechte der Anhänger des beschimpften Bekenntnisses. Allerdings spricht gegen einen Verweis auf Art. 4 Abs. 2 GG, dass abfällige Äußerungen nicht bei der Ausübung von Religion behindern. Das strafrechtliche Schrifttum setzt deshalb teilweise beim Schutz der Identität von Bekenntnisanhängern an. Von diesem Standpunkt aus wäre es konsequent, das Merkmal »geeignet, den öffentlichen Frieden zu stören« in § 166 StGB zu streichen – mehrere (nicht erfolgreiche) Gesetzesinitiativen forderten dies in den letzten Jahren. Gegen strafrechtlichen Identitätsschutz kann allerdings wiederum eingewandt werden, dass es eine Vielzahl von weder religiösen noch weltanschaulichen (sondern etwa: kulturellen oder politischen) Bausteinen für die Konstruktion von Identitäten gibt und deshalb eine Sonderregel für religiöse Identität fragwürdig sei. Wegen der Rechtfertigungsprobleme wird verschiedentlich dafür plädiert, § 166 StGB aufzuheben.

Literatur: *Hassemer, Winfried*: Religionsdelikte in der säkularisierten Rechtsordnung, in: Vallauri / Dilcher (Hg.), Christentum, Säkularisation und modernes Recht, 1981, S. 1309–1330 – *Hörnle, Tatjana*: Grob anstößiges Verhalten. Strafrechtlicher Schutz von Moral, Gefühlen und Tabus, 2005 – *Pawlik, Michael*: Der Strafgrund der Bekenntnisbeschimpfung, in: FS Küper 2007, S. 411–428.

Tatjana Hörnle

Religionsunterricht

Gemäß Art. 7 Abs. 3 GG ist Religionsunterricht »in den öffentlichen Schulen mit Ausnahme der bekenntnisfreien Schulen ordentliches Lehrfach«. Er wird »unbeschadet des staatlichen Aufsichtsrechtes … in Übereinstimmung mit den Grundsätzen der Religionsgemeinschaften erteilt«. Diese Verfassungsbestimmung, die im Wesentlichen die diesbezügliche Regelung in Art. 149 Abs. 1 WRV aufnimmt, spiegelt den Willen des Parlamentarischen Rates wider, staatlichen Religionsunterricht an den öffentlichen Schulen als *Regelfall* zu etablieren. Auf historische Sondersituationen (in Bremen und Berlin) nimmt die → Bremer Klausel des Art. 141 GG (»Artikel 7 Abs. 3 Satz 1 findet keine Anwendung in einem Lande, in dem am 1. Januar 1949 eine andere landesrechtliche Regelung bestand.«) Bezug. Über das Grundgesetz hinaus ist die Existenz von Religionsunterricht als ordentliches Lehrfach an öffentlichen Schulen auch im Verfassungs- und Schulrecht der meisten Bundesländer sowie in einer Reihe von Staatskirchenverträgen (→ Verträge) verankert.

Die geltende Rechtslage beruht auf einem im Parlamentarischen Rat vorhandenen Grundkonsens darüber, dass es zu den wesentlichen Erziehungsaufgaben des Staates gehört, Jugendliche zur Entwicklung einer persönlichen religiösen Identität zu befähigen. Bei der staatlichen Einrichtung von Religionsunterricht handelt es sich nicht um eine Privilegierung der Kirchen, sondern um eine kulturstaatliche Aktivierung des Bildungs- und Erziehungswerts religiöser Unterweisung im Rahmen der staatlichen Schulhoheit. Eine Bevorzugung der Kirchen wird im Übrigen bereits dadurch ausgeschlossen, dass die in Art. 7 Abs. 3 GG enthaltene Garantie keineswegs nur sie, sondern vielmehr auch andere Religionsgemeinschaften erfasst. Neben seiner kulturstaatlichen Funktion und Legitimation trägt der staatlich veranstaltete Religionsunterricht überdies Individualrechten der Beteiligten Rechnung, vor allem dem Grundrecht der Schülerinnen und Schüler auf → Religionsfreiheit sowie dem Erziehungsrecht der Eltern in religiöser Hinsicht (→ Kindererziehung).

Art. 7 Abs. 3 GG enthält eine institutionelle Garantie staatlichen Religionsunterrichts als ordentliches Lehrfach an öffentlichen Schulen, welches allerdings hinsichtlich der Teilnahme der Schülerinnen und Schüler (Art. 7 Abs. 2 GG) sowie der Mitwirkung des Lehrpersonals (Art. 7 Abs. 3 S. 3 GG) Freiwilligkeit voraussetzt. Darüber hinaus räumt die Norm nach Maßgabe ihrer tatbestandlichen Voraussetzungen dem Staat gegenüber subjektive Rechte auf Einrichtung von Religionsunterricht in den öffentlichen Schulen ein. Ein diesbezüglicher *Anspruch der Schülerinnen und Schüler bzw. ihrer Erziehungsberechtigten* setzt allerdings voraus, dass die Kirche oder → Religionsgemeinschaft des betreffenden Bekenntnisses durch Aufstellung entsprechender »Grundsätze« die Durchführung des Unterrichts ermöglicht (Art. 7 Abs. 3 S. 2 GG); denn ohne diese Bereitschaft zur Mitwirkung kann Religionsunterricht nicht stattfinden, weil dem Staat angesichts seiner Säkularität eine selbstständige inhaltliche Ausgestaltung nicht möglich ist (→ Trennung, → Neutralität). Gleichermaßen können die *Kirchen* sowie – sofern bei ihnen gewisse Grundvoraussetzungen für eine schulrechtlich ordnungsgemäße Abwicklung gegeben sind – auch *andere Religionsgemeinschaften* dem Staat gegenüber auf der Grundlage von Art. 7 Abs. 3 GG die Einrichtung von Religionsunterricht als ordentliches Lehrfach einfordern.

Im verfassungsrechtlichen Kontext wird mit dem sprachlich an sich mehrdeutigen Begriff Religionsunterricht *konfessionsbezogener Unterricht* bezeichnet. Die einschlägigen Gesichtspunkte hat das Bundesverfassungsgericht 1987 prägnant zusammengefasst: Religionsunterricht im Sinne des Grundgesetzes »ist keine überkonfessionelle vergleichende Betrachtung religiöser Lehren, nicht bloße Morallehre, Sittenunterricht, historisierende und relativierende Religionskunde, Religions- oder Bibelgeschichte. Sein Gegenstand ist vielmehr der Bekenntnisinhalt, nämlich die Glaubenssätze der jeweiligen Religionsgemeinschaft. Diese als bestehende Wahrheiten zu vermitteln ist seine Aufgabe ...« (BVerfGE 74, 244 [252]). Die dergestalt konkretisierte verfassungsrechtliche Gewährleistung gibt der Schulpraxis den Rahmen normativ garantierten staatlichen Religionsunterrichts vor. Insoweit bildet der konfessionell akzentuierte Verfassungsbegriff des Religionsunterrichts von Rechts wegen auch die Grenze der Ausgestaltung der nach Art. 7 Abs. 3 S. 2 GG relevanten Grundsätze der Religionsgemeinschaften. Zwar verändern sich im Wandel der gesellschaftlichen Verhältnisse auch die Unterrichtsinhalte. Gleichwohl bleibt zu beachten, dass der Verfassungsbegriff des Religionsunterrichts nicht zur Disposition der Religionsgemeinschaften steht; sie haben ihn inhaltlich auszufüllen, nicht aber in seinen grundsätzlichen Konturen zu definieren. Eine über die bereits bisher praktizierte *Kooperation* unterschiedlicher (weiterhin jeweils bekenntnismäßig angelegter) Unterrichte hinausgehende *Überkonfessionalität bzw. Multireligiosität* des Religionsunterrichts entspräche daher nicht der verfassungsrechtlichen Garantie. (→ Ethikunterricht)

Literatur: *Hildebrandt, Uta*: Das Grundrecht auf Religionsunterricht, 2000 – *Link, Christoph*: Religionsunterricht, in: HdbStKirchR II, S. 439–509 – *Kästner, Karl-Hermann*: Religiöse Bildung und Erziehung in der öffentlichen Schule, Essener Gespräche zum Thema Staat und Kirche 32 (1998), S. 61–96 – *ders.*: Die Konfessionalität des Religionsunterrichts an öffentlichen Schulen zwischen Religionspädagogik und Jurisprudenz, in: FS Link, 2003, S. 301–315.

Karl-Hermann Kästner

Religiöses Existenzminimum

»Der Mensch lebt nicht nur von Brot, sondern von jedem Wort, das aus Gottes Mund kommt« (vgl. Dtn 8, 3; Mt 4, 4). Theologisch meint »Brot« die materielle Existenzgrundlage des Menschen, »Wort« die geistige. Die Rechtsordnung vollzieht dies juristisch nach: Neben dem weithin bekannten, *materiellen* Existenzminimum des Menschen kennt sie ein weiteres, *geistiges* Existenzminimum, welches zum Grundrecht auf Asyl entwickelt wurde und für das Grundrecht auf → Religionsfreiheit ebenfalls relevant ist.

1. Das religiöse Existenzminimum bildet einerseits den Kernbereich des Grundrechts auf Religionsfreiheit nach Art. 4 Abs. 1 und 2 GG, andererseits einen Anwendungsbereich des Grundrechts auf Asyl nach Art. 16a Abs. 1 GG, d.h. ein Eingriff in das religiöse Existenzminimum löst den Anspruch auf Asyl aus.

2. a) Das BVerfG hat das religiöse Existenzminimum auffallend genau vermessen. Abstrakt betrifft es »den elementaren Bereich der sittlichen Person ..., in dem für ein menschenwürdiges Dasein die Selbstbestimmung möglich bleiben muß, sollen nicht die metaphysischen Grundlagen menschlicher Existenz zerstört werden« (BVerfGE 76, 143 [158]). Konkret gehören die »Religionsausübung im häuslich-privaten Bereich, wie etwa der häusliche Gottesdienst, aber auch die Möglichkeit zum Reden über den eigenen Glauben und zum religiösen Bekenntnis im nachbarschaftlich-kommunikativen Bereich, ferner das Gebet und der Gottesdienst abseits der Öffentlichkeit in persönlicher Gemeinschaft mit anderen Gläubigen dort, wo man sich nach Treu und Glauben unter sich wissen darf, ... zu dem elementaren Bereich, den der Mensch als ›religiöses Existenzminimum‹ zu seinem Leben- und Bestehenkönnen als sittliche Person benötigt ...; sie gehören zu dem unentziehbaren Kern seiner Privatsphäre (›privacy‹), gehen aber nicht darüber hinaus« (BVerfGE 76, 143 [158 f.]).

Das religiöse Existenzminimum, umfasst daher nur das *forum internum*, nicht auch das *forum externum*, mithin den privaten, nicht den öffentlichen Gebrauch der Religionsfreiheit.

b) Leitend in Bezug auf das Grundrecht auf Asyl war für das BVerfG dabei stets der Bezug zur Menschenwürde: »Voraussetzungen und Umfang des politischen Asyls sind wesentlich bestimmt von der Unverletzlichkeit der Menschenwürde, die als oberstes Verfassungsprinzip nach der geschichtlichen Entwicklung des Asylrechts die Verankerung eines weitreichenden Asylanspruchs im Grundgesetz entscheidend beeinflußt hat« (BVerfGE 54, 341 [357]).

3. a) Die asylrechtliche Judikatur hat in letzter Zeit eine bemerkenswerte Erweiterung erfahren. Der EuGH entschied, dass erstens nicht jeder Eingriff in die Religionsfreiheit eine asylrelevante Handlung darstellt, vielmehr »eine ›schwerwiegende Verletzung‹ dieser Freiheit vorliegen muss« (Urteil Bundesrepublik Deutschland/Y und Z, C-71/11 und C-99/11, EU:C:2012:518, Rn. 59). Dabei sei es zweitens »nicht angebracht, zwischen Handlungen, die in einen ›Kernbereich‹ (›forum internum‹) des Grundrechts auf Religionsfreiheit eingreifen sollen, der nicht die religiöse Betätigung in der Öffentlichkeit (›forum externum‹) erfassen soll, und solchen, die diesen ›Kernbereich‹ nicht berühren sollen, zu unterscheiden« (Rn. 62). Das BVerwG ist dem gefolgt.

b) EU- (→ Europarecht) und einfachrechtlich ist damit die Unterscheidung zwischen forum internum und forum externum entfallen. Asylrelevant sind nunmehr »alle Arten von Eingriffen« (Rn. 64). Es ist »nicht darauf abzustellen, in welche Komponente der Religionsfreiheit eingegriffen wird, sondern auf die Art der Repressionen, denen der Betroffene ausgesetzt ist, und deren Folgen« (Rn. 65). Bei dieser Prüfung sind subjektive und objektive Gesichtspunkte zu berücksichtigen; einzubeziehen ist sowohl die Sicht der Religionsgemeinschaft wie die des einzelnen Mitglieds; Letzteres gilt selbst dann, wenn die

Sicht des Mitglieds von der der Religionsgemeinschaft abweicht (Rn. 70).

4. a) Ob sich das BVerfG dem anschließen wird, bleibt abzuwarten. Dafür sprechen manche Gründe. Ohnehin bestehen mehr Gemeinsamkeiten zwischen beiden Rechtsprechungen als Unterschiede.

b) So hat das BVerfG schon früh die subjektive Sicht des Mitglieds einer Religionsgemeinschaft, selbst wenn sie nicht oder nicht vollends der Sicht seiner Religionsgemeinschaft entspricht, berücksichtigt (st. Rspr. BVerfGE 32, 98 [106 f.]; 108, 282 [297]).

Gemeinsam ist beiden Auffassungen überdies der Ausgangspunkt, dass nicht jeder Eingriff in die Religionsfreiheit zu einem Asylanspruch führt.

Entscheidend ist, dass das BVerfG selbst seine Rechtsprechung auf materiellen Kriterien aufbaut. An erster Stelle steht hierfür der Bezug zur Menschenwürde. Daran anschließend sind Beeinträchtigungen nur dann zu berücksichtigen, »wenn sie nach ihrer Intensität und Schwere die Menschenwürde verletzen« (BVerfGE 54, 341 [357]). Schließlich werden als materielle Kriterien etwa – teils bedeutungs-, teils sogar wortgleich mit dem EuGH – genannt: Art, Ausmaß (BVerfGE 54, 341 [360]; Rn. 65), Gewicht, Schwere (BVerfGE 76, 143 [158]; Rn. 65), religiös-personale Identität (BVerfGE 76, 143 [160]; Rn. 70).

5. Rechtlich interessant ist zum einen die Konstruktion, dass der Kernbereich des sachlichen Schutzbereichs des Art. 4 Abs. 1 und 2 GG zum sachlichen Schutzbereich des Art. 16a Abs. 1 GG wird, zum andern die Frage, wie sich religiöses Existenzminimum, Menschenwürdegehalt der Religionsfreiheit und Wesensgehalt (Art. 19 Abs. 2 GG) der Religionsfreiheit zueinander verhalten.

Literatur: BVerfG, Beschl. v. 01.07.1987 – 2 BvR 478, 962/86, BVerfGE 76, 143 ff. – EuGH, Urt. v. 05.09.2012 – C-71, 99/11, EU:C:2012:518 – BVerwG, Urt. v. 20.02.2013 – BVerwG 10 C 23.12, BVerwGE 146, 67 ff. – *Dörig, Harald*: Auf dem Weg in ein Gemeinsames Europäisches Asylsystem, NVwZ 2014, 106–110.

Georg Neureither

Res sacrae / öffentliches Sachenrecht

I. Traditionell kennt die deutsche Rechtsordnung einen besonderen Schutz für Gegenstände, die unmittelbar gottesdienstlichen Zwecken dienen (wie Glocken, Altarkreuze, Leuchter, Behältnisse, Taufbecken und -kellen etc. – sog. *vasa sacra*). Dieser Schutz schlägt sich in unterschiedlichen Rechtsgebieten nieder.

II. § 243 Abs. 1 Nr. 4 StGB erweitert den Strafrahmen für den Diebstahl einer Sache, die sich in einem gottesdienstlichen Raum befindet und »dem Gottesdienst gewidmet ist oder der religiösen Verehrung dient« (→ Religionsstrafrecht).

III. Eigentümer solcher *res sacrae* sind in der Regel Religionsgesellschaften. Verfassungsrechtlich werden Erwerb, Gebrauch und Erhalt solcher Gegenstände durch das Grundrecht der → Religionsfreiheit (Art. 4 Abs. 1 und 2 GG), das Recht auf freie Ordnung und Verwaltung der eigenen Angelegenheiten von Religionsgesellschaften (Art. 140 GG i. V. m. Art. 137 Abs. 3 WRV, → Selbstbestimmungsrecht) und den besonderen Eigentumsschutz nach Art. 140 GG i. V. m. Art. 138 WRV erfasst – und zwar unabhängig davon, ob der Eigentümer öffentlich-rechtlich oder bürgerlich-rechtlich organisiert ist. Die genannten Bestimmungen des Grundgesetzes sind bei der Auslegung und Anwendung zivilrechtlicher Normen zu berücksichtigen. Auch Regelungen zur Zwangsvollstreckung sind im Lichte dieser Schutzbestimmungen zu interpretieren.

IV. Das Verfassungsrecht kennt schließlich als Ausfluss des öffentlich-rechtlichen → Körperschaftsstatus nach Art. 140 GG i. V. m. 137 Abs. 5 WRV die Möglichkeit, Vermögensgegenstände zu öffentlichen Sachen zu erklären. Der Ursprung dieses Rechtes ist in alten gemein- und partikularrechtlichen Regelungen zu suchen, die die Möglichkeit eines besonderen öffentlich-rechtlichen Schutzes von Kultgegenständen durch Widmung vorsahen. Vor 1919 herrschte Einvernehmen, dass die Kirchen als Körperschaften des öffentlichen Rechts Gottesdienste als öffentliche Angelegenheiten veranstalteten und deshalb auch die dabei benötigten Gegenstände zu öffentlichen Sachen widmen konnten. Dieses Recht sollte nach dem Willen der Verfassungsgeber als Kernrecht der öffentlich-rechtlichen Korporationen unter den veränderten normativen Bedingungen der Weimarer und der Bonner Verfassung modifiziert bestehen bleiben.

Die Angelegenheiten der Religionsgesellschaften sind heutzutage nicht mehr als staatliche zu bewerten; das Recht auf ein öffentliches Sachenrecht der Kirchen und korporierten Religionsgemeinschaften ist – wie die anderen einzelnen Körperschaftsrechte – in Zusammenhang mit den religionsfreiheitlichen Garantien des Grundgesetzes zu sehen. Die Einbeziehung von kirchlichen Vermögensgegenständen in das öffentliche Sachenrecht dient dem materiellen Substrat religiöser Freiheiten (→ Kirchenvermögen, → Kirchengebäude). Dabei geht der durch Art. 137 Abs. 5 WRV gewährte öffentlich-rechtliche Sachenstatus über den durch Religionsfreiheit und Kirchengutsgarantie begründeten Schutz (s. o.) hinaus.

Das besondere Sachenrecht der öffentlich-rechtlich korporierten Religionsgemeinschaften zeichnet sich dadurch aus, dass mittels eines entsprechenden Widmungsakts eine Sache mit einer sog. öffentlich-rechtlichen Dienstbarkeit (der rechtlichen Festlegung des Nutzungszwecks) belegt werden kann. Die privatrechtlichen Rechtsverhältnisse werden hierdurch öffentlich-rechtlich überlagert. Wirksam ist eine solche Widmung nur, wenn die die Widmung vollziehende Religionsgesellschaft selbst Eigentümerin ist oder der Eigentümer sein Einverständnis erklärt hat. Die Widmung muss hinreichend bestimmt sein, kann aber auch konkludent erfolgen. Sie wirkt nicht nur innerkirchlich, sondern hinsichtlich bestimmter Rechtsfolgen im weltlichen Bereich gegenüber jedermann.

Nach den Vorstellungen des Weimarer Verfassungsgebers sollten nur unmittelbar dem Kultus dienende Gegenstände einem öffentlichen sachenrechtlichen Regime unterstellt werden können. Aus verfassungsdogmatischen Gründen ist diese Begrenzung überholt. Nach Sinn und Zweck der Norm soll das für das religiöse Wirken besonders bedeutsame materielle Substrat geschützt und dadurch die Freiheit religiöser Betätigung flankiert werden. Welche Gegenstände aus religiösen Gründen eines besonderen Schutzes bedürfen, muss sich aber nach dem Selbstverständnis der korporierten Religionsgemeinschaft ergeben und kann nicht vom (seinerseits religiös-weltanschaulich neutralen [→ Neutralität]) Staat vorgegeben werden. Deshalb ist es öffentlich-rechtlichen Religionsgemeinschaften nicht verwehrt, auch dem Verwaltungsgebrauch dienende Gegenstände als organisatorische Bedingungen zur Verwirklichung der Religionsfreiheit in den besonderen Sachenschutz einzubeziehen. Solche Sachen kann man freilich nicht als *res sacrae* bezeichnen. Deshalb empfiehlt es sich, terminologisch genau zwischen den eigentlichen *res sacrae* und öffentlichen Sachen der nach Art. 140 GG i. V. m. Art. 137 Abs. 5 WRV korporierten Religionsgesellschaften zu unterscheiden.

Literatur: *Mainusch, Rainer*: Die öffentlichen Sachen der Religions- und Weltanschauungsgemeinschaften, 1995 – *ders.*: Das kirchliche öffentliche Sachenrecht, ZevKR 38 (1993), S. 26–84 – *Schütz, Dieter*: Res sacrae, in: HdbStKirchR II, S. 3–18.

Hans Michael Heinig

Rundfunkaufsicht / Rundfunkrat

Die Organisation des öffentlich-rechtlichen Rundfunks in Deutschland richtet sich wesentlich nach den verfassungsrechtlichen Vorgaben des Art. 5 Abs. 1 S. 2 GG. Diese durch die Rechtsprechung des BVerfG geprägte Vorschrift bestimmt, dass die Freiheit des Rundfunks eine dienende Freiheit zu sein hat. Das bedeutet, die Rundfunkfreiheit ist nicht die Freiheit des Rundfunkveranstalters um seiner selbst willen, sondern soll einen ganz spezifischen verfassungsrechtlichen Auftrag erfüllen. Dieser Auftrag besteht darin, ein Rundfunkangebot zu erstellen, das sowohl staatsunabhängig als auch inhaltlich vielfältig und ausgewogen ist. Es sollen daher alle Themen und Meinungen »in ihrer möglichsten Breite« dargestellt werden. Aus diesen verfassungsrechtlichen Bestimmungen folgen nicht nur Vorgaben für die Programmgestaltung, sondern unausweichlich auch Aussagen über die Organisation des Rundfunks. Denn der Inhalt eines Rundfunkprogrammes hängt maßgeblich davon ab, wer die Kontrolle über den Rundfunk hat. Der Staat jedoch kommt hierbei als oberstes Kontrollorgan nicht infrage, denn die Organisation des Rundfunks muss ja gerade staatsfern ausgestaltet sein.

Soll der öffentlich-rechtliche Rundfunk also einerseits staatsfern sein und andererseits nicht von bestimmten gesellschaftlichen Interessen beherrscht werden, so bleibt nur die Organisation in öffentlich-rechtlichen Repräsentativorganen einerseits, oder andererseits die Kontrolle durch Sachverständigenräte. Die Länder in Deutschland haben sich für die erstere Variante entschieden. So soll eine gesellschaftlich-pluralistische Organisation der Programmkontrolle erreicht werden.

Umgesetzt haben die Länder dieses Programm so, dass die Rundfunkanstalten von einem Intendanten geleitet und vertreten werden. Dieser Intendant wiederum wird durch den Rundfunkrat und den Verwaltungsrat beraten und überwacht. Der Rundfunkrat wiederum setzt sich aus Vertretern der entsendungsberechtigten Verbände zusammen.

Zu diesen Verbänden zählen die Kirchen genauso wie verschiedenste Sozial- und Berufsverbände sowie Organisationen aus den Bereichen Kultur, Politik, Sport oder Bildung. Die Beteiligung der Kirchen ergibt sich aber nicht nur aufgrund ihrer gesellschaftlichen Bedeutung und Repräsentanz, sondern ist auch ein Ausdruck des verfassungsrechtlichen Angebotes auf einen Status der Öffentlichkeit (vgl. Art. 140 GG i. V. m. Art 137 Abs. 5 WRV).

Dieses Angebot ist zwar maßgeblich auf öffentlich-rechtliche Religionsgemeinschaften (→ Körperschaftsstatus) zugeschnitten, beschränkt sich jedoch nicht auf diese.

Da sich die Beteiligung im Wesentlichen nach der gesellschaftlichen Bedeutung richtet, steht das Trennungsverbot des Art. 137 Abs. 1 WRV (→ Trennung) einer kirchlichen Beteiligung in den Rundfunkräten nicht entgegen; im Gegenteil, gerade unter dem Gesichtspunkt der religiös-weltanschaulichen → Neutralität erscheint eine kirchliche Beteiligung als geboten. Denn es würde eine Diskriminierung der religiösen Verbände bedeuten, wenn allen möglichen gesellschaftlichen Institutionen eine Mitgliedschaft in öffentlich-rechtlich organisierten Repräsentativorganen eingeräumt würde, nur Religions- und Weltanschauungsgemeinschaften nicht. Wird gesellschaftliche Repräsentanz in den Rundfunkräten angestrebt, dann stehen weder das Verbot der Staatskirche noch der Grundsatz der weltanschaulichen Neutralität des Staates einer Mitpräsenz von Kirchen entgegen, da die Zwecke des Verflechtungsverbotes hier nicht beeinträchtig werden. Die durch Art. 5 Abs. 1 GG spezifische Ausgestaltung des Rundfunks rechtfertigt die Mitgliedschaft von Kirchen in den Rundfunkräten. Freilich ist dem Prinzip der Parität (→ Gleichbehandlung) Genüge zu tun.

Literatur: *Cornils, Matthias*: Die Kirchen in den Rundfunkgremien, ZevKR 54 (2009), S. 417–444 – *Link, Christoph*: Die gesetzlichen Regelung der Mitwirkung der Kirchen in den Einrichtungen des Rundfunks und Fernsehens, in: HdbStKirchR II, S. 285–313.

Daniel Kühl

Säkularisation / Säkularisierung

I. Die Begriffe Säkularisierung und Säkularisation werden oftmals synonym verwendet, sollten aber klar unterschieden werden. Beide werden von unterschiedlichsten

Wissenschaftsdisziplinen gebraucht und haben schon daher einen schillernden Bedeutungsgehalt.

II. Säkularisierung dient zur Bezeichnung von Prozessen der Verweltlichung und ist ein geisteswissenschaftlicher Schlüsselbegriff der Moderne. Insbesondere die Systemtheorie hat Säkularisierung als Prozess funktioneller Differenzierung moderner Gesellschaften identifiziert. Die funktionelle Scheidung von Religion und anderen gesellschaftlichen Systemen, wie Recht, Politik und Wirtschaft, wird hier schnell deterministisch verstanden; eine zunehmende Verweltlichung erscheint dann als konstituierender Faktor der Modernisierung und gibt ihr Finalität. In dieser Deutung sieht sich das Säkularisierungstheorem zunehmend durch die Prozesse der Wiederkehr der Religion, neuer Religiosität und der Politisierung von Religion in Frage gestellt. Säkularisierung fungiert so nicht selten als Kampfbegriff gesellschaftspolitischer Debatten und kann hier auch Ausdruck von Religionsfeindlichkeit sein, die treffender als Säkularismus zu bezeichnen ist (→ Laizismus).

In juristischer Perspektive münden die Begriffe Säkularisierung und Säkularisation in einer übergreifenden Perspektive in einem Attribut des modernen Verfassungsstaates, dessen Entstehung *Ernst-Wolfgang Böckenförde* als Vorgang der Säkularisation beschrieben hat. Säkularisation meint hier den Entzug oder die Entlassung einer Sache, eines Territoriums oder einer Institution aus kirchlich-geistlicher Observanz und Herrschaft. Der säkulare Verfassungsstaat hat sich in diesem Sinne nach dem Zerbrechen der ungeteilt geistlich-weltlichen mittelalterlichen *res publica christiana* in einem Säkularisierungsprozess von unmittelbarer religiöser Legitimation entfernt und hält zu Religionen Äquidistanz. Ein freiheitliches

→ Religionsverfassungsrecht gibt mit der Garantie der → Religionsfreiheit, der → Gleichbehandlung der Religionen und dem Gebot religiös-weltanschaulicher → Neutralität des Staates eine säkulare Rahmenordnung vor, in der sich Religion auch als Faktor im öffentlichen Raum entfalten kann.

III. Der Begriff der Säkularisation ist im Vergleich zur Säkularisierung enger zu fassen und betrifft nur den Entzug kirchlicher Herrschaftsrechte (Herrschaftssäkularisation) und kirchlichen Vermögens (Vermögenssäkularisation) durch den Staat. Nach gelegentlichen Säkularisationen im Zuge der Reformation stellt die umfänglichste Säkularisationsmaßnahme der deutschen Verfassungsgeschichte in diesem Sinne der → Reichsdeputationshauptschluss vom 25. Februar 1803 dar, der nicht nur die geistlichen Herrschaften bzw. Staaten auflöste, sondern in großem Umfang kirchliches Vermögen, namentlich Grundeigentum, in staatliche Hand überführte bzw. die Landesherren hierzu ermächtigte. Diese Säkularisationsmaßnahmen führten zur Übernahme finanzieller Lasten, die auf dem eingezogenen Kirchenvermögen ruhten, und zur Wahrnehmung der Finanzierungsverantwortung – etwa im Bereich der Versorgung und Besoldung der Pfarrer – seitens der Territorialstaaten gegenüber den Kirchen. Die genannten Säkularisationen sind insbesondere Grund für die überkommenen → Staatsleistungen i. S. d. Art. 138 Abs. 1 WRV i. V. m. Art. 140 GG, die den erlittenen Rechtsverlust finanziell kompensieren sollen. Das Recht der Staatsleistungen sieht als Säkularisationsfolgenrecht mit dem Verfassungsauftrag zur Ablösung der Staatleistungen, d. h. ihrer Aufhebung gegen Entschädigung, eine finanzielle Entflechtung und damit die endgültige Überwindung der vorsäkularen Leistungsbeziehungen zwischen Staat und Kirche vor.

Literatur: *Böckenförde, Ernst-Wolfgang*: Die Entstehung des Staates als Vorgang der Säkularisation, in: ders., Recht, Staat, Freiheit, 1991, S. 92–114 – *Droege, Michael*: Staatsleistungen an Religionsgemeinschaften im säkularen Kultur- und Sozialstaat, 2004 – *Heun, Werner*: Art. Säkularisierung (J), in: EvStL, Sp. 2073–2077 – *Lübbe, Hermann*: Säkularisierung. Geschichte eines ideenpolitischen Begriffs, 3. Auflage, 2003.

Michael Droege

Schächten

In islamischen und jüdischen → Religionsgemeinschaften ist das Gebot verbreitet, nur Fleisch von Tieren zu verzehren, das im Wege des »Schächtens«, d. h. durch religiöse Schlachtung gewonnen wurde. Der *Begriff der religiösen Schlachtung* bezeichnet einen aus mehreren Komponenten zusammengesetzten Schlachtvorgang, bei dem den gesunden Tieren – vor allem Rindern und Schafen – mit einem langen scharfen Messer die Weichteile des Halses durchtrennt werden, sodass das Fleisch möglichst schnell ausbluten kann. Das Amt des religiösen Schlachters ist an besondere Qualifikationen gebunden. Im Übrigen bestehen unterschiedliche Anforderungen an den Schlachtvorgang – bei der Schlachtung nach sunnitischem Ritus etwa die Ausrichtung des Tieres Richtung Mekka und die Anrufung Allahs. Gemeinsam ist allen Formen des »Schächtens« das grundsätzliche Gebot des Schlachtens ohne vorherige Betäubung des Tieres.

Das religiös motivierte betäubungslose Schlachten steht in einem verfassungsrechtlichen Konflikt mit dem *Tierschutzgedanken*, der 2002 als Staatsziel in Art. 20a GG aufgenommen wurde. Dieser Konflikt war bereits mehrfach Gegenstand höchstrichterlicher Entscheidungen des Bundesverfassungs- und des Bundesverwaltungsgerichts, die im Ergebnis disparat und grundrechtsdogmatisch überwiegend zweifelhaft ausgefallen sind. So ist entgegen dem Schächt-Urteil des Bundesverfassungsgerichts (BVerfGE 104, 337) auch das Schächten durch einen professionellen Schlachter im Schutzbereich der → *Religionsfreiheit* und nicht primär der Berufsfreiheit anzusiedeln. Die Beschränkung des Schächtens einschließlich eines strikten Verbotes stellt einen Eingriff in die Religionsfreiheit dar, der jedoch aus Gründen des Tierschutzes verfassungsrechtlich gerechtfertigt sein kann. Der Gesetzgeber hat im Tierschutzgesetz (TierSchG) den Versuch unternommen, beide Verfassungspositionen im Wege der Abwägung zu einem adäquaten Ausgleich zu bringen. So enthält § 4a Abs. 1 TierSchG die Regel, dass ein warmblütiges Tier nur geschlachtet werden darf, »wenn es vor Beginn des Blutentzugs betäubt worden ist.« Ausnahmen von dieser Regel werden in § 4a Abs. 2 TierSchG normiert und gemäß *§ 4a Abs. 2 Nr. 2 TierSchG* bedarf es keiner Betäubung, wenn »die zuständige Behörde eine Ausnahmegenehmigung für ein Schlachten ohne Betäubung (Schächten) erteilt hat; sie darf die Ausnahmegenehmigung nur insoweit erteilen, als es erforderlich ist, den Bedürfnissen von Angehörigen bestimmter Religionsgemeinschaften im Geltungsbereich dieses Gesetzes zu entsprechen, denen zwingende Vorschriften ihrer Religionsgemeinschaft das Schächten vorschreiben oder den Genuss von Fleisch nicht geschächteter Tiere untersagen.« Damit wird die religiöse Schlachtung unter ein repressives Verbot mit Genehmigungsvorbehalt gestellt, d. h. das Schächten ist verboten und kann nur auf Antrag durch eine Ausnahmegenehmigung erlaubt werden. Angesichts (1.) des nicht übermäßig schweren Eingriffs in die Religionsfreiheit, der mit diesem Verfahrenserfordernis verbunden ist, und (2.) der Tatsache, dass (nur) religiöse Speisevorschriften und nicht die Religionsausübung insgesamt betroffen ist, sowie (3.) der gewichtigen Bedeutung des Tierschutzes nach seiner verfassungsrechtlichen Aufwertung zum Staatsziel ist dieser gesetzliche Ausgleich verfassungsrechtlich nicht zu beanstanden. Als gesetzgeberische Handlungsoption befände sich aber auch die normative Vorgabe einer sog. Elektrokurzzeitbetäubung, die bereits in § 14 Abs. 2 Nr. 3 TierSchG verankert ist und nicht als Betäubung i. S. d. TierSchG gilt, im Rahmen möglicher Abwägungsergebnisse.

Die bisherigen Streitfälle betrafen die nach wie vor aktuelle Frage, wann eine entsprechende *Ausnahmegenehmigung* zu erteilen ist. Die vom Bundesverfassungsgericht (s. o.) vorgenommene verfassungskonforme Auslegung des § 4a Abs. 2 Nr. 2 TierSchG im Lichte der Religionsfreiheit führt zu dem insoweit zutreffenden Ergebnis, dass ein Anspruch auf eine Ausnahmegenehmigung besteht, wenn der Antragsteller »substantiiert und nachvollziehbar« darlegt, dass nach der jeweiligen Glaubensrichtung »der Verzehr des Fleisches von Tieren zwingend eine betäubungslose Schlachtung voraussetzt«. Die Ausnahmegenehmigung kann zudem mit Nebenbestimmungen versehen werden, die die Einhaltung tierschutzrechtlicher Standards sicherstellen.

Literatur: *Schwarz, Kyrill-Alexander*: Das Spannungsverhältnis von Religionsfreiheit und Tierschutz am Beispiel des »rituellen Schächtens«, 2003. – *Unruh, Peter*: Zur Abwägung von Religionsfreiheit und Tierschutz unter dem Grundgesetz, in:

Caspar / Luy (Hg.), Tierschutz bei der religiösen Schlachtung / Animal Welfare at Religious Slaughter, 2010, S. 158–190

Peter Unruh

Schulen, kirchliche

I. Lange Zeit war die Kirche (bzw. nach der Reformation: die Kirchen) Träger des Schulwesens in Deutschland. Erst mit der Etablierung des modernen Staates im ausgehenden 18. und langen 19. Jahrhundert nahm sich der Staat der gesellschaftlichen Erziehungsaufgabe in großem Stil an. Dabei geriet er teilweise in scharfen Konflikt mit dem kirchlichen Erziehungsanspruch im Schulwesen. Bis in den → Kulturkampf hinein nahm die Kirche schulaufsichtliche Funktionen wahr. Endgültig abgeschafft wurden die letzten Restbestände kirchlicher Schulaufsicht im Bereich der öffentlichen Schulen durch die Weimarer Reichsverfassung, die das gesamte Schulwesen unter die Aufsicht des Staates stellte. An dieser Regelung hält das Grundgesetz fest (Art. 7 Abs. 1 GG).

II. Innerhalb des mit der Aufsichtsfunktion bestimmten staatlichen Erziehungsauftrags bleibt verfassungsrechtlich ausdrücklich Raum für nichtstaatliche Schulträger (→ Privatschulfreiheit). Denn Art. 7 Abs. 4 GG garantiert das Recht, private Schulen einzurichten und zu betreiben, worunter auch kirchliche bzw. sonstige religiöse Schulen fallen. Als Ersatzschulen bedürfen kirchliche Schulen der staatlichen Genehmigung. Die Gründung einer religiösen Ergänzungsschule ist genehmigungsfrei, ihr Betrieb unterliegt aber den für alle geltenden Gesetzen, etwa zum Jugendschutz. Im Bereich der Grund- und Hauptschulen sollen Privatschulen als Ersatzschulen nur ausnahmsweise zugelassen werden, die öffentlichen Schulen also Regelschulen sein (Art. 7 Abs. 5 GG). Das Interesse der Eltern an einem religiösen Profil der schulischen Sozialisation bildet einen von zwei anerkannten Ausnahmegründen (→ Kindererziehung). Ziel dieser restriktiven Regelung ist die Wahrung der Chancengleichheit und der demokratischen Befähigung aller Schülerinnen und Schüler.

III. Neben der Verfassungsgarantie der → Privatschulfreiheit sind eine Fülle weiterer bundes- und landesverfassungsrechtlicher, einfachgesetzlicher sowie staatskirchenvertraglicher Bestimmungen für kirchliche Schulen relevant. Im Grundgesetz wird der Freiheitsschutz von Schulen in religionsgemeinschaftlicher Trägerschaft durch die → Religionsfreiheit und das Recht freier Ordnung und Verwaltung der eigenen Angelegenheiten flankiert (→ Selbstbestimmungsrecht). Zahlreiche Landesverfassungen nehmen die grundgesetzliche Garantie der Privatschulfreiheit auf und konkretisieren und ergänzen diese (etwa durch einen ausdrücklichen Anspruch auf öffentliche Zuschüsse). Die Länder sind nach dem Kompetenzgefüge des Grundgesetzes für das Schulwesen zuständig. Entsprechend finden sich die Einzelbestimmungen in den Schulgesetzen der Länder. Dort wird auch der genaue Modus zur Bestimmung der Zuschusshöhe festgelegt. Je nach Bundesland werden bis zu 90 % der Personalkosten sowie Beförderungskosten erstattet. Hinzu treten Zuschüsse zur Schaffung und Erhaltung der schulischen Infrastruktur. Bindungen für die Länder bei der Gründungsfreiheit und staatliche Förderung kirchlicher Schulen bestehen zudem aus staatskirchenvertraglichen Vereinbarungen (→ Verträge).

IV. Der Schulsektor in Deutschland wird durch die öffentlichen Schulen bestimmt. Im europäischen Vergleich spielen kirchliche Schulen hierzulande eine untergeordnete Rolle. Das hat maßgeblich historische Gründe. Im Gefolge der konfessionellen Spaltung setzte der Staat im 19. Jahrhundert auf Herstellung des Religionsfriedens durch Offenheit für die Religionen seiner Bürger (→ Neutralität). Der konfessionelle → Religionsunterricht ist Ausdruck dieser Offenheit. Religiöse Interessen der Schüler und Eltern werden hierdurch bedient. Der Religionsunterricht erscheint so gleichsam als das freiheitsrechtlich notwendige Pendant zum verfassungsrechtlichen Vorrang der öffentlichen Volksschulen. Einige Länder profilierten öffentliche Schulen zudem (zum Teil oder in der Regel) als christliche Gemeinschaftsschulen bzw. Bekenntnisschulen.

Ungeachtet dessen hat sich eine beachtliche kirchliche Schullandschaft erhalten. Gegenwärtig erfreuen sich Schulen in kirchlicher Trägerschaft wachsender Beliebtheit. Ihre Zahl ist in den letzten zehn Jahren gestiegen. 2007 bestanden 1.134 Schulen in evangelischer Trägerschaft mit 115.000 Schülern an 538 allgemeinbildenden Schulen und 52.000 Schülern an 596 berufsbildenden Schulen (für den katholischen Bereich 2009: 327.000 Schüler an 674 allgemeinbildenden Schulen und 42.000 Schülern an 216 berufsbildenden Schulen).

V. Kirchliche Schulen haben immer wieder wichtige reformpädagogische Impulse gesetzt. Ihre Zielsetzung, zur Wahrnehmung christlicher Freiheit im Glauben und zur Übernahme von Verantwortung in der Welt zu befähigen, scheint eine eigene Attraktivität innezuwohnen. Der wachsende Zuspruch dürfte teilweise aber auch mit dem tatsächlichen Zustand und schlechten Ruf des öffentli-

chen Schulsektors zusammenhängen. Das Verbot der
Sonderung der Schüler nach Besitzverhältnissen in Art. 7
Abs. 4 S. 3 GG gewinnt hierdurch neue Aktualität. Tatsächlich kann man vereinzelt den Eindruck gewinnen, es
gäbe kirchliche Eliteschulen für die Kinder besserverdie-
nender Eltern. Das kirchliche Ersatzschulwesen wird
durch solche Erscheinungen aber nicht geprägt. Die biblische Verpflichtung zum Dienst am Nächsten und die
Gleichheit in der Geschöpflichkeit eines jeden Menschen
(Würde) verbieten aus theologischer Sicht ein kirchliches
Schulwesen, das einer Segregation nach sozialer Herkunft
und Schichtung Vorschub leistet und nicht auf Befähi-
gungs- und Leistungsgerechtigkeit setzt. In dieser Zielsetzung korrespondieren kirchlicher Bildungsauftrag und
staatliche Aufsichtsfunktion.

Literatur: *Loschelder, Wolfgang*: Kirchen als Schulträger, in:
HdbStKirchR II, S. 511–547.

Hans Michael Heinig

Schulfrieden

Der Begriff des Schulfriedens hat eine reiche religionsrechtliche Tradition. Beginnend mit den Anhängern
Bhagwans in den Schulen über die Auseinandersetzungen
um das → Kopftuch muslimischer Lehrerinnen bis hin
zur Einrichtung eines schulischen Gebetsraums für einen
Schüler, stets geht es um die Frage, wieviel religiöses Bekenntnis von Schülern und Lehrern im Sonderstatus
Schule noch verträglich ist. Die »Verwurzelung« dieser
Kontroversen im Raum Schule ist kaum zufällig, ist diese
doch einerseits ein Ort, der auf Entfaltung und Entwicklung des Individuums zielt, andererseits aber auch ein

Ort, der durch Erziehung, Prägung und Einflussnahme durch Staat und Lehrer gekennzeichnet ist. Als Forum einer werteorientierten Bildung und Erziehung von Kindern ist der Schule das Potential zu religiöser Kontoverse also nachgerade eingeschrieben. Schulfriede wird damit zu einem (Rechts-) Kriterium.

Mit dem Begriff des Schulfriedens werden daher die staatlichen und gesellschaftlichen Interessen an der Funktionsfähigkeit der öffentlichen Einrichtung Schule chiffriert. Den Schulen obliegt ein verfassungsrechtlich verankerter Bildungsauftrag, dem sie nur dann vernünftig nachkommen können, wenn der Schulbetrieb selbst nicht gestört wird. Als störend können dabei verschiedene Faktoren empfunden werden. Dazu zählt insbesondere auch die Betätigung religiöser Freiheitsrechte durch Schüler und Lehrer, vor allem durch das öffentliche religiöse Bekenntnis, sei es symbolischer Natur (→ Symbole, → Kopftuch, religiöse Kleidung) oder handlungsgebunden (Gebete, Riten). Lösen solche Bekenntnisse Konflikte aus, werden diese zumeist unter Bezugnahme auf die Anforderungen des Schulfriedens unterbunden. Schulfriede als Rechtsbegriff dient also in der Praxis dazu, Einschränkungen der Grundrechte von Schülern und Lehrern zu legitimieren. Konflikthaft ist dabei regelmäßig das, was als strukturell oder substantiell fremd empfunden wird: Insofern begünstigt sowohl eine schwindende Religiosität der Mehrheitsgesellschaft Konflikte, weil öffentliches religiöses Bekenntnis strukturell fremd wirkt, aber auch eine wirksame mehrheitsgesellschaftliche Religiosität begünstigt Konflikte, weil davon abweichendes religiöses Bekenntnis substantiell fremd wirkt.

Rechtlich ist zu beachten: Das institutionelle Funktionsinteresse am Schulfrieden unterliegt seinerseits rechtlichen Schranken, die verhindern, dass schulischer Friede als Schutzgut absolut gesetzt und damit insbesondere als Vehikel zur Durchsetzung religiös-kultureller Mehrheitsvorstellungen genutzt wird. Die Praxis zeigt, dass aus grundrechtsvergessenen Gründen der Praktikabilität nicht selten vorschnell eine Gefährdung des Schulfriedens postuliert wird, um differenzierte grundrechtsfreundliche(re) Lösungen im Einzelfall nicht realisieren zu müssen; Lösungen also, die zumeist rechtlich wie tatsächlich kompliziert und arbeitsreich sind.

Das bedeutet konkret, dass in einem Gemeinwesen, welches dem religiösen Bekenntnis seiner Bürger gegenüber positiv neutral aufgeschlossenen ist, nicht das öffentliche Bekenntnis an sich schon als störend beurteilt werden darf (→ Neutralität, → Öffentlichkeitsauftrag). Das verfassungsrechtliche Freiheitsversprechen darf nicht dadurch unterlaufen werden, dass es mit Vorstellungen religiös-konfessioneller Homogenität kurzgeschlossen wird und auf diese Weise insbesondere solche religiösen Bekenntnisse aus dem Schulalltag verbannt werden, die nicht der Mehrheitsauffassung entsprechen. Freilich gilt auch: Je heterogener Schüler- und Lehrerschaft in religiöser Hinsicht werden, und je mehr dadurch *tatsächlich* und nicht nur potentiell Konfliktlagen entstehen, desto eher können Regelungsmodelle starker religiöser Zurückhaltung aller Beteiligten in den Schulen implementiert werden, um Konflikte zu vermeiden. Dabei sind strenge Gleichbehandlungsanforderungen zu wahren. Freilich ist aus grundrechtlicher Perspektive auch daran zu erinnern, dass eine vorbeugende Konfliktvermeidung, die ohne äußeren Anlass religiöses Bekenntnis unterbindet, nicht angezeigt ist.

Die neuere schulrechtliche Literatur fordert im Hinblick auf die komplizierten Abwägungsfragen mit Recht die Landesgesetzgeber auf, eine spezielle gesetzliche Grundlage zu schaffen, auf der über die Zulassung oder Unterbindung religiöser Bekenntnisse (der Schüler) in der Schule entschieden werden kann.

Literatur: *Heinig, Hans Michael*: Religionsfreiheit auf dem Prüfstand: Wie viel Religion verträgt die Schule?, KuR 2013, S. 8–20 – *Rohe, Mathias*: Muslime in der Schule, BayVBl. 2010, S. 257–264 – *Zimmermann, Ralph*: Gesetzesvorbehalt für schulordnungsrechtliche Maßnahmen gegen religiöse Äußerungen von Schülern, LKV 2010, S. 394–400 – *Coumont, Nina*: Muslimische Schüler und Schülerinnen in der öffentlichen Schule, 2008.

Julian Krüper

Schulpflicht

Unterschiedliche Formen der Schulverweigerung aus religiösen Gründen – sei es die Totalverweigerung durch christliche Fundamentalisten, sei es die Partialverweigerung durch Moslems – haben sich inzwischen zu einem gesellschaftlichen Problem ausgeweitet. Art. 6 Abs. 2 S. 1 GG i. V. m. Art. 4 Abs. 1 und 2 GG gewährt den Eltern das Recht zur → Kindererziehung in religiöser und weltanschaulicher Hinsicht. Diese Grundrechte sind Einschränkungen zugänglich, die sich aus dem prinzipiell gleichrangigen Erziehungsauftrag des Staates (Art. 7 Abs. 1 GG) ergeben können. Unter anderem ist die in den Gesetzen der Länder festgeschriebene allgemeine Schulpflicht eine Konkretisierung dieses Erziehungsauftrags. Konflikte zwischen dem (religiösen) Erziehungsrecht der Eltern und dem Erziehungsauftrag des Staates sind nach den

Grundsätzen der praktischen Konkordanz zu lösen. Das einfachgesetzliche Schulrecht lässt auf Antrag begrenzte Befreiungen durch den Schulleiter aus besonderen Gründen im Einzelfall zu, vgl. etwa § 11 Abs. 1 ASchO NRW.

Die aus den USA kommende, zumeist christlich-fundamentalistisch begründete Bewegung des sog. *homeschooling*, d. h. die Totalverweigerung der staatlichen Schulerziehung, ist in den letzten Jahren zum neuralgischen Punkt elterlichen und staatlichen Erziehungsrechts geworden. Hierbei geht es im Wesentlichen um strenggläubige Christen, die einen verwerflichen ideologischen Einfluss der Schulen auf ihre Kinder befürchten und diesen in bestimmten Fächern vermittelte Inhalte »ersparen« wollen. Ihrer Auffassung nach wird den Kindern an staatlichen Schulen »das Falsche« vermittelt und »das Richtige« vorenthalten. Die deutschen Gerichte lehnen bisher religiös motivierte Ansprüche auf völlige Unterrichtsbefreiung (auch von einzelnen Fächern) nahezu einhellig ab. Das Erziehungsrecht der Eltern sei nicht ausschließlicher Natur; daneben trete gleichrangig der Erziehungsauftrag des Staates. Die mit der in den jeweiligen Landesgesetzen geregelten Schulpflicht verbundenen Eingriffe in Art. 4 Abs. 1 und 2 GG und Art. 6 Abs. 2 GG stünden in einem angemessenen Verhältnis zu dem Gewinn, den die Erfüllung dieser Pflicht für den staatlichen Erziehungsauftrag und die hinter ihm stehenden Gemeinwohlinteressen erwarten ließen. Die Allgemeinheit habe ein berechtigtes Interesse daran, der Entstehung von religiös oder weltanschaulich motivierten »Parallelgesellschaften« entgegenzuwirken und Minderheiten zu integrieren. Abgesehen von der Frage, ob die Eltern überhaupt in der Lage sind, den gesamten Stoff auch in didaktischer Hinsicht einer wissenschaftlich ausgebildeten, professionell tätigen

Lehrkraft vergleichbar zu vermitteln, spricht hierfür vor allem die den Kindern aufgrund der erziehungsbedingten Ausgrenzung fehlende Kompetenz, sich unter normalen gesellschaftlichen Bedingungen behaupten zu können. Im Ergebnis würden die Kinder zur Unmündigkeit erzogen, was mit dem Menschenbild des Grundgesetzes nicht vereinbar wäre. Hinzu kommt der kaum feststellbare rigide familiäre Zwang, der auf die Kinder ausgeübt wird. Auch dies würde – in pädagogischer Hinsicht – gegen eine Befreiung sprechen. Als argumentativen Kern der grundsätzlichen Entscheidung gegen *homeschooling* hat die Rechtsprechung des Bundesverfassungsgerichts festgehalten: »Es mag zutreffen, dass die Beschränkung des staatlichen Erziehungsauftrags auf die regelmäßige Kontrolle von Durchführung und Erfolg eines Heimunterrichts zur Erreichung des Ziels der Wissensvermittlung ein milderes und insoweit auch gleich geeignetes Mittel darstellen kann. Doch kann es nicht als Fehleinschätzung angesehen werden, die bloße staatliche Kontrolle von Heimunterricht im Hinblick auf das Erziehungsziel der Vermittlung sozialer und staatsbürgerlicher Kompetenz nicht als gleich wirksam zu bewerten. Denn soziale Kompetenz im Umgang auch mit Andersdenkenden, gelebte Toleranz, Durchsetzungsvermögen und Selbstbehauptung einer von der Mehrheit abweichenden Überzeugung können effektiver eingeübt werden, wenn Kontakte mit der Gesellschaft und den in ihr vertretenen unterschiedlichsten Auffassungen nicht nur gelegentlich stattfinden, sondern Teil einer mit dem regelmäßigen Schulbesuch verbundenen Alltagserfahrung sind« (BVerfG, NVwZ 2003, 1113). Diese »Integrationsfunktion« der Schule besteht folglich nicht nur im Interesse der Kinder, sondern ist auch Voraussetzung für das Funktionieren einer demokratischen Staatsordnung. Nach dieser Prämisse ist auch die zwangsweise Durchsetzung der Schulpflicht mit Art. 4 Abs. 1 und 2 GG und Art. 6 Abs. 2 GG vereinbar. Tatsächlich schrecken aber selbst Bußgelder und polizeilicher Zwang Familien nicht ab, ausschließlich häuslichen Unterricht für ihre Kinder zu organisieren und durchzuführen.

Die zum *homeschooling* entwickelten Grundsätze hat das BVerwG jüngst (BVerwG, NVwZ 2014, 81) auch auf die – vermehrt aufkommenden – Fälle der religiös motivierten Verweigerung einzelner isolierter Unterrichtsinhalte übertragen. Hierzu gehören etwa die Ablehnung des koedukativen Schwimmunterrichts unter Berufung auf islamische Verhüllungsvorschriften, die Nichtteilnahme an Schulfahrten oder das »Boykottieren« von als anstößig empfundenen (Unterrichts-)Filmen; mit leichten Abstrichen lässt sich hier außerdem das Tragen eines *niqab* (eines Gesichtsschleiers) einordnen, als Weigerung, im Unterricht das eigene Gesicht zu zeigen. Auch in diesen Fällen hat das BVerwG die unerlässliche Integrationsfunktion der Schule in einer pluralistischen Gesellschaft betont, die es ihr – auch bei nötiger Rücksichtnahme auf individuelle Glaubensüberzeugungen der Schüler – nicht erlaube, sich in ihren Unterrichtsinhalten auf einen für alle akzeptablen »kleinsten gemeinsamen Nenner« zurückzuziehen, sondern umgekehrt gerade die grundsätzliche Einbeziehung von Minderheiten in alle Aspekte des schulischen Alltags, auch in die als belastend empfundenen, verlange; die Verfassung habe insoweit den Konflikt mit religiösen Überzeugungen bereits abstrakt in den staatlichen Erziehungsauftrag mit einberechnet und aufgelöst. Daraus folgt, dass eine Befreiung auch von einzelnen Unterrichtseinheiten nur dann überhaupt erst in Betracht kommt, wenn eine

Beeinträchtigung religiöser Empfindungen von »besonders gravierender Intensität« (BVerwG) – ein Konflikt also mit *imperativen* Glaubensgeboten – droht. Erst dann sei in einer Abwägungsentscheidung im Einzelfall über eine Befreiung zu befinden – mit dem Auftrag freilich, vorrangig einen für Schule, Eltern und Schüler akzeptablen Kompromiss (beispielsweise das Tragen eines »Burkini« im Schwimmunterricht) zu suchen. Hier wird in der zunehmenden Pluralisierung der Gesellschaft auf die Schulen in Zukunft eine bedeutende Moderationsaufgabe zukommen, die unmittelbar aus ihrem Integrationsauftrag erwächst.

Was den Besuch der Schule an Tagen angeht, die aus religiösen Gründen heilig sind (z.B. der Sabbat für Juden), gesteht die Rechtsprechung Ausnahmen zu, soweit sie zeitlich begrenzt sind. Bestimmte religiöse Feiertage (→ Sonntagsschutz) können daher als Freistellungsgrund anerkannt werden, sofern der Nachweis der Zugehörigkeit zu der betreffenden → Religionsgemeinschaft erbracht wird.

Literatur: *Hebeler, Timo / Schmidt, Julia*: Schulpflicht und elterliches Erziehungsrecht – Neue Aspekte eines alten Themas?, NVwZ 2005, S. 1368–1371 – *Tangermann, Christoph*: »Homeschooling« aus Glaubens- und Gewissensgründen, ZevKR 51 (2006), S. 393–417 – *Jestaedt, Matthias*: Schule und außerschulische Erziehung, in: Isensee / Kirchhof (Hg.), Handbuch des Staatsrechts der Bundesrepublik Deutschland, Bd. 7, 3. Auflage, 2009, § 156

Christian Waldhoff

Seelsorge in Polizei / Militär / Gefängnis / Krankenhaus

Das Grundgesetz gewährleistet die → Religionsfreiheit in Art. 4 Abs. 1 und 2 GG. Wenn Bürgerinnen und Bürger aus ihrem Alltag herausgerissen werden, kann es ihnen schwerer fallen, von den allgemeinen Seelsorgeangeboten ihrer Kirchen und → Religionsgemeinschaften Gebrauch zu machen. Vor diesem Hintergrund bestimmt Art. 140 GG i. V. m. 141 WRV: »Soweit das Bedürfnis nach Gottesdienst und Seelsorge im Heer, in Krankenhäusern, Strafanstalten und sonstigen öffentlichen Anstalten besteht, sind die Religionsgesellschaften zur Vornahme religiöser Handlungen zuzulassen, wobei jeder Zwang fernzuhalten ist«.

I. Einfachgesetzlich räumt § 36 S. 1 Soldatengesetz (SG) jedem Soldaten einen Anspruch auf Seelsorge und ungestörte Religionsausübung ein. Daher sind in der Bundeswehr Militärgeistliche tätig. Eine wichtige Rechtsgrundlage ist der zwischen Bund und EKD geschlossene »Militärseelsorgevertrag« (MSV) vom 22.10.1957 (BGBl. II S. 701; → Verträge). Dieser sieht u. a. die staatliche Verbeamtung der hauptamtlichen Militärgeistlichen sowie die staatliche Finanzierung (→ Subventionen) der Militärseelsorge vor. Für die katholische Militärseelsorge gelten im Ergebnis vergleichbare Rahmenbedingungen. Klargestellt sei, dass die Militärgeistlichen einen zivilen Rechtsstatus haben und nicht wie in anderen Staaten einen militärischen Rang bekleiden. Staat und EKD haben sich im Übrigen darauf verständigt, dass hauptamtliche Militärgeistliche auch im kirchlichen Dienst verbleiben können.

Beamtenstatus und staatliche Finanzierung (die in der Praxis keine Vollfinanzierung ist) werden von manchen kritisiert. Aus verfassungsrechtlicher Perspektive wird teils ein Verstoß gegen den Grundsatz der → Trennung von Staat und Kirche angenommen. Das Grundgesetz gibt jedoch kein striktes Trennungsprinzip vor. Der Staat ist vielmehr gehalten, innerhalb seines Bereiches Raum für die Verwirklichung der Religionsfreiheit zu schaffen (vgl. Art. 17a GG). Dies legitimiert die aktive Unterstützung der Militärseelsorge durch den Staat, solange jeder Zwang ferngehalten wird (Art. 141 WRV a. E.). Dementsprechend stellt § 36 S. 2 SG jedem Soldaten die Teilnahme am Gottesdienst frei.

Wenn Militärgeistliche staatlich verbeamtet sind, greifen im Ansatz die beamtenrechtlichen Dienstpflichten. Deren Reichweite ist jedoch im Lichte der Religionsfreiheit im Wesentlichen auf die Achtung der freiheitlichen demokratischen Grundordnung und das zur Sicherung der Funktionsfähigkeit der Bundeswehr Unerlässliche begrenzt. Die Gehorsamspflicht gilt nicht gegenüber Militärs, sondern nur gegenüber den vorgesetzten Militärgeistlichen.

An der Spitze der Militärseelsorge stehen die Militärbischöfe. Der katholische Militärbischof wird nebenamtlich tätig. Auf evangelischer Seite gibt es seit dem 15.7.2014 (erstmals) einen hauptamtlichen Militärbischof.

II. Eine ausdrückliche Erwähnung findet die Polizeiseelsorge in Art. 38 LV Bbg.; im Übrigen greifen Art. 140 GG i. V. m. 141 WRV sowie landesverfassungsrechtliche Parallelbestimmungen. Die Polizeiseelsorge findet ihre Berechtigung u. a. darin, dass Polizisten beruflich mit Situationen konfrontiert werden, die besonderen Seelsorgebedarf begründen; einige Polizisten sind zudem kaserniert. Im Gegensatz zur Militärseelsorge stehen Polizeiseelsorger regelmäßig im kirchlichen Dienst. Die Länder unterstützen die Polizeiseelsorge durch finanzielle Zuschüsse und z. B. durch die Bereitstellung von Räumen oder die Gewährung von Dienstbefreiungen. Ähnliches gilt auf Bundesebene für die Bundespolizei.

III. Neben Art. 140 GG i. V. m. 141 WRV gewährleisten auch eine Reihe von Landesverfassungen die Anstalts-, Gefängnis- oder Krankenhausseelsorge (Art. 148 Bay., 38 LV Bbg., 82 LV Brem., 54 Hess., 20 LV NRW, 48 RP, 42 LV Saarl., 141 Sachs., 141 Sachs.-Anh.). Anlass dieser Verfassungsbestimmungen ist die Ausnahmesituation, in der sich Kranke und Strafgefangene befinden. Im Gefängnis kommt dem Seelsorger eine besondere Rolle zu, da er – im Unterschied zu den Gefängnispsychologen – zu völligem Stillschweigen berechtigt und verpflichtet ist. Die Gefängnisseelsorge findet ihre Grenze in dem, was zur Aufrechterhaltung der Sicherheit oder zur Abwendung einer schwerwiegenden Störung der Ordnung der Anstalt unerlässlich ist (§ 4 Abs. 2 StVollzG).

Literatur: *Dany, Horst*: Außenansichten eines Gefängnisseelsorgers, DRiZ 2012, S. 129–131 – *Ennuschat, Jörg*: Militärseelsorge, 1996 – *Grützner, Kurt / Gröger, Wolfgang / Kiehn, Claudia / Schiewek, Werner* (Hg.): Handbuch Polizeiseelsorge, 2006 – *Tabbara, Tarik*: Rechtsfragen der Einführung einer muslimischen Krankenhausseelsorge, ZAR 2009, S. 254–259.

Jörg Ennuschat / Clemens Muñoz

Seelsorgegeheimnis

I. Unter dem Begriff »Seelsorge-« bzw. »Beichtgeheimnis« werden der Schutz und die Integrität des gegenüber einem Geistlichen vertrauensvoll gesprochenen Wortes verstanden. Das Seelsorgegeheimnis steht in einem engen geschichtlichen Zusammenhang mit der christlichen

Beichte, verpflichtet den Geistlichen zur Verschwiegenheit und befreit ihn gleichzeitig von der allgemeinen Zeugenpflicht. Es stellt damit eine der ältesten Datenschutzvorschriften dar (→ Datenschutz). Der Bürger soll sich in Ausübung seiner → Religionsfreiheit ungestört der Beichte bzw. des Seelsorgegesprächs bedienen können, ohne die Aufdeckung des auch anderen Religionen bekannten Instruments der »seelisch-religiösen Hygiene« oder seiner Inhalte besorgen zu müssen. Hinsichtlich der Bedeutung des Seelsorgegeheimnisses muss dabei zwischen seiner Wirkung im → Kirchenrecht und im staatlichen Prozessrecht unterschieden werden:

II. Das Beicht- und Seelsorgegeheimnis ist eines der höchsten Güter beider großen christlichen Kirchen. Es gehört zu ihren Grundvollzügen. Im römisch-katholischen Kirchenrecht ist das Beichtgeheimnis unverletzlich (can. 983 § 1 CIC). Geistliche, die dagegen verstoßen, können exkommuniziert werden (can. 1388 CIC). Auch im evangelischen Kirchenrecht statuiert das seit 2010 einheitlich geregelte Seelsorgegeheimnisgesetz der EKD in Aufnahme älterer Bestimmungen eine Verschwiegenheitspflicht des Seelsorgers. Nach § 30 Abs. 1 des seit 2011 ebenfalls einheitlich geregelten Pfarrerdienstgesetzes der EKD sind Pfarrer verpflichtet, das Beichtgeheimnis gegenüber jedermann unverbrüchlich zu wahren. Diese Amtspflicht kann im Falle ihrer Verletzung disziplinarrechtlich geahndet werden. Die Verschwiegenheitspflicht betrifft vornehmlich Priester bzw. Pfarrer, wird aber bei den Kirchen zuletzt auch auf nicht-ordinierte Mitarbeiter erstreckt.

III. Im staatlichen Zivil- und Strafprozessrecht bestehen für bestimmte Berufsgruppen (z. B. Rechtsanwälte, Ärzte, Psychotherapeuten etc.) berufsspezifische →

Zeugnisverweigerungsrechte. »Berufsgeheimnisträgern« müssen über das, was ihnen in ihrer spezifischen Eigenschaft anvertraut wurde oder bekanntgeworden ist, vor Gericht nicht aussagen. Ein solches Zeugnisverweigerungsrecht kommt auch Geistlichen zu (z. B. § 383 Abs. 1 Nr. 4 ZPO, § 53 Abs. 1 Nr. 1 StPO). Dies gilt weitgehend auch dann, wenn der Gesprächspartner den Geistlichen von seiner Schweigepflicht entbunden hat, und erstreckt sich ebenso auf ein prinzipielles Abhör- bzw. Beschlagnahmeverbot entsprechender Aufzeichnungen. Selbst wenn der Gesprächspartner über eine geplante Straftat berichtet, müssen Geistliche diese nicht anzeigen (§ 139 Abs. 2 StGB). Das Privileg durchbricht das verfahrensrechtliche Anliegen materieller Wahrheitsfindung zugunsten ausnahmsweise höherrangiger Rechtsgüter, nämlich der Sicherung des unantastbaren Kernbereichs privater Lebensgestaltung, der Berufs- und Religionsfreiheit sowie der Vermeidung eines sog. Pflichtenwiderstreits beim Seelsorger, der ansonsten seine kirchenrechtliche Verschwiegenheitspflicht verletzten müsste.

Besonders umstritten ist dabei, wer als Geistlicher anzusehen ist und wer nicht. Den Religionsgemeinschaften wird bei dieser Frage grundsätzlich eine Plausibilisierungsbefugnis einzuräumen sein, weshalb die christlichen Priester bzw. Pfarrer ohne weiteres als Geistliche anzusehen sind. Bei nicht-ordiniertem Personal oder Geistlichen anderer Religionsgemeinschaften kommt es auf den funktionalen Zusammenhang an, also die Frage, ob bei der seelsorgenden Person eine berufstypische Vertrauenssituation und ein klar definiertes Berufsbild besteht, das seinerseits durch eine Standesaufsicht oder Disziplinargewalt abgesichert ist. Nur bei solchen haupt-, neben- oder ehrenamtlichen Berufsgeheimnisträgern kann einem

Missbrauch des Seelsorgegeheimnisses begegnet werden. Ferner erstreckt sich das Seelsorgegeheimnis nur auf Gespräche, die der Geistliche in seiner konkreten Eigenschaft als Seelsorger geführt hat. Die Übergänge zwischen einem belanglosen hin zu einem verschwiegenheitspflichtauslösenden Gespräch mögen fließend sein. Letztendlich entscheidet ex post das Gewissen des Geistlichen, das er vor Gericht glaubhaft zu machen hat (§ 56 StPO). Ausnahmsweise zulässige Abhörmaßnahmen sind nach der Rechtsprechung des BVerfG unverzüglich abzubrechen, sobald ihr Beichtcharakter feststeht. Eine 2008 vom Bundesinnenministerium initiierte Lockerung des Abhörschutzes wurde nicht verwirklicht.

Literatur: *Fischedick, Walter*: Das Zeugnisverweigerungsrecht von Geistlichen und kirchlichen Mitarbeitern, 2006 – *de Wall, Heinrich*: Das Pfarrerdienstgesetz der EKD, ZevKR 57 (2012), S. 390–409 – *ders.*: Der Schutz des Seelsorgegeheimnisses und das Seelsorgegeheimnisgesetz der EKD (SeelGG EKD), ZevKR 56 (2011), S. 4–26 – *Radtke, Henning*: Der Schutz des Beicht- und Seelsorgegeheimnisses, ZevKR 52 (2007), S. 617–649.

Johannes Kuntze

Sekten, sogenannte

I. Der Begriff »Sekte« ist in Religionswissenschaft, Religionsgeschichte, Religionssoziologie und Religionspsychologie höchst umstritten. Gemeinhin wird hierunter eine Abspaltung von einer religiösen Gemeinschaft in offener oder subversiver Opposition verstanden. Im christlichen Kulturkreis geht damit meist eine abwertende Konnotation religiöser Minderheiten einher. Juristisch ist der Sekten-Begriff jedoch unbedeutend. Denn das Grundgesetz ist religionsoffen und schützt alle religiösen Gruppierungen, Religionsgemeinschaften und Kirchen unabhängig davon, in welchem Verhältnis sie zu anderen Gemeinschaften stehen. Mehr noch: Wie das BVerfG 1972 feststellte, kommt die → Religionsfreiheit des Art. 4 Abs. 1 und 2 GG gerade wegen ihres Abwehrcharakters religiösen Minderheiten zugute.

II. Die Enquete-Kommission des Deutschen Bundestages, die sich 1998 ausführlich mit dem Problemkreis auseinandergesetzt hatte, verwarf daher den stigmatisierenden Begriff »Sekte« und benutzte die Terminologie »neue religiöse Bewegungen«. In der Rechtspraxis hat sich nun aber das Problem ergeben, dass die Anzahl »neuer religiöser Bewegungen« nicht nur seit den 1960er Jahren gestiegen ist, sondern diese Gruppen auch vermehrt für individual- und sozialschädliches Verhalten verantwortlich sein sollen: Sog. Sekten oder »Psychogruppen« bieten oft alternative Lebenswelten, in denen Zuwendung, Gemeinschaft, religiöse Hingabe und Sinnstiftung gesucht wird, aber auch Zuflucht vor den gesellschaftlichen Anforderungen. Andere verheißen die ideale Anpassung an die Herausforderungen der Moderne und versprechen eine unrealistische Steigerung und Stärkung der individuellen Leistungskraft. Typischerweise weisen sie im Gegensatz zu den Volkskirchen eine stärkere Anhängerbindung auf und können ihnen Mitgliedern einen überhöhten Belohnungs- und Eigenwert vermitteln. Damit wirken sie besonders attraktiv für junge oder psychisch labile Personen, die – oftmals noch verstärkt durch spirituelle Indoktrination – in eine emotionale Abhängigkeit geführt werden. Isolation, psychische Manipulation innerhalb totalitärer Binnenstrukturen und der Einsatz zweifelhafter Beeinflussungstechniken (»Gehirnwäsche«) bis hin zum Betrug können bei einzelnen Sektenanhängern und ihren

Angehörigen zu schweren seelischen, aber auch körperlichen und finanziellen Schäden führen. Zudem stand und steht das erklärte Ziel einiger Gruppierungen, antidemokratische Gesellschaftssysteme zu etablieren, im Widerspruch zu den Grundwerten des Grundgesetzes. Bei alldem sind die Grenzen fließend. Für den Staat tut sich damit ein schwieriges Spannungsfeld zwischen wehrhafter Demokratie und Schutzpflichten gegenüber jedem einzelnen Bürger einerseits sowie Religionsfreiheit und religiös-weltanschaulicher → Neutralität andererseits auf.

III. Dementsprechend sind staatliche Maßnahmen gegen sog. Sekten nur begrenzt möglich. Zwar hat der Gesetzgeber Religionsgemeinschaften mit Vereinen i. S. d. Vereinsgesetzes gleichgestellt. Damit kommt grds. auch ein Verbot schädlicher Gemeinschaften in Betracht. Dabei ist jedoch der besondere verfassungsrechtliche Schutz religiöser Vereinigungen zu beachten. Überdies macht ein Verbot dort keinen Sinn, wo sog. Sekten rechtlich nicht als juristische Person verfasst sind und allein das Charisma ihrer Anführers die Gruppe zusammenhält. Als Präventivmaßnahmen bieten sich in der Regel nur gezielte Informations- und Beratungstätigkeiten an, die bedenkliche Vorgänge dokumentieren und vor den Gefahren sog. Sekten und den Risiken einer Vereinnahmung warnen. Die Zulässigkeit einer solchen staatlichen Informationstätigkeit ist juristisch ebenfalls umstritten, weil hierfür – anders als es beim Produktsicherheitsgesetz der Fall ist – keine Rechtsgrundlage geschaffen wurde. Sie wird aber im Ergebnis von den Gerichten bejaht. Dem Bundesverfassungsgericht kam es 2002 darauf an, dass die Warnungen inhaltlich nicht verfälschend, diffamierend und diskriminierend sind. Dies gilt grds. auch für nicht-staatliche Stellen, etwa die kirchlichen Sektenbeauftragten (→

Amtshaftung). Den staatlichen Behörden bleibt ferner die Möglichkeit, einzelne Verhaltensweisen repressiv zu ahnden. Konflikte, wie sie sich beispielsweise bei der religiös-motivierten Verweigerung lebensrettender Heileingriffe oder der → Schulpflicht auftun, sind dabei einzelfallorientiert anhand einer grundrechtsschonenden Güterabwägung zu lösen.

Literatur: *Krech, Hans* u. a. (Hg.), Handbuch religiöse Gemeinschaften und Weltanschauungen, 6. Auflage, 2006 – *Enquete-Kommission »Sogenannte Sekten und Psychogruppen«:* Endbericht, Bundestagsdrucksache 13/10950 vom 09.06.1998 – *Grom, Bernhard*: Religionspsychologie, 3. Auflage, 2007, insb. S. 252–259, 272–288.

Johannes Kuntze

Selbstbestimmungsrecht der Religionsgemeinschaften

Das Recht der → Religionsgemeinschaften auf Selbstbestimmung war bereits in der Weimarer Reichsverfassung verankert. Die damalige Bestimmung (Art. 137 Abs. 3 WRV) ist als solche zusammen mit einigen anderen, das Verhältnis von Staat und Kirche betreffenden Normen durch Art. 140 GG als vollgültiges Verfassungsrecht in das Grundgesetz übernommen worden. Sie gibt allen Religionsgemeinschaften das Recht, ihre Angelegenheiten in den Schranken der für alle geltenden Gesetze selbst zu regeln. Unter Religionsgemeinschaft in diesem Sinne ist eine Organisation von Anhängern einer bestimmten Religion zu verstehen, der die allseitige Erfüllung der gemeinschaftlich wahrzunehmenden Aufgaben obliegt. Geschützt werden Organisationen aller Religionen, des

Christentums ebenso wie des Islams oder anderer Religionen. Eingeschlossen sind hierbei die der jeweiligen Religionsgemeinschaft zugeordneten (→ Zuordnung), wenn auch rechtlich selbständigen Organisationen wie bei den christlichen Kirchen → Diakonie und Caritas. Da das europäische Unionsrecht den »Status« von Religionsgemeinschaften nicht berühren darf (Art. 17 des AEUV), wird das Selbstbestimmungsrecht faktisch in erheblichem Umfang vor dem Zugriff des → Europarechts geschützt.

Dem Selbstbestimmungsrecht unterfallen alle Angelegenheiten, die die jeweilige Religionsgemeinschaft nach ihrem Selbstverständnis als eigene ansieht. Erfasst werden also nicht nur die Bestimmung theologischer Grundfragen wie die Festlegung der religiösen Lehre, die Bestimmung religiöser Zeremonien wie Gottesdienste, die Gestaltung von religiösen Stätten etc. und – ganz zentral und im Grundgesetz ausdrücklich erwähnt – die Vergabe der »Ämter« (→ Ämterfreiheit). Vielmehr wird das gesamte Wirken der Kirche in der Welt erfasst. Dies schließt insbesondere auch die Festlegung des Arbeits- und Dienstrechts der bei der Kirche (einschließlich ihrer Nebenorganisationen) Beschäftigten ein (→ Arbeitsrecht, → Kirchenbeamte).

Das Selbstbestimmungsrecht bedeutet, dass alle Angelegenheiten von der jeweiligen Religionsgemeinschaft selbst »geordnet«, also geregelt, und »verwaltet«, also im Einzelfall entschieden werden dürfen. Das Selbstbestimmungsrecht umfasst damit die Befugnis zur eigenen Rechtsetzung, zur Verwaltung, aber auch zur Schaffung einer eigenen Gerichtsbarkeit (→ Kirchengerichte). Und dort, wo eine eigene Gerichtsbarkeit nicht besteht, begrenzt das Selbstbestimmungsrecht der Religionsgemeinschaften die Entscheidungsmöglichkeiten staatlicher Gerichte (→ Gerichtlicher Rechtsschutz). Besteht etwa Streit über den richtigen Vorstand einer Kirche oder auch nur einer Gemeinde, kann dieser Streit nicht durch ein staatliches Gericht entschieden werden.

Das Selbstbestimmungsrecht kennt auch Grenzen. Diese werden durch die »für alle geltenden Gesetze« bestimmt. Ausgeschlossen sind damit insbesondere Gesetze, die sich in besonderer Weise gegen Religionsgemeinschaften richten. Aber auch sonstige, das Selbstbestimmungsrecht einschränkende Gesetze sind unzulässig, wenn sie zwar legitimen staatlichen Interesse dienen, dabei aber nicht den Grundsatz der Verhältnismäßigkeit wahren im Sinne einer angemessenen Abwägung der verschiedenen Belange. Die Rechtsprechung geht schließlich davon aus, dass unterschieden werden könne zwischen einem inneren, allein der Gestaltung durch die jeweilige Religionsgemeinschaft zugänglichen, und einem äußeren, staatlichem Zugriff eröffneten Bereich. Nun ist es richtig, dass im Ergebnis die rein inneren Angelegenheiten einer Religionsgemeinschaft im weltanschaulich neutralen Staat kaum Anlass sein können für eine staatliche Regelung. Trotzdem stößt diese »Bereichsscheidungslehre« auf viel Kritik, weil sie letztlich verkappt eine Abwägung vornimmt, aber ohne die entsprechenden Kriterien offenzulegen. Stattdessen sollen die Rechtsgüter umfassend gegeneinander abgewogen werden.

Literatur: *Classen, Claus Dieter*: Religionsrecht, 3. und 4. Teil – *von Campenhausen, Axel / de Wall, Heinrich*: Staatskirchenrecht, S. 99 ff. – *Unruh, Peter*: Religionsverfassungsrecht, S. 99 ff.

Claus Dieter Classen

Sonntagsschutz / Feiertage

I. Durch Art. 140 GG i. V. m. Art. 139 WRV (»Der Sonntag und die staatlich anerkannten Feiertage bleiben als Tage der Arbeitsruhe und der seelischen Erhebung gesetzlich geschützt.«) wird der Schutz der Sonntage als gesellschaftliches Ordnungsprinzip verfassungsrechtlich gewährleistet. Entgegen dem Anschein, den die einschlägige politische Diskussion bisweilen vermittelt, handelt es sich dabei nicht um einen mehr oder minder unverbindlichen Programmsatz, sondern um eine rechtlich bindende Regelung, welche die Sonntage sowie (schwächer) bestimmte Feiertage schützt. Der Sonntag ist »als Tag der Arbeitsruhe und der seelischen Erhebung« im Grundgesetz ausdrücklich benannt und insofern im Sinne einer *Status-quo*-Garantie gewährleistet. Der traditionelle Wochenrhythmus wird damit festgeschrieben; seine Modifikation – etwa in Richtung auf die Einführung eines wöchentlichen »gleitenden« Ruhetages statt des Sonntags – entspräche deshalb nicht der geltenden Verfassung. Auch die meisten Verfassungen der Bundesländer garantieren ausdrücklich einen gesetzlichen Schutz der Sonntage. Der Schutz der Sonntage ist im Übrigen in Verträgen zwischen Staat und Kirchen speziell gesichert worden.

II. Anders, als dies durch die kategorische Festlegung auf den *Sonntag* der Fall ist, enthält die Verfassung keine Garantie der staatlichen Anerkennung bestimmter *Feiertage* und gewährleistet auch nicht deren an einem Stichtag vorhandene Anzahl. Das ergibt sich bereits aus dem Wortlaut der Vorschrift, die mit dem Verweis auf »staatlich anerkannte« Feiertage eine den Feiertagsschutz konkretisierende Entscheidung des zuständigen Gesetzgebers voraussetzt – was die Möglichkeit der Legislative einschließt, einzelnen Feiertagen unter Beachtung des Schutzgehaltes von Art. 140 GG i. V. m. Art. 139 WRV eine bislang gewährte Anerkennung auch wieder zu entziehen (z. B. Buß- und Bettag).

III. Art. 140 GG i. V. m. Art. 139 WRV statuiert kein Grundrecht, sondern eine *institutionelle Garantie*. Sie stellt den Bestand der Institution im Wesenskern sicher und steht nicht zur individuellen Disposition. Wenn einzelne Personen auf den rechtlichen Schutz der Sonntage zu verzichten bereit sind, lässt dies den Geltungsanspruch der verfassungsrechtlichen Gewährleistung dem Grunde nach unberührt; ebensowenig kann der Sonn- und Feiertagsschutz als verfassungsrechtliches Prinzip im industriellen Sektor tarifvertraglicher Vereinbarung anheimgestellt werden.

IV. Mit der Koppelung von »Arbeitsruhe« und »seelischer Erhebung« bündelt die Verfassung sozialpolitische und religions- bzw. weltanschauungspolitische Motive. Nur eine Zusammenschau beider Grundzüge wird dem kulturellen Phänomen der Sonntage gerecht; erst diese Verbindung hat im Übrigen auch die Einmütigkeit ermöglicht, mit welcher der Sonn- und Feiertagsschutz 1919 wie 1949 über die politischen Lager hinweg in den Verfassungsberatungen behandelt wurde.

V. Den Sonntagen soll, soweit sich dies mit den Mitteln des Rechts erreichen lässt, ein Charakter gesichert werden, der sie von den sonstigen (Werk-)Tagen deutlich abhebt. Das bedeutet vor allem einen Zustand prinzipiellen – nicht absoluten – Ruhens typisch werktäglicher Betätigungen. An dieser Intention haben sich Auslegung und Vollzug des einschlägigen Rechts zu orientieren. Dem Einzelnen werden durch eine allgemeine Gewährleistung arbeitsfreier Zeit Möglichkeiten physischer Erholung gesichert. Darüber hinaus werden ihm Voraussetzungen dafür gewährleistet, sich – den Erfordernissen des Alltagsgetriebes enthoben – gemäß seiner persönlichen religiösen bzw. weltanschaulichen Überzeugung mit geistigen bzw. geistlichen Fragen menschlicher Existenz auseinanderzusetzen und die betreffenden Tage entsprechend zu begehen – sich »seelisch zu erheben«. In diesem Sinne sind (neben weltanschaulichen) vor allem auch religiöse Anliegen ausdrücklich von Art. 140 GG i. V. m. Art. 139 WRV erfasst. Durch das Gebot der Arbeitsruhe wird ein Freiraum geschaffen, der den Gläubigen die adäquate Begehung der Sonntage ermöglicht und gleichzeitig die Veranstaltungen der Religionsgemeinschaften von Rechts wegen in den sozialen Kontext des gesellschaftlichen Lebens integriert. Insoweit hat das Bundesverfassungsgericht in seinem Grundsatzurteil vom 1. Dezember 2009 zum Berliner Ladenöffnungsgesetz ausdrücklich bekräftigt, es werde »die aus den Grundrechten – hier aus Art. 4 Abs. 1 und 2 GG – folgende Schutzverpflichtung des Gesetzgebers ... durch den objektiv-rechtlichen Schutzauftrag für die Sonn- und Feiertage aus Art. 139 WRV in Verbindung mit Art. 140 GG konkretisiert« (BVerfGE 125, 39 [LS 1]).

VI. Die klare geltende Rechtslage verbietet, den Sonntagsschutz ökonomischen Zweckmäßigkeitserwägungen oder Einzelbedürfnissen (Stichwort *Shopping*) einfach nachzuordnen. In Art. 140 GG i. V. m. Art. 139 WRV verkörpert sich eine prinzipielle Dezision zugunsten eines Schutzes der Sonntage. Soweit damit Beschränkungen rechtlich geschützter Interessen (z. B. in der Wirtschaft) verbunden sind, werden sie von der Verfassung dem Grunde nach in Kauf genommen. Im Einzelfall unangemessene Konsequenzen kann der Gesetzgeber vermeiden bzw. abschwächen, indem er *Ausnahme*möglichkeiten statuiert. Durch den in der Norm enthaltenen Verweis auf »gesetzlichen« Schutz wird allerdings keine Relativierung der verfassungsrechtlichen Garantie im Sinne eines allgemeinen Gesetzesvorbehalts vorgenommen. Der Legislative kommt beim Erlass einschlägiger Vorschriften zwar ein gewisser Einschätzungsspielraum zu; sie hat sich dabei aber an der Verpflichtung zu orientieren, der verfassungsrechtlichen Regelung Rechnung zu tragen und sie nicht auszuhöhlen. Die Garantie des rechtlichen Schutzes der Sonntage lässt Raum für sachdienliche Anpassungen an die Bedürfnisse eines hochindustrialisierten Verfassungsstaats. Dies kann dem Wortlaut der Regelung (»bleiben … gesetzlich geschützt«) entnommen werden. Bereits vor 1919 waren gesetzlich manche Ausnahmen vom sonntäglichen Arbeitsverbot vorgesehen; in der Formulierung des Art. 139 WRV hat die Verfassung solche Möglichkeiten der Differenzierung vorausgesetzt.

Literatur: *von Campenhausen, Axel* (Hg.): Tag der Arbeitsruhe und der seelischen Erhebung. Dokumentation zum Urteil des Bundesverfassungsgerichts zum Schutz der Sonntagsruhe, 2010 – *Pahlke, Armin*: Sonn- und Feiertagsschutz als Verfassungsgut, Essener Gespräche zum Thema Staat und Kirche 24 (1990), S. 53–86 – *Kästner, Karl-Hermann*: Sonn- und Feiertage zwischen Kultus, Kultur und Kommerz, DÖV 1994, S. 464–472 – *ders.*: Der Sonntag und die kirchlichen Feiertage, in: HdbStKirchR II, S. 337–368.

Karl-Hermann Kästner

Staatskirchenrecht

Der überkommene Begriff Staatskirchenrecht bezeichnet das weltliche (staatliche) Recht, welches das Verhältnis zwischen Staat und Kirche, Staat und Religion bestimmt.

Die Abgrenzung zu anderen Begrifflichkeiten wie → Religionsrecht oder Religionsverfassungsrecht ist unklar und umstritten. Staatskirchenrecht findet sich in der Gegenwart sowohl im Grundgesetz (hier wiederum differenziert nach dem Schutz des Individuums durch das Grundrecht der → Religionsfreiheit, Art. 4 Abs. 1 und 2 GG, sowie der rechtlichen Wahrnehmung von Religion als kollektivem Phänomen durch das sog. institutionelle Staatskirchenrecht, Art. 140 GG i. V. m. Art. 136 ff. WRV), als auch über die gesamte Rechtsordnung verstreut im einfachen Gesetzesrecht sowie in zahlreichen → Verträgen zwischen Staat und Kirchen bzw. anderen Religionsgemeinschaften. In der Dichotomie Privatrecht – öffentliches Recht gehört das Gebiet dem öffentlichen Recht an. Staatskirchenrecht ist in mehrfacher Hinsicht eine Querschnittsmaterie. Das bedeutet, dass Normen auf allen Ebenen der Normenhierarchie und in (fast) allen Teilrechtsgebieten existieren. Eine Besonderheit des Rechtsgebiets stellt die Bedeutung der vertraglichen Koordination zwischen Staat und Religionsgemeinschaften, das sog. Vertragsstaatskirchenrecht dar. Die zwischen Staat und Religionsgemeinschaften abgeschlossenen → Verträge bilden eine eigenständige und spezifische Rechtsquelle des Staatskirchenrechts mit erheblicher Bedeutung für die Praxis. Dabei wird terminologisch üblicherweise zwischen → Konkordaten, d. h. den Verträgen zwischen dem Staat (Bund/Reich oder Land) und dem Hl. Stuhl, und sog. Kirchenverträgen als den Verträgen mit den evangelischen Landeskirchen oder der EKD unterschieden. Konkordaten kommt nach herrschender Lehre die Rechtsnatur von völkerrechtlichen Verträgen zu, während die mit den evangelischen Kirchen und jüdischen Gemeinschaften geschlossenen Verträge mangels Völkerrechtssubjektivität der Landeskirchen und Gemeinschaften nicht dem Völkerrecht angehören, aber als Staatsverträge betrachtet werden. Sie bedürfen nach ihrem Abschluss und vor ihrer Ratifizierung der parlamentarischen Mitwirkung in Form eines Zustimmungsgesetzes. In Deutschland besteht ein dichtes Netz solcher Verträge, die teilweise umfassend die gesamten Beziehungen, teilweise nur Einzelfragen klären und Ausweis des besonderen Kooperationsverhältnisses zwischen Staat und Religionsgemeinschaften sind.

Auf der Ebene der Verfassung und des Vertragsstaatskirchenrechts werden vor allem folgende Probleme behandelt: Das kirchliche → Selbstbestimmungsrecht (die Autonomie der Religionsgemeinschaften, Art. 137 Abs. 3 WRV), die religiöse Vereinigungsfreiheit (Art. 137 Abs. 2 WRV), der Status als → Körperschaften des öffentlichen Rechts (Art. 137 Abs. 5 WRV) und die gemeinsamen Angelegenheiten von Staat und Kirche (*res mixtae*), wie etwa der → Religionsunterricht in öffentlichen Schulen (Art. 7 Abs. 3 GG), die Anstaltsseelsorge (Art. 141 WRV, → Seelsorge), das kirchliche Besteuerungsrecht (→ Kirchensteuer) (Art. 137 Abs. 6 WRV), der → Sonn- und Feiertagsschutz (Art. 139 WRV).

Im einfachen Recht finden sich über die gesamte Rechtsordnung verteilt Normen, welche die Religion als Religion erfassen, somit staatskirchenrechtlicher / religionsrechtlicher Natur sind.

Das geltende deutsche Staatskirchenrecht kann nur vor dem historischen Hintergrund seiner Entwicklung verstanden werden. Für das (Staats-)Recht wird das Verhältnis zur Religion erst dann zum Thema, wenn Staat und Religion nicht mehr in Eins fallen. Im Mittelalter ging es zunächst um die Ausdifferenzierung von geistlicher Gewalt und weltlicher Herrschaft. Religion und Kirche – hier allerdings noch als Einheit – auf der einen Seite, geraten v. a. im Investiturstreit – bei gemeinsamen abstrakten übergeordneten Zielen – in einen Antagonismus zur weltlichen Herrschaft auf der anderen Seite. Die verfassungsrechtliche Bewältigung der Glaubensspaltung ist dann die Keimzelle modernen Staatskirchenrechts als »Reformationsfolgenrecht« (*Hans Michael Heinig*).

Das Bedürfnis der Religionsgemeinschaften nach Selbstorganisation besitzt bei allen Gemeinsamkeiten von Anfang an eine konfessionelle Dimension. Während die katholische Kirche sich stets als »Weltkirche« versteht, sind die protestantischen Kirchen von Anfang an als Territorialkirchen in Bezug auf den Landesherrn organisiert (→ Landeskirchen). Mit der Aufhebung der konfessionellen Homogenität der Territorien entsteht stets für die Minderheitskonfession ein Bedürfnis nach rechtlicher Absicherung gegenüber der weltlichen Herrschaft. Dieses Bedürfnis steigert sich für die katholische Seite dann noch einmal durch die Säkularisation mit ihrem Entzug eines Großteils der materiellen Basis der Kirche; das Kulturkampftrauma (→ Kulturkampf) der zweiten Hälfte des 19. Jahrhunderts bewirkt ein Übriges. Auf protestantischer Seite ist der Wegfall des landesherrlichen Kirchenregiments, des Bündnisses von Thron und Altar entscheidend, das – trotz aller Abschwächungen – bis zum verfassungsrechtlichen Umbruch 1918/19 besteht. Die legitimatorische Neukonstitution des nunmehrigen Verfassungsstaats erfordert auch auf der grundrechtlichen Seite Veränderungen. Spätestens jetzt verlangt auch die negative Glaubens- und Religionsfreiheit endgültig ihren Tribut. Die entchristlichten (große Teile der Arbeiterschaft) oder antireligiösen Kräfte (Teile der Intelligenz) müssen in die universellen Freiheitsverbürgungen einbezogen werden. Der nun auch in seiner Verfassung jeden religiösen legitimatorischen Bezug vermeidende Verfassungsstaat erweitert den grundrechtlichen Freiheitsschutz über das Konfessionelle hinaus. Die Art. 135 bis 141 WRV bieten vor diesem Hintergrund eine grundrechtliche und institutionelle Gesamtregelung: Art. 135 als unter Gesetzesvorbehalt stehendes, eher restriktiv interpretiertes Individual-Freiheitsrecht; die Art. 136 ff. als Instrumente der Einbindung der überkommenen Kirchen in den Verfassungsstaat mit der Zentralnorm des Art. 137 samt seinen Absätzen 1 (→ Trennung), 3 (→ Selbstbestimmungsrecht) und 5 (→ Körperschaftsstatus). Damit ist zugleich eine Arbeitsteilung dieser redaktionell neben- oder hintereinander angeordneten Vorschriften vorgezeichnet: Während das Grundrecht auf Individualschutz und d. h. vorrangig Minderheitenschutz unter Gesetzesvorbehalt ausgerichtet ist, gewähren die institutionellen Regelungen den aus langer Symbiose vertrauten Großkirchen Räume der Autonomie, Gestaltung und Kooperation. Damit gelingt es, die private und öffentliche Dimension von Religion auszuloten – dass die Beteiligten im politischen Alltag weit größere Schwierigkeiten mit diesem Kompromiss hatten, als es das hier nachgezeichnete normative Idealbild vermuten ließe, versteht sich von selbst.

1948/49 erfolgte die Übernahme des Normenbestandes in das *Grundgesetz*. Im Prinzip standen hier ganz ähnlich wie 1918/19 weltanschauliche Grundpositionen einander gegenüber. Gleichwohl bestanden grundsätzliche klimatische Unterschiede zu der Zeit nach dem Ersten Weltkrieg: Die durch die NS-Herrschaft entstandene geistig-moralische Lücke konnte durch die vergleichsweise wenig belasteten Kirchen, die als Großorganisationen intakt überlebt hatten, auch institutionell ausgefüllt werden. Im Zusammengreifen mit Zeitgeiststimmungen der unmittelbaren Nachkriegszeit konnte *Rudolf Smend* so den Bedeutungswandel der im Textbestand gleich gebliebenen Normen verkünden, der in seiner Übersteigerung in die sog. Koordinationslehre mündete: Kirche und Staat als zwei sich prinzipiell gleichwertig gegenüberstehende Entitäten. Diese Sichtweise konnte mit konfessionellen Unterschieden an theologische Traditionen anknüpfen. Der zutreffende Ausgangspunkt wechselseitiger Unabgeleitetheit von Kirchen und Staat wird dabei unter Verkennung der notwendigen Grundperspektive des Staatskirchenrechts, d.h. derjenigen aus staatlicher Sicht, letztlich überspannt. Das war gegenüber Weimar tatsächlich etwas Neues, das – mit einigen Verrenkungen – vom interpretationsfähigen Normenbestand noch gedeckt erschien. Letztlich führten diese Ansätze dazu, dass parallel oder zumindest phasenverschoben zur öffentlichen Meinung, zur Stimmung oder *Ambiance* des Verhältnisses, Kirchen und Religionsgemeinschaften eine seit der Zeit der Trennung kaum vorhandene Rechtsstellung einnehmen konnten. Abgerundet wurde die Entwicklung durch eine ausdehnende Interpretation des inzwischen vorbehaltlos gewährleisteten Grundrechts der Glaubens- und → Religionsfreiheit. Diese neue Grundrechtsinterpretation besaß historisch und wohl auch rechtsvergleichend keine Vorbilder. Indem schließlich organisatorisch-institutionelle Fragen – der allgemeinen, multidimensionalen Grundrechtsinterpretation v.a. der 1970er Jahre folgend – ebenfalls in Art. 4 GG hineingelesen wurden, schien diese Neuverwandlung eines letztlich überkommenen Normenbestandes vollendet. Dabei gilt es jedoch zu bedenken, dass diese ungewöhnliche Ausdehnung des

Grundrechtsschutzes bereits in ein gesellschaftliches Umfeld fiel, das nicht mehr demjenigen zur Zeit der Lehre vom Bedeutungswandel der Weimarer Artikel Anfang der 50er Jahre des letzten Jahrhunderts entsprach. Die in der Nachkriegszeit überlagerten, teilweise auch unterdrückten weltanschaulich-ideologischen Spannungen traten in altem wie neuem Gewande erneut auf den Plan.

Literatur: *von Campenhausen, Axel / de Wall, Heinrich*: Staatskirchenrecht – *Jeand'Heur, Bernd / Korioth, Stefan*: Grundzüge des Staatskirchenrechts – *Waldhoff, Christian*: Neue Religionskonflikte und staatliche Neutralität: Erfordern weltanschauliche und religiöse Entwicklungen Antworten des Staates?, Gutachten D zum 68. Deutschen Juristentag Berlin 2010, 2010.

Christian Waldhoff

Staatskirchentum

I. Im Staatskirchentum ist die Kirche dem Staat als Anstalt eingegliedert. Der Staat hat das Recht, innere Angelegenheiten der Kirche zu regeln und die Kirche für staatliche Zwecke in Anspruch zu nehmen, sei es für das Personenstands- und Friedhofswesen, aber auch für die sittlich-moralische Erziehung der Bürger, wie dies für das Zeitalter der Aufklärung typisch war. Ein Staatskirchentum »mit umgekehrtem Vorzeichen« stellen politische Systeme dar, in denen eine explizit areligiöse oder religionsfeindliche Ordnung etabliert und religiöse Praxis aus der Öffentlichkeit verdrängt wird (→ Laizismus). Auch so werden Fragen der Religion und Weltanschauung dem umfassenden Zugriff staatlicher Macht unterworfen.

II. Das Staatskirchentum hat beginnend mit der Erhebung des Christentums zur römischen Staatsreligion im

Jahr 380 eine wechselvolle Geschichte. Die im oströmischen Reich entwickelte Leitvorstellung einer »Symphonie« von geistlicher und weltlicher Macht ist für die orthodoxen Kirchen bis in die Gegenwart prägend. Im Abendland des Mittelalters war die Vorstellung eines umfassenden *Corpus Christianum* leitend, für das Kaiser und Papst als von Gott eingesetzte Gewalten gleichermaßen Verantwortung trugen.

Mit der Reformation zerbrach die geistliche Einheit des Abendlandes, und es standen sich mehrere Religionsparteien mit einander ausschließenden Wahrheitsansprüchen gegenüber. Um die daraus resultierende Konfliktlage zu beherrschen, beanspruchte der neuzeitliche Staat eine umfassende Souveränität, die zunächst mit seiner Verantwortung für die wahre Religion begründet worden ist. Für die evangelischen Kirchen kam es so zum Landesherrlichen Kirchenregiment. Zunehmend traten jedoch allein die säkularen Zwecke der Gewährleistung von Frieden und Sicherheit als Begründung des Staatskirchentums in den Vordergrund. Die private Religion, die rein häusliche Praxis blieb dem hoheitlichen Zugriff entzogen; die öffentlichen und äußeren Angelegenheiten der Religion unterstanden als Teil der öffentlichen Ordnung der umfassenden staatlichen Herrschaft. Diese Herrschaft konnte auch über Religionsgemeinschaften ausgeübt werden, denen der Landesherr selbst nicht angehörte. Die öffentliche Religion wurde für staatliche Zwecke, insbesondere für die sittliche Erziehung der Untertanen in Anspruch genommen. Staatliche Stellen leiteten die Kirche. Auch in katholischen Ländern wurden kirchliche Leitungsbefugnisse auf einen eng umgrenzten geistlichen Bereich eingeschränkt; in allen äußeren Angelegenheiten wurde die Kirche von staatlicher Mitwirkung abhängig.

Mit der Etablierung der von Staat und Privatleben unterschiedenen Sphäre der Gesellschaft trat die eigenständige Bedeutung von Personenvereinigungen in den Blick. Mit der Anerkennung von Grund- und Menschenrechten, zu denen in hervorgehobener Weise die Religionsfreiheit gehört, entstanden die Grundlagen für ein vom Staat unterschiedenes Selbstbestimmungsrecht der Kirchen und Religionsgemeinschaften. Damit war zwischen staatlicher Kirchenaufsicht (*ius circa sacra*) und eigenständiger Kirchengewalt (*ius in sacra*) zu unterscheiden. Das Landesherrliche Kirchenregiment wurde nun damit gerechtfertigt, dass dem Landesherrn als einem hervorgehobenen Mitglied der Kirche bestimmte Leitungsaufgaben übertragen worden sind. Für die kirchlichen Angelegenheiten wurden im 19. Jahrhundert zunehmend eigenständige Organe (Kirchenvorstände, Synoden, Konsistorien) etabliert. Daraus ergab sich eine schrittweise Ablösung der Kirche vom Staat. Mit dem Ende der Monarchie in Deutschland kam auch das Staatskirchentum an sein Ende (→ Trennung). Art. 137 Abs. 1 WRV statuiert seither: »Es besteht keine Staatskirche.«

III. Gegenwärtig bestehen in Europa staatskirchliche Formen noch beispielsweise in England, Dänemark und Finnland. Dies äußert sich in der Zuständigkeit staatlicher Parlamente für die innerkirchliche Gesetzgebung, unmittelbarer staatlicher Finanzierung von kirchlichem Personal oder der Personalunion von Staats- und Kirchenoberhaupt. Das Staatskirchentum wird jedoch durch die Garantie der → Religionsfreiheit und das → Selbstbestimmungsrecht der Religionsgemeinschaften zunehmend relativiert. Angesichts eines gemeineuropäischen säkularen Staatsverständnisses (→ Säkularisation) und der Anerkennung der korporativen Dimension der Religionsfreiheit stellt das Staatskirchentum einen Anachronismus dar, der zunehmend überwunden wird (→ Europäische Menschenrechtskonvention).

Literatur: *von Campenhausen, Axel / de Wall, Heinrich*: Staatskirchenrecht, S. 338 ff. – *Link, Christoph*: Art. Staatskirche, in: RGG VII, Sp. 1647–1650 – *Walter, Christian*: Religionsverfassungsrecht, S. 22 ff.

Hendrik Munsonius

Staatsleistungen

Staatsleistungen sind Gegenstand des über Art. 140 GG in das Grundgesetz inkorporierten *Art. 138 Abs. 1 WRV*: »Die auf Gesetz, Vertrag oder besonderen Rechtstiteln beruhenden Staatsleistungen an die Religionsgesellschaften werden durch die Landesgesetzgebung abgelöst. Die Grundsätze hierfür stellt das Reich auf.«

Der *Begriff der Staatsleistungen* setzt sich aus drei Komponenten zusammen. Es handelt sich (1.) um vermögenswerte Rechtspositionen, die (2.) auf Dauer angelegt sind und (3.) sachlich einen historischen Bezug zu säkularisationsbedingten Vermögensverlusten der Religionsgemeinschaften haben (→ Säkularisation). Die staatliche Einziehung kirchlichen Vermögens fand insbesondere im Zusammenhang mit der Reformation und dem → Reichsdeputationshauptschluss (1803) statt. Der Charakter der Staatsleistungen als Entschädigung für in der Vergangenheit erlittene Rechtsverluste bzw. Vermögenseinbußen bildet zugleich die Folie für die Abgrenzung zu staatlichen Subventionen der Religionsgemeinschaften: Während es sich bei den Staatsleistungen um die Erfüllung von Entschädigungsverpflichtungen handelt (kausal), dienen

Subventionszahlungen an die Religionsgemeinschaften der Erfüllung aktueller staatlicher Aufgaben (final). Die kategoriale Unterscheidung zwischen Staatsleistungen und Subventionen hat Folgen für das staatliche Handeln: Während die Staatsleistungen nicht zur Disposition der betroffenen staatlichen Stellen stehen, unterliegt die Gewährung von → Subventionen grundsätzlich dem staatlichen Ermessen.

Die ursprünglichen *Arten von Staatsleistungen* können unter den Gesichtspunkten der Zwecke (etwa Personal- und Sachkosten der Religionsgemeinschaften), der Bezugspunkte (Betrags- oder Bedarfsleistungen) sowie der Modi (Natural- oder Geldleistungen) unterschieden werden. Neben positiven Staatsleistungen in Gestalt der Zuwendung von staatlichen Mitteln sind inzwischen auch Steuer- und Abgabenbefreiungen als negative Staatsleistungen anerkannt, sofern im Übrigen die Kriterien für den Begriff der Staatsleitungen erfüllt sind.

Die möglichen *Rechtstitel*, auf denen Staatsleistungen beruhen können, sind in Art. 138 Abs. 1 WRV aufgeführt (Gesetz, Vertrag, besondere Rechtstitel). Der Hinweis auf die Säkularisation als solche genügt nicht. Die auf einer Vielzahl einzelner, historisch begründeter Rechtstitel beruhenden Staatsleistungen sind aktuell regelmäßig in religionsverfassungsrechtlichen → (Staatskirchen-)Verträgen zu pauschalierten Beträgen zusammengefasst und mit einer Dynamisierungsklausel versehen. Hier handelt es sich weder um eine Neubegründung noch um eine Ablösung der jeweiligen Staatsleistungen, sondern um eine bereinigende Zusammenfassung im Interesse der Vereinfachung und der Rechtsklarheit.

Leistungsempfänger sind »die Religionsgesellschaften« bzw. (synonym) die → Religionsgemeinschaften. Faktisch sind überwiegend die beiden christlichen Großkirchen betroffen; aber auch kleinere Religionsgemeinschaften – wie etwa die Altkatholische oder Altlutherische Kirche sowie Freigemeinden – erhalten Staatsleistungen. *Leistungsverpflichtete* sind primär die Länder. Der Bund kommt nur dann als Leistungsverpflichteter in Betracht, wenn er durch nachträgliche Kompetenzverschiebung Träger einer ursprünglichen Landesverpflichtung geworden ist. Nach umstrittener, im Ergebnis aber zutreffender Ansicht gehören auch die Kommunen zu den potentiell Leistungsverpflichteten.

Nach Art. 138 Abs. 1 WRV sind die Staatsleistungen abzulösen. In diesem *Ablösungsgebot* ist das Verbot der Neubegründung veritabler Staatsleistungen enthalten, ohne dass die Vereinbarung anderweitiger finanzieller Dauerverpflichtungen – etwa an jüdische Religionsgemeinschaften – ausgeschlossen wäre.

Ablösung bedeutet die einseitige Aufhebung des Leistungsverhältnisses gegen Entschädigung. Die einseitige Aufhebung der Staatsleistungen kann nach der eindeutigen Maßgabe des Art. 138 Abs. 1 WRV nur durch Landesgesetzgebung erfolgen, der zwingend eine Grundsatzgesetzgebung des Bundes vorangehen muss. Die bisher fehlende Grundsatzgesetzgebung des Bundes entfaltet daher eine umfassende Sperrwirkung gegenüber einer Ablösung der Staatsleistungen durch die Länder (Bestandsschutz). Auch einer zwischen Land und Religionsgemeinschaft einvernehmlichen Ablösung steht Art. 138 Abs. 1 WRV entgegen. Für die Berechnung der Entschädigung wird allgemein davon ausgegangen, dass die jeweilige Jahresleistung mit dem Faktor 25 zu kapitalisieren ist. Grundsätzlich wäre die Entschädigung *uno actu* zu leisten; eine Festsetzung von Raten auf der Grundlage eines Tilgungsplanes ist aber möglich.

Der Fortbestand der Staatsleistungen kann aufgrund ihres Status als Entschädigung nicht unter Berufung auf den *Wegfall der Geschäftsgrundlage* durch den Wandel in den Beziehungen zwischen Staat und Religionsgemeinschaften, die vermeintlich fortschreitende Säkularisierung oder durch die prekäre Situation der staatlichen Haushalte in Frage gestellt werden.

Literatur: *Droege, Michael*: Staatsleistungen an Religionsgemeinschaften im säkularen Kultur- und Sozialstaat, 2004. – *Unruh, Peter*: Religionsverfassungsrecht, S. 284 ff.

Peter Unruh

Stiftungen, kirchliche

Der Begriff der Kirchlichen Stiftung kennzeichnet für den Staat und die Kirchen gleichermaßen das Rechtsinstitut zur Verwaltung eines vom Stifter bestimmten Vermögens, welches dauernd und nachhaltig den vom Stifter bezeichneten Zweck einer → Religions- oder Weltanschauungsgemeinschaft erfüllen soll (→ Kirchenvermögen). Der Begriff erfasst also nicht nur die Stiftungen der Kirchen, sondern auch die der anderen Religionsgemeinschaften und gilt entsprechend auch für die Stiftungen der Weltanschauungsgemeinschaften. In der kirchlichen Vermögensverwaltung haben Stiftungen allerdings eine lange Tradition, da kirchlichen Zwecken dienendes Vermögen grundsätzlich dazu bestimmt ist, auf Dauer die Erfüllung kirchlicher Aufgaben zu gewährleisten.

Das staatliche Recht verweist in § 80 Abs. 3 BGB auf die Kompetenz der Länder, die Kirchliche Stiftung für die

weltliche Rechtsordnung zu definieren. Ihre Definitionen
stellen alternativ oder kumulativ insbesondere auf den
vom Stifter bestimmten Zweck, auf die organisatorische
Verbindung der Stiftung zu einer Religionsgemeinschaft
und auf deren Anerkennung der Stiftung als kirchliche ab.
Diese Definitionen tragen der Freiheit der Religionsgemeinschaften gemäß Art. 4 Abs. 1 und 2 GG, dem Schutz
ihres Vermögens gemäß Art. 140 GG i. V. m. Art. 138
Abs. 2 WRV und ihrem → Selbstbestimmungsrecht gemäß Art. 140 GG i. V. m. Art. 137 Abs. 3 WRV Rechnung.

Die evangelischen Landeskirchen und die römisch-katholischen Diözesen definieren in ihren Gesetzen und
Ordnungen den Begriff der Kirchlichen Stiftung zwar in
Anlehnung an das staatliche Recht. Sie bestimmen jedoch
auf der Grundlage ihres in Art. 137 Abs. 3 WRV verankerten Rechts, ihre Angelegenheiten im Rahmen des für
alle geltenden Gesetzes selbständig zu ordnen und zu verwalten, selbständig, was im Sinne ihres Rechts eine Kirchliche Stiftung ist. Ihre Definitionen berücksichtigen, dass
sich Kirchliche Stiftungen regelmäßig im Bereich der
weltlichen Rechtsordnung bewegen müssen, um den Stif-
tungszweck verwirklichen zu können.

Kirchliche Stiftungen können wie weltliche als rechtlich selbständige oder unselbständige, als Stiftungen des
bürgerlichen oder des öffentlichen Rechts errichtet und
vom Staat wie von der Religionsgemeinschaft anerkannt
werden (→ Zuordnung). Die jeweilige Rechtsform hat
Auswirkungen auf das zwischen der Religionsgemeinschaft und ihrer Stiftung bestehende Rechtsverhältnis.
Dieses hat einerseits die Verbindung der Stiftung zu ihrer
Religionsgemeinschaft zu gewährleisten. Andererseits hat
es den Voraussetzungen für die Errichtung einer Stiftung
nach weltlichem Recht zu genügen und der vom Staat zu

gewährleistenden Sicherheit im Rechtsverkehr Rechnung zu tragen.

Um die Erfüllung dieser Anforderungen, den Bestand der Stiftung und insbesondere die Erfüllung des Stifterwillens zu gewährleisten, unterliegen Kirchliche Stiftungen einer hoheitlichen Aufsicht. Diese kann vom Staat, aber auch von den als Körperschaften des öffentlichen Rechts organisierten Religionsgemeinschaften wahrgenommen werden. Angesichts dessen gebietet die Verpflichtung des Staates zu religiöser → Neutralität einerseits und das Recht der Religionsgemeinschaften, ihre religiöse Prägung eigenverantwortlich zu verwirklichen, andererseits, dass die Aufsicht über Kirchliche Stiftungen von den öffentlich-rechtlich verfassten Religionsgemeinschaften wahrgenommen wird. Diese müssen freilich das dafür erforderliche Instrumentarium vorhalten. Eine staatliche Aufsicht bleibt gleichwohl zulässig, soweit sie sich darauf beschränkt zu gewährleisten, dass Kirchliche Stiftungen das für alle geltende Gesetz gemäß Art. 137 Abs. 3 WRV und damit insbesondere die staatlichen Rechtsgrundsätze nicht verletzen und die Sicherheit im Rechtsverkehr nicht beeinträchtigen.

Literatur: *von Campenhausen, Axel / Stumpf, Christoph*: Kirchliche Stiftungen, in: von Campenhausen / Richter (Hg.), Stiftungsrechts-Handbuch, 4. Auflage, 2014, S. 589–615 – *Achilles, Wilhelm-Albrecht*: Kirchliche Stiftungen, in: Hüttemann / Richter / Weitemayer (Hg.), Landesstiftungsrecht, 2011, S. 929–1040.

Burghard Winkel

Subsidiarität

Das Subsidiaritätsprinzip gehört zu den Errungenschaften der katholischen Soziallehre, die national wie weltweit den größten Erfolg aufweisen. Die Verwendung der Vokabeln »subsidiär«, »Subsidiarität« und des Subsidiaritätsprinzips ist heute derart ubiquitär, dass die Gefahr besteht, das ursprüngliche Prinzip zu verwässern und sich einen unkontrollierbaren Begriffsrahmen mit unkontrollierten Assoziationen zu schaffen. Sozialpolitische Begriffe und Floskeln der Gegenwart wie »Fördern und Fordern«, »Hilfe zur Selbsthilfe« oder die Rede vom »aktivierenden Staat« sind sich der Herkunft ihrer Leitbilder entweder gar nicht mehr bewusst oder suchen sie zu verschweigen.

Subsidiarität als gesellschaftsphilosophisches oder gesellschaftspolitisches Prinzip meint, dass eine Aufgabe vom Einzelnen oder von der niedrigst möglichen Gemeinschaft verwirklicht werden soll, bevor eine höhere Ebene helfend (»subsidiär«) eingreift. Die höhere Ebene soll erst dann helfend eingreifen, wenn der Einzelne oder die niedrigere Ebene überfordert sind. Dabei handelt es sich (auch) um die Abgrenzung von staatlicher und gesellschaftlicher Sphäre. Seine kirchenamtliche Formulierung für die Katholische Kirche hat das Prinzip in der Enzyklika *Quadragesimo anno* Papst *Pius XI.* im Jahr 1931 gefunden. Der die begriffliche Gestalt prägende Text ist damit Hauptbezugspunkt der gesamten Diskussion. Wichtigster Inspirator dieser Sozialenzyklika war *Oswald von Nell-Breuning*. Das Prinzip wird als »ordnungsethisches Kernstück« der Enzyklika angesehen. Unterschieden wird eine positive und eine negative Seite des Prinzips: Die negative Seite setzt der übergeordneten Ebene Schranken, die positive Seite fordert die übergeordnete Ebene zur Hilfeleistung auf. Freiheitssicherung wird so dem Solidaritätsgedanken zugeordnet. Das Prinzip erweist sich als Grenze, als Austarierung zwischen diesen gegenläufigen Postulaten. Ganz ähnlich ist die Auffächerung in eine subsidiäre Kompetenz, eine subsidiäre Assistenz und eine subsidiäre Revision: Zuständigkeitsbeschränkung im Sinne von Freiheitssicherung der unteren Ebenen (subsidiäre Kompetenz) und anspruchsorientierte Hilfeleistungspflicht (subsidiäre Assistenz) stehen unter der dynamischen Beobachtungspflicht, ob die der Aufteilung zugrunde liegende Situation sich verändert. Schon durch Papst *Johannes XXIII.* wurde das Prinzip auch auf die internationale Ebene transponiert. Heikel ist seine Diskussion im Zusammenhang mit dem (katholischen) innerkirchlichen Bereich.

Diese Formulierungen des Subsidiaritätsprinzips durch die katholische Soziallehre können auf Äußerungen des 19. Jahrhunderts zurückgeführt werden, auf die Zeit, in der die Kirche sich der sozialen Frage bewusst wird. Bischof *Wilhelm Emmanuel von Ketteler* (1811–1877) verwendete den Terminus bereits 1848. Trotz der Versuche, auch biblische Ursprünge aufzudecken, sollte der Vernunftcharakter gegenüber demjenigen einer offenbarten Wahrheit betont werden.

Gerade die Protagonisten der katholischen Soziallehre haben stets auch außerkatholische Ideenströme in diesem Zusammenhang betont: Der Calvinist *Johannes Althusius* (1557–1638) beschreibt 1603 den Staat als eine aus Gemeinschaften wie Familie, Stand, Gemeinde oder Provinz sich aufbauende »*consociatio*«; durchaus in Anlehnung an alttestamentliche Bundesvorstellungen folgen daraus Beistandspflichten: Schwächere Bundesglieder sind auf das solidarische »*subsidium*« der höheren Gemeinschaften angewiesen. Hingewiesen werden kann auch auf Formulierungen *Abraham Lincolns* von 1854: »Die Regierung hat für die Bevölkerung das zu besorgen, wonach die Menschen ein Bedürfnis haben, was sie selbst aber überhaupt nicht tun oder doch, auf sich selbst gestellt, nicht ebenso gut selber tun können. In all das, was die Leute ebenso gut selber tun können, hat die Regierung sich nicht einzumischen.«

Zum juristischen Thema wurde Subsidiarität nach dem Zweiten Weltkrieg, als angesichts der totalitären Katastrophe eine Rückbesinnung auf die Grenzen staatlicher Wirksamkeit und den anthropozentrischen Bezug von Herrschaft und Staat einsetzte. Zwar wurde eine explizite Bezugnahme, wie sie während des Verfassungskonvents von Herrenchiemsee erwogen worden war, nicht eingeführt. Vor allem in der Frühphase der Bundesrepublik gingen viele Autoren jedoch davon aus, dass das Prinzip der Verfassungsentscheidung implizit zugrunde liege. Im Sozialrecht können zahlreiche Einrichtungen und Prinzipien als durch die Idee der Subsidiarität angeleitet verstanden werden, so insbesondere das Grundprinzip, dass der Einzelne zunächst für sich selbst verantwortlich ist, die Familie über Unterhaltsverpflichtungen einzuspringen hat u.s.w. Auch die in Deutschland traditionell starke Einbeziehung freier Träger der Wohlfahrtspflege (→ Freie Wohlfahrtspflege) und das dadurch verwirklichte »außenpluralistische Modell« wäre hier zu verorten. Gerade die Kirchen sind mit zahlreichen Einrichtungen der Krankenversorgung, der Altenpflege, der Jugend- und Bildungsarbeit gut vertreten (→ Diakonie und Caritas). Föderalismus und Bundesstaatlichkeit können ebenfalls als durch das Subsidiaritätsprinzip imprägniert verstanden werden. Subsidiarität setzt stets eine Stufung voraus –

modern wird von Mehrebenensystemen oder -architekturen gesprochen. Die bundesstaatliche Zuständigkeitsverteilung des Grundgesetzes geht von einer Zuständigkeitsvermutung zugunsten der Gliedstaaten, der Länder aus. Das kann als Präferenz für die kleinere Einheit, die Länder, gelesen werden; die tatsächliche Entwicklung des deutschen Föderalismus hat jedoch zu einer weitreichenden Konzentration der Gesetzgebungszuständigkeiten auf zentraler Ebene, beim Bund geführt. Die 2006 beschlossene Föderalismusreform steuert hier durch Rückverlagerung von Kompetenzen auf die Länder und ein Bemühen um Entflechtung begrenzt entgegen. Im Kommunalrecht ist der Subsidiaritätsgedanke durch die Garantie der kommunalen Selbstverwaltung in Art. 28 Abs. 2 GG als Zusicherung eines umfassenden örtlichen Aufgabenbereichs und die Befugnis zu eigenverantwortlicher Führung der Geschäfte in diesem Bereich ausgeprägt. Eine atemberaubende Renaissance hat der Begriff im Kontext des → Europarechts gefunden, Art. 5 Abs. 3 EUV. Das Subsidiaritätsprinzip wurde damit erstmals nicht nur zu einem Rechts-, sondern zu einem Gesetzesbegriff. Die offene Flanke dieser Verheißung besteht jedoch in ihrer Umsetzung, in ihrer konkreten Anwendung in europäischen Rechtsetzungsprozessen. Zudem geht es hier – anders als bei dem ursprünglichen Prinzip – um Abgrenzungen und Abstufungen innerhalb der staatlichen Sphäre, nicht mehr um die Abgrenzung von Staat und Gesellschaft.

Literatur: *Isensee, Josef*: Subsidiaritätsprinzip und Verfassungsrecht. Eine Studie über das Regulativ des Verhältnisses von Staat und Gesellschaft, 1968 – *Heinig, Hans Michael*: Der Sozialstaat im Dienst der Freiheit, 2008 – *Waldhoff, Christian*: Das Subsidiaritätsprinzip zwischen Ordnungsprinzip der katholischen

Soziallehre und rechtlicher Verwertbarkeit, in: Rauscher (Hg.), Verantwortung in einer komplexen Gesellschaft, 2010, S. 85–101.

Christian Waldhoff

Subventionen

Die Kirchen finanzieren sich in Deutschland aus einer Vielzahl unterschiedlicher Quellen (→ Kirchenfinanzen). Dazu zählen u. a. die Leistungen ihrer Mitglieder (Spenden und → Kirchensteuer), Einkünfte aus der Verwaltung des → Kirchenvermögens sowie → Gebühren und andere Entgelte für kirchliche Dienstleistungen und Angebote. Darüber hinaus erhalten die Kirchen Finanzmittel vom Staat: zum einen die sog. → Staatsleistungen (= historisch normierte Ausgleichszahlungen für säkularisationsbedingte Vermögenseinbußen) und zum anderen Subventionen.

I. Ein allgemeingültiger Subventionsbegriff existiert in Deutschland nicht. Weitgehende Einigkeit besteht, dass es sich um vermögenswerte Leistungen der öffentlichen Hand (dazu zählen etwa EU, Bund, Länder, Kommunen oder die Sozialversicherungsträger) ohne marktmäßige Gegenleistungen handelt, durch die im öffentlichen Interesse liegende Ziele verwirklicht werden sollen (vgl. auch § 23 BHO). Direkte Subventionen gewähren eine unmittelbare Zuwendung (z. B. Zuschüsse, Darlehen oder Bürgschaften). Bei indirekten Subventionen (sog. Verschonungssubventionen) werden eigentlich zu tragende Belastungen gemindert (z. B. Steuer- und Abgabenvergünstigungen).

II. Grundsätzlich steht es der öffentlichen Hand frei, ob sie private Tätigkeiten, die im öffentlichen Interesse liegen, unterstützt oder nicht. Nur im Ausnahmefall gibt es unmittelbar im Grundgesetz wurzelnde Förderpflichten. So folgt etwa aus der → Privatschulfreiheit gem. Art. 7 Abs. 4 GG eine Verfassungspflicht zur Förderung von Ersatzschulen (die häufig in kirchlicher Trägerschaft stehen). Einige Landesverfassungen konstituieren vergleichbare Leistungspflichten. Teils gibt es rechtliche Grenzen für Subventionen, vor allem im → Europarecht. Art. 107 ff. AEUV enthalten zur Vermeidung von Wettbewerbsverfälschungen ein grundsätzliches Verbot staatlicher Zuwendungen ohne marktgerechte Gegenleistung (sog. Beihilfenverbot). Falls Zuschüsse an die Kirchen (oder an andere gemeinwohlorientierte Empfänger) vom unionsrechtlichen Beihilfebegriff erfasst werden, greifen u. U. die begünstigenden Sonderregelungen für Dienstleistungen von allgemeinem wirtschaftlichem Interesse (Art. 106 Abs. 2 AEUV).

Das Verbot der Staatskirche gem. Art. 140 GG i. V. m. Art. 137 Abs. 1 WRV (→ Trennung) und die → Religionsfreiheit gem. Art. 4 GG begründen kein Subventionsverbot. Zwar darf sich der Staat nicht mit einer bestimmten Religion identifizieren, aber die Kirchen fördern, soweit diese im öffentlichen Interesse tätig werden und damit zugleich den Staat entlasten (→ Subsidiarität). Es handelt sich nicht um eine Subventionierung der Kirchen als solche. Vielmehr werden sie dann in gleicher Weise unterstützt wie andere private oder gesellschaftliche Akteure, wenn diese durch ihre Tätigkeit dem Gemeinwohl dienen. Entscheidet sich der Staat für eine Förderung, ist er bei der Verteilung der Mittel gem. Art. 3 GG grundsätzlich zur Gleichbehandlung der Kirchen und anderer Akteure verpflichtet.

III. Neben den grundgesetzlich vorgezeichneten Bereichen gibt es viele weitere Felder, in denen die kirchliche Arbeit von Subventionen profitiert. Genannt seien aus dem Bereich von → Diakonie und Caritas z. B. der Betrieb von → Kindergärten, → Krankenhäusern und Senioreneinrichtungen, ferner die Anstaltsseelsorge (→ Seelsorge) oder Denkmalpflege. Die Subventionierung sichert zumeist nur eine Teilfinanzierung, sodass die Kirchen zusätzlich Eigenmittel einbringen müssen (teils sogar mehr als andere Träger, vgl. etwa für Kindergärten § 20 I KiBiz NRW). Eine gewisse Privilegierung erlangen die Kirchen durch einige Steuer- und Abgabenvergünstigungen in Folge des → Körperschaftsstatus.

Literatur: *Kämmerer, Jörn Axel*: Subventionen, in: Isensee / Kirchhof (Hg.), Handbuch des Staatsrechts, Band V, 3. Aufl. 2007, § 124 – *Kirchhof, Ferdinand*: Grundlagen und Legitimation der deutschen Kirchenfinanzierung, in: Kämper / Thönnes (Hg.), Essener Gespräche zum Thema Staat und Kirche, (47), 2013, S. 7–35 – *Robbers, Gerhard*: Förderung der Kirchen durch den Staat, in: Listl / Pirson (Hg.), HdbStKirchR I, § 31.

Jörg Ennuschat / Dennis Beckers

Symbole, religiöse

Religiöse Symbole sind Ausdrucksformen einer religiösen Überzeugung. Sie dienen der persönlichen Identifikation mit einem Glauben, sind aber auch nach außen wirkende Zeugnisse der Zugehörigkeit zu einem Glauben oder einer religiösen Gemeinschaft. Religiöse Symbole werden vielfach in religiöse Handlungen eingebunden und können dort eine wesentliche Rolle spielen. Die Verwendung von religiösen Symbolen ist vom Grundrecht der Religionsfreiheit geschützt.

Im rechtlichen Kontext ist in Deutschland vor allem das Anbringen von Kruzifixen in öffentlichen Räumen, insbesondere in Gerichtssälen und öffentlichen Schulen, diskutiert worden und war Gegenstand der Rechtsprechung des Bundesverfassungsgerichts. Das Anbringen eines Kreuzes in öffentlichen Räumen kann den Eindruck vermitteln, dass dadurch eine enge Verbundenheit der (staatlichen) Institution mit christlichen Vorstellungen zum Ausdruck gebracht werden soll. Auch der Anschein einer Identifikation des Staates mit christlichen Überzeugungen, die der gebotenen staatlichen → Neutralität in Glaubensfragen entgegenstünde, kann mit dem Anbringen dieses Symbols in öffentlichen Räumen hervorgerufen werden. Bereits im Jahr 1973 entschied das Bundesverfassungsgericht, dass der für den Betroffenen unausweichliche Zwang, entgegen der eigenen religiösen oder weltanschaulichen Überzeugung in einem mit einem Kreuz ausgestatteten Gerichtssaal verhandeln zu müssen, das Grundrecht der Religionsfreiheit eines Prozessbeteiligten verletzen kann (BVerfGE 35, 366). Besondere Aufmerksamkeit hat der sog. Kruzifix-Beschluss des Bundesverfassungsgerichts aus dem Jahr 1995 hervorgerufen, wonach die Anbringung eines Kreuzes oder Kruzifixes in den Unterrichtsräumen einer staatlichen Pflichtschule gegen das Grundrecht der → Religionsfreiheit verstößt (BVerfGE 93, 1). Zentral für die Feststellung der Grundrechtsverletzung in diesem Beschluss ist die Annahme, dass im schulischen Zusammenhang das Anbringen dieses religiösen Symbols eine Beschränkung der negativen Religionsfreiheit darstellt. Das Bundesverfassungsgericht führt aus, dass das Grundrecht der Religionsfreiheit es dem Einzelnen überlässt zu entscheiden, welche religiösen Symbole er anerkennt und verehrt und welche er ablehnt. Zwar gebe es kein Recht darauf, von fremden Glaubenssymbolen verschont zu bleiben. Doch gewährleiste das Grundrecht Schutz vor einer vom Staat geschaffenen Lage, in der der Einzelne ohne Ausweichmöglichkeiten dem Einfluss eines bestimmten Glaubens und den Symbolen, in denen er sich darstellt, ausgesetzt sieht. Dieser Beschluss ist in Teilen der Rechtslehre, aber auch in der Öffentlichkeit kritisiert worden. Als geradezu provokativ wurde die Formulierung des Bundesverfassungsgerichts aufgefasst, dass Schüler gezwungen seien, »unter dem Kreuz« zu lernen. Juristische Gegenpositionen bezweifeln, ob bereits die Konfrontation mit einem Symbol einer Religion ohne missionarische Beeinflussung und ohne die Gefahr einer Diskriminierung eine Grundrechtsbeschränkung darstellt. Im Jahr 2011 hat die Große Kammer des Europäischen Gerichtshofs für Menschenrechte das Anbringen von Kreuzen in öffentlichen Schulen in Italien für mit der in Art. 9 EMKR gewährleisteten Religionsfreiheit vereinbar gehalten (EGMR [GK], 18.3.2011, Lautsi gg. Italien, Nr. 3081408; → Europäische Menschenrechtskonvention).

Auch religiöse Kleidung kann als religiöses Symbol betrachtet werden. Das Tragen solcher Kleidung oder auch einer bestimmten Haar- oder Barttracht ist als Form der Religionsausübung durch das Grundrecht auf Religionsfreiheit geschützt und kann lediglich zum Schutz anderer verfassungsrechtlich geschützter Rechtspositionen in verhältnismäßiger Weise eingeschränkt werden (→ Kopftuch).

Schließlich können Bauwerke als Symbole einer Religion verstanden werden. Der insbesondere in der Schweiz, aber gelegentlich auch in anderen europäischen Ländern ausgetragene Streit um die Errichtung von Minaretten zeigt, dass diese als wirkmächtige Symbole des → Islam angesehen werden und als solche mancherorts nicht gewünscht sind. Das Grundrecht der Religion schützt aber auch diese Form der Ausübung des Glaubens. Baurechtliche Verbote, Minarette zu errichten, können daher nur aus tatsächlich baurechtlichen Gründen verhängt werden und stellen andernfalls regelmäßig eine Verletzung der Religionsfreiheit dar (→ Moscheebau).

Literatur: *v. Campenhausen, Axel*: Zur Kruzifix-Entscheidung des Bundesverfassungsgerichts, AöR 121 (1996), 448–464 – *Kley, Andreas*: Kutten, Kopftücher, Kreuze und Minarette – religiöse Symbole im öffentlichen Raum, in: René Pahud de Mortanges (Hg.), Religion und Integration aus der Sicht des Rechts, 2010, S. 229–258.

Katharina Pabel

Taufe / Kindertaufe

Die Taufe ist eine gottesdienstliche Handlung, in der die christlichen Kirchen einem einzelnen Menschen im Namen Gottes die verheißene geistliche Gemeinschaft mit Gott persönlich zusprechen. Die Taufe ist wie das darin geschehende Handeln Gottes am Menschen nach dem Verständnis des überwiegenden Teils der christlichen Kirchen unauslöschlich und unwiederholbar. Daran knüpft das kirchliche Recht die Zugehörigkeit zur Kirche als rechtlich verfasster Gemeinschaft von Getauften (→ Kirchenmitgliedschaft).

Im staatlichen Recht gewährleistet das Grundrecht der *Religionsfreiheit* gemäß Art. 4 Abs. 1 und 2 GG die Freiheit jedes Menschen, sich taufen zu lassen oder die eigene Taufe abzulehnen, ebenso die Freiheit der Kirche, einen damit einverstandenen Menschen zu taufen oder – wie es das Kirchenrecht unter bestimmten Umständen im Sinne eines Aufschubs vorsieht – einem Taufwunsch nicht nachzukommen.

Die Entscheidung für oder gegen die *Taufe eines Kindes* ist Gegenstand des grundrechtlich geschützten Elternrechts (Art. 6 Abs. 2 GG) und der bürgerlich-rechtlich geregelten Personensorge (→ Kindererziehung). Das »Gesetz über die religiöse Kindererziehung« regelt das Verhältnis der religiösen Personensorge der Eltern zum religiösen Selbstbestimmungsrecht des heranwachsenden Kindes, indem es dessen *Religionsmündigkeit* nach dem Lebensalter stuft. Danach obliegt bis zur Vollendung des zwölften Lebensjahres die religiöse Erziehung des Kindes und damit auch die Entscheidung über die Taufe den Eltern allein. Nach Vollendung des zwölften Lebensjahres können die Eltern das Kind, wenn sie es nicht bisher schon christlich erzogen haben, nicht mehr gegen dessen Willen zur Taufe bringen. Nach Vollendung des vierzehnten Lebensjahres kann das Kind ganz unabhängig von den Eltern allein entscheiden, ob es sich taufen lassen will oder nicht.

Die → Religionsfreiheit eines Menschen, der als religionsunmündiges Kind getauft worden ist und nach Erreichen der Religionsmündigkeit seine Taufe ablehnt, ist nicht gemindert. Das staatliche Recht ermöglicht es ihm, die bürgerlichen Rechtsfolgen der Taufe durch Erklärung des Kirchenaustritts zu beenden (→ Kircheneintritt / -austritt / -übertritt). Das nach kirchlichem Recht und Verständnis »unauslöschliche Prägemal« der Taufe und der daran geknüpfte kirchenrechtliche Grundstatus entfalten keine freiheitsbeschränkenden Wirkungen.

Falls sich die Einwilligung des Täuflings beziehungsweise seiner Personensorgeberechtigten in die Taufe als unwirksam erweist, hat das die gleichen Folgen: Nach kirchlichem Recht ist die *Taufe ohne wirksame Einwilligung* zwar nicht ordnungsgemäß, aber aus theologischen Gründen gültig. Das staatliche Recht hingegen kann hieran keine bürgerliche Wirkung knüpfen; es darf den ohne wirksame Einwilligung Getauften nicht als Kirchenmitglied behandeln. Das Fehlen einer Einwilligung von Anfang an erübrigt hier eine Erklärung des Kirchenaustritts. Umgekehrt wird der Mangel aber durch jede Willensäußerung geheilt, der die nachträgliche Zustimmung des Getauften beziehungsweise der Personensorgeberechtigten erkennen lässt.

Auf die *Kenntnis von der eigenen Taufe* kommt es wiederum nicht an. Ein aufgrund seiner Taufe später als Kirchenmitglied für die Kirchensteuer in Anspruch Genommener kann nicht einwenden, dass er von seiner Taufe im Kleinkindalter nie erfahren hat. Wie hinsichtlich der Taufe selbst ist ihm auch hinsichtlich seiner Unkenntnis davon die Entscheidung seiner Sorgeberechtigten zuzurechnen. Wenn er nicht der Kirche angehören will, kann er die bürgerlichen Wirkungen der Taufe, sobald sie für ihn spürbar werden, durch Erklärung des Kirchenaustritts beenden. Das genügt zur Wahrung seiner Religionsfreiheit.

Literatur: *Haß, Matthias*: Der Erwerb der Kirchenmitgliedschaft nach evangelischem und katholischem Kirchenrecht, 1995 – *Jestaedt, Matthias*: Das elterliche Erziehungsrecht im Hinblick auf Religion, in: HdbStKirchR II, S. 371–414.

Michael Germann

Theologische Fakultäten / Lehrstühle

Die noch in Art. 149 Abs. 3 WRV normierte ausdrückliche institutionelle Garantie der theologischen Fakultäten ist in das Grundgesetz nicht übernommen worden. Doch setzt die geltende Verfassung ihre Existenz voraus. Hierfür lässt sich Art. 123 Abs. 2 GG anführen, der die Fortgeltung des Reichskonkordats regelt; dort war eine Bestandsgarantie für die 1933 bestehenden katholisch-theologischen Fakultäten normiert. Von der Fortgeltung dieser Garantie als grundgesetzkonform (Art. 123 Abs. 1 GG) ist auch im Lichte des Prinzips der → Trennung von Staat und Kirche (Art. 137 Abs. 1 WRV i. V. m. Art. 140 GG) auszugehen. Denn das Grundgesetz hat die theologischen Fakultäten nicht nur vorgefunden; sie waren 1949 vielmehr teilweise landesverfassungsrechtlich garantiert, so dass es zur Änderung dieses Zustandes einer ausdrücklichen Regelung im Grundgesetz bedurft hätte, welche aber nicht erfolgt ist. Ferner bedingt Art. 7 Abs. 3 GG, indem der → Religionsunterricht als ordentliches Lehrfach an den öffentlichen Schulen etabliert wird, adäquate Ausbildungsstätten für die staatlichen Lehrkräfte; allerdings ist damit nur die Existenz einschlägiger Studienmöglichkeiten vorausgesetzt, nicht hingegen deren institutionelle Einbettung in eigenständige Fakultäten. Konkrete Gewährleistungen enthalten – auf der Ebene »einfachen« Gesetzesrechts – neben Art. 19 Reichskonkordat auch andere Staatskirchenverträge (→ Verträge). Diese Tradition ist in Deutschland auch in neuester Zeit fortgesetzt worden, wofür die in den neuen Bundesländern mit den evangelischen Kirchen abgeschlossenen Kirchenverträge als Beispiel dienen können; sie enthalten konkrete Bestandsgarantien für einzelne theologische Fakultäten. Seit 2005 liegen auch für die Universität Hamburg staatskirchenvertragliche Regelungen vor.

Rechtlich sind die theologischen Fakultäten eingebunden in den allgemeinen Kontext des staatlichen Universitätsrechts. Sie stellen in der staatlichen Universität reguläre Fakultäten neben den sonstigen dar. Maßgeblich ist insoweit in erster Linie das Hochschulrecht der Länder, teilweise ergänzt durch spezifische Regelungen in den Landesverfassungen. Unter staatskirchenrechtlicher Perspektive handelt es sich bei den theologischen Fakultäten an staatlichen Universitäten um eine »gemeinsame Angelegenheit« von Staat und Kirche, da hier eine Gemengelage jeweils eigenständiger Interessen und Aufgaben beider Seiten vorliegt, wobei auf Seiten der Kirchen deren Selbstverständnis maßgeblich ist. »Eigene« Angelegenheit der Kirchen im Sinne des religiösen → Selbstbestimmungsrechts (Art. 140 GG i. V. m. Art. 137 Abs. 3 WRV) sind die theologischen Fakultäten insoweit, als sie auch der Ausbildung des kirchlichen geistlichen Nachwuchses dienen, gleichermaßen Angelegenheit des Staates deshalb, weil diesem nicht nur aus seiner kulturstaatlichen Verantwortung heraus die Kompetenz zukommt, wissenschaftliche Theologie prinzipiell als Aufgabe staatlicher Universitäten zu betrachten, sondern darüber hinaus in Verbindung mit Art. 5 Abs. 3 GG zugleich eine entsprechende Verpflichtung.

Die grundrechtliche Garantie der *Freiheit von Wissenschaft, Forschung und Lehre* in Art. 5 Abs. 3 GG schützt sowohl die Fakultäten als solche als auch die einzelnen in diesen tätigen Wissenschaftlerinnen und Wissenschaftler, nicht hingegen die Kirchen. Allerdings wurde verschiedentlich der Wissenschaftscharakter der Theologie mit der Erwägung angezweifelt, auf Grund ihres Bekenntnisbezugs gehe ihr die für eine Wissenschaft notwendige Ergebnisoffenheit ab. Doch ist der dem Grundgesetz zugrunde liegende Begriff von Wissenschaft nicht auf ein naturwissenschaftlich-empirisches Verständnis festgelegt. In diesem Sinne hat denn auch das Bundesverfassungsgericht 1973 darauf hingewiesen, dass Art. 5 Abs. 3 GG nicht eine bestimmte Auffassung von Wissenschaft oder eine bestimmte Wissenschaftstheorie schützen wolle, sondern sich auf alles erstrecke, was »nach Inhalt und Form als ernsthafter planmäßiger Versuch zur Ermittlung der Wahrheit anzusehen ist« (BVerfGE 35, 79 [113]). Damit ist auch im Rahmen von Art. 5 Abs. 3 GG maßgeblich auf das Selbstverständnis der jeweiligen Wissenschaft abzustellen, d. h. im Fall der Theologie nicht zuletzt auf ihre Glaubensgebundenheit nach Maßgabe des zugleich von Art. 4 Abs. 1 GG geschützten Selbstverständnisses der betreffenden Kirche.

Die → *Religionsfreiheit* gemäß Art. 4 Abs. 1 und 2 GG steht auch den Kirchen (nicht aber den – staatlichen – theologischen Fakultäten als solchen) als korporatives Grundrecht zu. Damit ist die inhaltliche Konkretisierung des Bekenntnisses nach dem jeweiligen kirchlichen Selbstverständnis gewährleistet und im Blick auf die Theologie als Wissenschaft kraft ihres Bezuges zu einem glaubensmäßigen Bekenntnis eine Verbindung zum grundrechtlichen Status der Kirchen hergestellt. Das betrifft auch deren Interessen am Wirken theologischer Fakultäten, soweit letztere – wie bei den christlichen Kirchen in Deutschland – als Rahmen der Pflege wissenschaftlicher Theologie und der theologischen Ausbildung nach dem Selbstverständnis der betreffenden Kirche in das »Gesamtbekenntnis« integriert sind.

Unbeschadet ihrer bereits erwähnten Qualität als »gemeinsame Einrichtungen« von Staat und Kirchen sehen sich die theologischen Fakultäten inzwischen auch hochschulpolitischen Zielkonflikten ausgesetzt. Als staatliche Einrichtungen werden sie vom Staat unterhalten und unterliegen vorbehaltlich § 81 HRG (»Die Verträge mit den Kirchen werden durch dieses Gesetz nicht berührt.«) staatlicher Gesetzgebung; ihre Professorinnen und Professoren sind Staatsbeamte und werden – unter Beachtung bestimmter (im katholischen und evangelischen Bereich unterschiedlich ausgeprägter) kirchlicher Mitwirkungsrechte – vom Staat in ihr Amt berufen. Das bindet die theologischen Fakultäten unausweichlich in die allgemeinen hochschulrechtlichen Wandlungsprozesse ein. Sie können mithin nicht erwarten, *a limine* von hochschulpolitischen Strukturentscheidungen des Landesgesetzgebers, von personellen und materiellen »Sparaktionen« im Hochschulbereich u. s. w. verschont zu bleiben. Im Unterschied zu den übrigen Fakultäten ist bei grundlegenden Maßnahmen, welche die Arbeitsbedingungen der theologischen Fakultäten konkret tangieren, allerdings jeweils zu prüfen, inwieweit gesetzlich oder vertraglich statuierte Mitwirkungs- oder Abwehrrechte der Kirchen Beachtung verlangen. Sie bestehen vor allem für die inhaltliche Gestaltung des Lehrbetriebs, für die Prüfungsordnungen und – wie erwähnt – für die Besetzung von Professuren, sind darüber hinaus aber möglicherweise auch für grundsätzliche Entscheidungen im Blick auf die Universitätsstruktur von Belang.

Literatur: *Solte, Ernst-Lüder*: Theologie an der Universität. Staats- und kirchenrechtliche Probleme der theologischen Fakultäten, 1971 – *ders*.: Aktuelle Rechtsfragen der Theologenausbildung an den Universitäten des Staates, ZevKR 49 (2004),

S. 351–367 – *Heckel, Martin*: Die theologischen Fakultäten im weltlichen Verfassungsstaat, 1986 – *Kästner, Karl-Hermann*: Rechtliche Rahmenbedingungen Theologischer Fakultäten, in: Schweitzer / Schwöbel (Hg.), Aufgaben, Gestalt und Zukunft Theologischer Fakultäten, 2007, S. 56–75.

Karl-Hermann Kästner

Toleranz

Der Begriff der Toleranz oder seine Synonyme finden sich im Grundgesetz, anders als in manchen Länderverfassungen, nicht. Dennoch räumt das Bundesverfassungsgericht dem religiösen Toleranzgebot einen hohen Stellenwert ein. Toleranz bezeichnet das Hinnehmen und die Duldung einer vom eigenen Standpunkt abweichenden Haltung und der darauf beruhenden Handlungsweisen. Sie setzt also einen eigenen Standpunkt voraus, der sowohl in einer Bejahung einer (bestimmten) Religion bestehen kann als auch in einer areligiösen Haltung.

Unter dem Grundgesetz steht der Staat den Religionen bzw. → Religionsgemeinschaften nicht in einem Verhältnis der Toleranz, sondern der → Neutralität gegenüber. Rechtshistorisch war zwar die Toleranz gegenüber Minderheitenreligionen ein wesentlicher Fortschritt. Darüber geht aber das Grundgesetz hinaus, indem aus der darin gewährleisteten Religionsfreiheit und religiösen Gleichheit in Zusammenschau mit dem Verbot der Staatskirche (→ Trennung) das Gebot der religiös-weltanschaulichen Neutralität des Staates herzuleiten ist. Wie das Bundesverfassungsgericht mehrfach formuliert hat, ist der Staat »Heimstatt aller Bürger«. Er darf sich nicht mit einer bestimmten Religionsgemeinschaft identifizieren. »Der freiheitliche Staat des Grundgesetzes ist gekennzeichnet von

Offenheit gegenüber der Vielfalt weltanschaulich-religiöser Überzeugungen« (BVerfGE 108, 282 [299 f.] – Kopftuch). Er gibt diesen Überzeugungen Raum für aktive Betätigung und die Verwirklichung der autonomen Persönlichkeit auch auf religiösem Gebiet. Er darf nicht im Sinne einer bestimmten religiösen oder weltanschaulichen Richtung beeinflussen oder sich mit einem bestimmten Glauben oder einer bestimmten Weltanschauung identifizieren. Es ist ihm auch verwehrt, Glauben und Lehre einer Religionsgemeinschaft zu bewerten. Er selbst hat also keinen religiösen Standpunkt.

Dass das Bundesverfassungsgericht trotz des noch weitergehenden Grundsatzes der Neutralität auch die Toleranz als einen Verfassungsgrundsatz bezeichnet, lässt sich damit erklären, dass Toleranz nicht das Verhältnis des Staates zu den Religionsgemeinschaften, sondern Anforderungen an das Verhalten der Bürger untereinander beschreibt. Wenn das Grundgesetz die religiöse Haltung der Bürger nicht unterdrücken, sondern vielmehr zur Entfaltung bringen will, dann setzt das in einem religiösen Pluralismus voraus, dass alle Bürger die religiösen Haltungen der anderen tolerieren. Toleranz ist also Voraussetzung für die freiheitliche Religionsverfassung des Grundgesetzes.

Konsequent ist es daher, dass einige Länderverfassungen die Toleranz als Bildungsziel formulieren. Toleranz ist eine Haltung der Bürger, die eingeübt und anerzogen werden muss. Gleichsam indirekt kommt so auch wieder das Staat-Bürger-Verhältnis ins Spiel. Da der Staat allgemein mit seiner Rechtsordnung das Zusammenleben der Bürger untereinander regelt und die gewalttätige Durchsetzung des eigenen Standpunktes unterbindet, schafft er die Voraussetzungen der Toleranz.

Wenn davon gesprochen wird, dass die Rechtsordnung Grenzen der Toleranz beinhalte, sind damit eher Grenzen der → Religionsfreiheit gemeint, die um der Toleranz willen gezogen werden. Der Staat schützt im Interesse des freiheitlichen Religionsrechts die Voraussetzungen der Toleranz. Insofern kann der Grundsatz der Toleranz auch Einschränkungen bürgerlicher Freiheit rechtfertigen. Die Strafbarkeit der »Beschimpfung von Bekenntnissen, Religionsgesellschaften und Weltanschauungsvereinigungen« (§ 166 StGB) ist ein Beispiel dafür (→ Religionsstrafrecht).

Literatur: *Hassemer, Winfried*: Religiöse Toleranz im Rechtsstaat, 2004 – *Debus, Anne*: Das Verfassungsprinzip der Toleranz, 1999.

Heinrich de Wall

Trennung von Staat und Kirche

Das Grundgesetz bestimmt die Trennung von Staat und Kirche, indem es sich die erstmals in der Weimarer Verfassung 1919 insoweit getroffenen Entscheidungen zu eigen macht (Artikel 140 GG): Die *Aufhebung des* → Staatskirchentums (Art. 137 Abs. 1 WRV) trennt die kirchliche von der staatlichen Organisation. Das → Selbstbestimmungsrecht der → Religionsgemeinschaften (Art. 137 Abs. 3 WRV) schützt sie innerhalb der Schranken des für alle geltenden Gesetzes vor einer besonderen staatlichen Einflussnahme. Die Aufgaben der Religionsgemeinschaften sind nicht vom Staat vorgegeben oder abgeleitet, sondern werden von ihnen selbst definiert. Der Staat hat – in Abgrenzung zur früheren *cura religionis* – keine besondere Verantwortung mehr dafür, dass Religionsgemeinschaften ihre Aufgaben erfüllen, insbesondere keine Finanzierungsverantwortung – unbeschadet der Möglichkeit, gemeinwohlförderliche Aktivitäten auch der Religionsgemeinschaften zu unterstützen.

Zu den Merkmalen der Trennung von Staat und Kirche gehört ferner die grundsätzliche *Gleichheit* aller Religions- und Weltanschauungsgemeinschaften (→ Gleichbehandlung). Sie schließt einen differenzierenden Umgang des Staates mit ihnen nicht aus, bindet ihn aber an einen sachlichen Grund. Sie verbietet jede institutionelle Heraushebung einer Religions- oder Weltanschauungsgemeinschaft, die nicht allen anderen unter den gleichen Bedingungen zugänglich wäre.

Vor allem steht die Trennung von Staat und Kirche in einem wechselseitigen Bedingungszusammenhang mit der grundrechtlich geschützten → *Religionsfreiheit* der einzelnen Menschen sowie der Religionsgemeinschaften selbst.

Keine Ausnahme vom Prinzip der Trennung ist der Status der *Körperschaft des öffentlichen Rechts* (→ Körperschaftsstatus), den nach Art. 137 Abs. 5 WRV die früheren Staatskirchen behalten haben und alle anderen Religions- sowie Weltanschauungsgemeinschaften erhalten können. Er stellt die so verfassten Religions- und Weltanschauungsgemeinschaften nicht den Körperschaften der Staatsverwaltung gleich, sondern öffnet ihnen die Organisations- und Handlungsformen des öffentlichen Rechts für die Ausübung ihres Selbstbestimmungsrechts. Ihre Wirkungsmöglichkeiten beruhen nicht auf einer Teilhabe an staatlicher Hoheit, sondern stets auf ihrer grundrechtlich verbürgten Freiheit.

Die so bestimmte Trennung von Staat und Kirche ist *abzugrenzen gegen ein laizistisches Verständnis* als Berührungsverbot (→ Laizismus). Sie ist kein Selbstzweck, sondern dient der Entfaltung der Religions- und Weltanschauungsfreiheit in einem religiös und weltanschaulich neutralen Staat (→ Neutralität). Die Kooperation des Staates mit Religions- und Weltanschauungsgemeinschaften und deren Einbeziehung in die fördernde Gestaltung des Gemeinwesens durch den aktiven Sozial- und Kulturstaat sind nicht etwa Durchbrechungen der Trennung, sondern umgekehrt gerade die Mittel und Handlungsformen zur Ausgestaltung einer freiheitlichen Trennung der Verantwortungssphären und Handlungsmaßstäbe. In diesem Sinne bezeichnet das Bundesverfassungsgericht die Trennung von Kirche und Staat nach dem Grundgesetz als ein Verhältnis »wechselseitiger Zugewandtheit und Kooperation«.

Das Grundgesetz sieht die *Kooperation* zwischen dem Staat und Religions- und Weltanschauungsgemeinschaften in wichtigen Bereichen selbst vor. Ein Beispiel dafür ist das Angebot des → Religionsunterrichts an öffentlichen Schulen nach Art. 7 Abs. 3 GG. Darüber hinaus fordert die Abstimmung des Selbstbestimmungsrechts mit Gemeinwohlbelangen vielfache Kooperation auf einfachgesetzlicher oder vertraglicher Grundlage (→ Verträge), zum Beispiel zur Integration der theologischen Wissenschaft in die staatlichen Hochschulen.

Die verbreitete Rede von einer »hinkenden« Trennung wird dem verfassungsrechtlich ausgeformten Verhältnis von Staat und Kirche nicht gerecht. Das Grundgesetz führt vielmehr eine klare, konsequente, vollkommene Trennung zwischen dem Staat und den Religions- und Weltanschauungsgemeinschaften durch als eine *Trennung im Dienst der Freiheit.*

Literatur: *Heckel, Martin*: Kontinuität und Wandlung des deutschen Staatskirchenrechts unter den Herausforderungen der Moderne, ZevKR 44 (1999), S. 340–384, = in: ders., Gesammelte Schriften, Bd. V, 2004, S. 243–286 – *Walter, Christian*: Religionsverfassungsrecht, 2006.

Michael Germann

Verträge zwischen Staat und Kirche

Verträge zwischen Staat und Kirche (Staatskirchenverträge) sind ein Mittel zur kooperativen Ausgestaltung der freiheitlichen → Trennung zwischen dem Staat und den Religions- und Weltanschauungsgemeinschaften. Solche Verträge haben in Deutschland die Länder zum Teil schon unter der Geltung der Weimarer Verfassung ab 1924, weiter in der Bundesrepublik ab 1955 und nochmals in einer dritten Welle ab 1993 mit dem Heiligen Stuhl, mit den evangelischen → Landeskirchen sowie mit etlichen jüdischen Gemeinschaften und anderen → Religionsgemeinschaften geschlossen. Auf Bundesebene beschränkt sich das Vertragsstaatskirchenrecht aus Kompetenzgründen im wesentlichen auf das Reichskonkordat von 1933 und den Vertrag mit der Evangelischen Kirche in Deutschland zur Regelung der evangelischen Militärseelsorge von 1957 (→ Seelsorge).

Das Grundgesetz trifft keine besondere Bestimmung über Staatskirchenverträge, setzt sie aber voraus. In einigen Landesverfassungen hingegen ist ausdrücklich vorgesehen, dass das Land mit Religions- und Weltanschauungsgemeinschaften Angelegenheiten von gemeinsamem Belang durch Vertrag regeln kann. Auch ohne eine besondere verfassungsrechtliche Garantie ist die Zulässigkeit von Staatskirchenverträgen einhellig anerkannt.

Der Sorge, dass die zweiseitige Ausgestaltung der Rechtsbeziehungen zwischen dem Staat und einzelnen Religionsgemeinschaften die übrigen Religions- und Weltanschauungsgemeinschaften zurücksetzt und benachteiligt, begegnet das Recht auf → Gleichbehandlung. Danach können diese bei gleichen Regelungsanlässen den Abschluss eines entsprechenden Vertrages beanspruchen. Auf Größe und Rechtsform kommt es grundsätzlich nicht an, soweit sich daraus keine Unterschiede in den Regelungsproblemen ergeben – diese freilich spielen praktisch als sachliche Gründe für die Unterschiede in den Vertragsbeziehungen eine maßgebliche Rolle.

Ihrem Inhalt nach regeln die geltenden Staatskirchenverträge mehr oder weniger umfassend alle Angelegenheiten, die zwischen Staat und Kirche einer vertraglichen Absicherung und Koordination würdig erscheinen. Sie bekräftigen die Religionsfreiheit und das kirchliche → Selbstbestimmungsrecht, den Status der Kirchen als → Körperschaften des öffentlichen Rechts, die Garantie des Kirchenguts (→ Kirchenvermögen), sie bestätigen das Recht zur Erhebung von → Kirchensteuern und regeln seinen Vollzug, sie bereinigen die historisch gewachsenen Rechtsverhältnisse insbesondere finanzieller Natur (→ Staatsleistungen), stimmen die kirchliche Organisationsgewalt mit der Rechtsfähigkeit nach staatlichem Recht ab, koordinieren die kirchlichen und staatlichen Belange im Schulwesen (→ Religionsunterricht), sichern den Fortbestand und die konfessionelle Bindung der → Theologischen Fakultäten, treffen Bestimmungen über die Anerkennung kirchlicher → Schulen und Hochschulen, konkretisieren den Schutz kirchlicher Feiertage und Gottesdienste (→ Sonntagsschutz), verabreden die → Seelsorge in staatlichen Einrichtungen, etwa in den Gefängnissen, sie erkennen die Wirkungsmöglichkeiten der Kirchen im Rundfunk (→ Drittsenderechte, → Rundfunkaufsicht) an, ordnen die Zulassung des kirchlichen Sammlungswesens, sie koordinieren die kirchlichen und staatlichen Belange im Denkmalschutz, im → Stiftungsrecht, im Friedhofsrecht (→ Friedhöfe) und in anderen Materien. Die vertraglichen Vollregelungen werden durch zahlreiche Vereinbarungen zu Einzelfragen ergänzt.

Die gegenüber einseitiger Regelung besondere Funktion dieser Verträge wird in der Staatskirchenrechtswissenschaft aufgegliedert in ihre Absicherungs-, Kooperations-, Förder- und Verpflichtungsfunktion: Die Verträge verankern anderweitig gewährleistete Rechte im politischen und verfassungsexegetischen Bewusstsein und sichern sie dadurch gegen Umdeutung, Missachtung und Derogation. Sie klären für konkrete Berührungsfelder staatlichen und religions- bzw. weltanschauungsgemeinschaftlichen Handelns die Verantwortungsabgrenzung und vereinfachen die aus historischer Entwicklung vorfindlichen Vermögensbeziehungen. Sie konkretisieren die staatliche Förderung von Gemeinwohlinteressen für das gesellschaftliche Engagement der kontrahierenden Religions- oder Weltanschauungsgemeinschaft. Die Festlegung der kontrahierenden Religions- oder Weltanschauungsgemeinschaft auf bestimmte Verfahrenspflichten, auf bestimmte, im Interesse staatlicher Ordnungsfunktionen liegende Maßgaben für die Ausgestaltung ihres Dienstes, für die Ausübung ihrer Organisationshoheit, für die Pflege ihres Kulturgutes und für den Betrieb ihrer sozialen Einrichtungen vergewissern den Staat darüber, dass das religiöse und weltanschauliche → Selbstbestimmungsrecht und die zu seiner Förderung eröffneten Gestaltungsmöglichkeiten gemeinwohlförderlich wahrgenommen werden.

Die Rechtsnatur der Staatskirchenverträge zeichnet sich dadurch aus, dass der ausgehandelte Vertragstext sowohl vom staatlichen Parlament als auch vom kirchlichen Gesetzgeber förmlich beschlossen wird. Dabei wird den → Konkordaten mit dem Heiligen Stuhl aufgrund dessen Völkerrechtssubjektivität völkerrechtlicher Charakter zugesprochen. Im Übrigen haben die Verträge zwischen dem Staat und den innerstaatlichen Religions- und Weltanschauungsgemeinschaften den Charakter von Staatsverträgen.

Die Bindungswirkung der Staatskirchenverträge ist umstritten. Kraft parlamentarischer Zustimmung haben sie jedenfalls Gesetzesrang. So binden sie Regierung und Verwaltung sowie die Gerichte. Aber auch durch ein abweichendes Gesetz kann sich der Staat nicht ohne weiteres von seiner vertraglichen Bindung befreien. Verfassungsrechtliche Vorgaben hierfür folgen aus ausdrücklichen Bestimmungen der Landesverfassungen, aus der Gewährleistung des kirchlichen Selbstbestimmungsrechts und aus dem Rechtsstaatsprinzip. Die Bindung des Gesetzgebers an Staatskirchenverträge kann außerdem als gewohnheitsrechtlich verfestigt gelten. Erst unter den allgemeinen vertragsrechtlichen Voraussetzungen eines »Wegfalls der Geschäftsgrundlage« kann ein Vertragspartner eine Anpassung des Vertrags verlangen.

Literatur: *Anke, Hans Ulrich*: Die Neubestimmung des Staat-Kirche-Verhältnisses in den neuen Ländern durch Staatskirchenverträge. Zu den Möglichkeiten und Grenzen des staatskirchenrechtlichen Gestaltungsinstruments, 2000 – *Hollerbach, Alexander*: Die vertragsrechtlichen Grundlagen des Staatskirchenrechts, in: HdbStKirchR I, S. 253–287 – *Mückl, Stefan*

(Hg.): Das Recht der Staatskirchenverträge, 2007 – *Schier, Katja*: Die Bestandskraft staatskirchenrechtlicher Verträge, 2009.

Michael Germann

Weltanschauungsgemeinschaft

Eine Weltanschauungsgemeinschaft ist ein Zusammenschluss von Menschen, die einen gemeinsamen weltanschaulichen Konsens teilen. Dieser Konsens umfasst eine wertende Stellungnahme zum Weltganzen, welche allein unter immanenten Aspekten Antwort auf die letzten Fragen nach Ursprung, Sinn und Ziel der Welt und des menschlichen Lebens zu geben sucht. Dieser immanente Ansatz einer Diesseitserklärung der Welt ist oft durch wissenschaftliche Rationalität gekennzeichnet. Im Gegensatz dazu stehen Religionen: Ihnen ist eine Transzendenz, ein Glauben an Gott (oder Götter), zu eigen. Eine Weltanschauung wird also nie eine Religion und eine Religion nie eine Weltanschauung sein. In formaler Hinsicht muss ein weltanschaulicher Zusammenschluss noch ein Minimum an organisatorischer Binnenstruktur aufweisen und zur Gewähr der Ernsthaftigkeit auf Dauer angelegt sein. Diese Mindestvoraussetzungen schaffen Abgrenzungsprobleme. Vereinigungen, die nur wirtschaftliche Ziele verfolgen, sind keine Weltanschauungen.

Neben den einzelnen Landesverfassungen schützt das Grundgesetz die Weltanschauungsfreiheit in mehrfacher Hinsicht:

Nach Art. 4 Abs. 1 GG ist die Freiheit des Glaubens, des Gewissens und die Freiheit des religiösen und *weltanschaulichen* Bekenntnisses unverletzlich (→ Religionsfreiheit). Geschützt wird zunächst die innere Überzeugung, dann aber auch eine weltanschaulich orientierte Lebensführung. Art. 4 GG schützt nicht nur die positive, sondern auch die negative Freiheit, also eben keine Weltanschauung zu haben und danach zu leben. Der Staat selbst hat weltanschaulich-religiös neutral zu sein; er darf sich also nicht mit einer Weltanschauung oder Religion identifizieren.

Nach Art. 7 Abs. 4 GG sind unter bestimmten Voraussetzungen *Weltanschauungsschulen* zuzulassen.

Art. 33 Abs. 3 S. 2 GG bestimmt, dass niemandem aus seiner Zugehörigkeit oder Nichtzugehörigkeit zu einem Bekenntnis oder einer *Weltanschauungsgemeinschaft* ein Nachteil erwachsen darf. Dieses Diskriminierungsverbot verbietet eine allgemeine Ungleichbehandlung; nur bei hinreichenden sachlichen Gründen ist eine Ungleichbehandlung gerechtfertigt.

Schließlich legt Art. 137 Abs. 7 WRV, der dank Art. 140 GG auch heute noch gilt, fest, dass Vereinigungen, die sich die gemeinschaftliche Pflege einer *Weltanschauung* zur Aufgabe machen, den Religionsgemeinschaften gleichgestellt sind. Die Verfassung normiert also eine umfassende Parität (→ Gleichbehandlung). Das bedeutet, dass Weltanschauungen dieselben Rechte wie Religionen haben. So kommt der Körperschaftsstatus unter den identischen Mindestbedingungen des Art. 137 Abs. 5 S. 2 WRV allen Religions- und Weltanschauungsgemeinschaften zu. Ferner wird an staatlichen Berliner und Brandenburger Schulen neben einem → Religionsunterricht nach Art. 7 Abs. 3 S. 1 GG auch ein Weltanschauungsunterricht angeboten. Im Ergebnis steht der verfassungsnormierte staatskirchenrechtliche Sektor auch den Weltanschauungen offen.

306

Auch auf europäischer Ebene wird die Weltanschauung der Religion gleichberechtigt zur Seite gestellt (so in Art. 9 EMRK und in Art. 10, 14 und 21 der Charta der Grundrechte der Europäischen Union; → Europa, → Europäische Menschenrechtskonvention).

Weltanschauungen entstanden in Deutschland im 19. Jahrhundert. Pate standen kulturelle → Säkularisierung und gesellschaftliche Modernisierung. Insbesondere die freireligiöse Bewegung bot damals neue, von der bisher religionsbetonten Welt abweichende Lösungsansätze. Große Bedeutung hatte in der Vergangenheit der Marxismus mit seinen verschiedenen Varianten. Die Bedeutung der Weltanschauungsgemeinschaften ist heutzutage eher gering. Die relevantesten Gruppierungen sind Freidenker, Anthroposophen und Humanisten.

Literatur: *Mertesdorf, Christine*: Weltanschauungsgemeinschaften. Eine verfassungsrechtliche Betrachtung mit Darstellung einzelner Gemeinschaften, 2008 – *von Campenhausen, Axel / Unruh, Peter*, in: von Mangoldt / Klein / Starck, Kommentar zum Grundgesetz. Bd. 3, 6. Auflage, 2010, Art. 137 WRV Rn. 275 ff. – *Hoffmann, Patrick*: Die Weltanschauungsfreiheit – Analyse eines Grundrechts, 2012.

Norbert Janz

Zeugnisverweigerungsrecht

§ 53 Abs. 1 Nr. 1 der StPO eröffnet Geistlichen ein »Zeugnisverweigerungsrecht«, nämlich das Recht, »über das, was ihnen in ihrer Eigenschaft als Seelsorger anvertraut worden oder bekannt geworden ist«, das Zeugnis zu verweigern. Durch § 53a StPO sind über den Kreis der Geistlichen hinaus aus auch deren »Gehilfen« berechtigt, das Zeugnis zu verweigern. Streitig ist, ob dieses Recht nur →

Religionsgemeinschaften mit dem Status einer → Körperschaft des öffentlichen Rechts zusteht. Relevanz bekommt das Zeugnisverweigerungsrecht im kirchlichen Bereich im Hinblick auf solche Gesprächsinhalte, die Gegenstand eines seelsorglichen Gesprächs oder einer Beichte sind. Damit korrespondiert das staatliche Zeugnisverweigerungsrecht mit dem kirchenrechtlich geregelten Schutz des Beicht- und → Seelsorgegeheimnisses.

Nach dem Grundgesetz partizipieren Seelsorge und Beichte an dem absoluten Schutz der Menschenwürde, soweit sie religiöse Ausprägung des Kernbereichs privater Lebensgestaltung (hierzu: BVerfGE 109, 279) sind. Seelsorgegespräche und das diesbezüglich zu wahrende Seelsorgegeheimnis sind vom Schutzbereich der Menschenwürde (Art. 1 Abs. 1 GG) und der → Religionsfreiheit (Art. 4 GG) erfasst. Dem Staat obliegen Strafverfolgung und Gefahrenabwehr aufgrund des Rechtsstaatsprinzips (Art. 20 Abs. 3 GG). Zugleich ist der Staat gehalten, die Seelsorge als Ausprägung der Religionsfreiheit zu achten und zu wahren. Das entstehende Spannungsverhältnis ist im Wege der praktischen Konkordanz aufzulösen. Aus diesem Grund sichern einfachgesetzliche staatliche Normen denjenigen bestimmten in der Seelsorge tätigen Personen Zeugnisverweigerungsrechte zu und berücksichtigen sie bei Beweiserhebungs- und Beweisverwertungsverboten, bei denen auch kirchenrechtlich das Seelsorgegeheimnis besonders geregelt ist. Dabei stellen solche staatlichen Regelungen auf das Vertrauensverhältnis zwischen den Beteiligten ab. Dieses ist das Schutzobjekt. Beim »Geistlichen«-Begriff in § 53 StPO geht es zudem um eine funktionale Betrachtung. Der oder die mit der Seelsorge Betraute muss daher weder ordiniert, noch muss ihm oder ihr ein kirchliches Amt übertragen worden sein. Die Definition dessen, was im Sinne von § 53 StPO »Seelsorge« ist und wer »Geistliche« sind, kann der weltanschaulich neutrale Staat nicht vornehmen (→ Neutralität). Allerdings ist Seelsorge von solchen Tätigkeiten zu unterscheiden, die z. B. rein erzieherischer oder verwaltender Art sind. Anhand staatlicher Typisierungsvorgaben, die zu berücksichtigen sind, ergeben sich folgende Kriterien für die Benennung von Personen, die in der Seelsorge tätig sein können und dabei dem besonderen Schutz des Seelsorge- und Beichtgeheimnisses unterliegen: a) standardisierte Ausbildung für die jeweilige Seelsorge, b) entsprechende ausdrückliche Beauftragung, c) Disziplinaraufsicht, d) Selbständigkeit. Bei Pfarrerinnen und Pfarrern sind die Kriterien stets erfüllt. Auch Nicht-Ordinierte können diese Kriterien erfüllen. Im Bereich der evangelischen Kirche sind die erforderlichen Begriffsklärungen im 2009 erlassenen »Kirchengesetz zum Schutz des Seelsorgegeheimnisses« vorgenommen worden. Es regelt in einer für den Staat eindeutig erkennbaren Weise die Frage, wem ein Zeugnisverweigerungsrecht zusteht und in welchen Fällen ein unbedingtes Beweiserhebungsverbot zu beachten ist. Zugleich setzt das Kirchengesetz Standards für die Wahrung des Seelsorgegeheimnisses im innerkirchlichen Bereich des besonderen Seelsorgeauftrags. Für die seelsorglich tätigen Personen, die nicht unter die besonderen Bestimmungen dieses Gesetzes fallen, gilt vor diesem Hintergrund, ihre Gesprächspartner darauf hinzuweisen, dass sie nicht das Recht einer Zeugnisverweigerung haben, wenn im Seelsorgegespräch etwa strafrechtlich relevante Sachverhalte zum Gesprächsgegenstand werden.

Bei der Ausübung des Zeugnisverweigerungsrechts sind die »Geistlichen« vor dem Hintergrund des Beicht-

und Seelsorgegeheimnisses gehalten, nach ihrem Gewissen zu prüfen, ob sie das Zeugnis u. U. auch dann verweigern, wenn sie von der betreffenden Person von der Schweigepflicht entbunden worden sind. Im äußersten Fall sind von den »Geistlichen« aufgrund kirchenrechtlicher Vorgaben zur Wahrung des Beicht- und Seelsorgegeheimnisses staatliche Zwangsmaßnahmen zu dulden.

Literatur: *de Wall, Heinrich*: Der Schutz des Seelsorgegeheimnisses und das Seelsorgegeheimnisgesetz der EKD (SeelGG EKD), ZevKR 56 (2011), S. 4–26 – *Fischedick, Walter*: Das Zeugnisverweigerungsrecht von Geistlichen und kirchlichen Mitarbeitern, 2006.

Christoph Thiele

Zivilehe

Die Zivilehe ist die nach staatlichem Recht geschlossene Ehe zweier (verschiedengeschlechtlicher) Partner mit bürgerlich-rechtlicher Wirkung (§§ 1297 ff. BGB). Sie ist nur dann wirksam, wenn sie durch übereinstimmende Erklärungen der Partner gegenüber einem Standesbeamten geschlossen wird (Eheschließung). Die Zivilehe ist von einer nach kirchlichem Recht (→ Kirchenrecht) geschlossenen Ehe zu unterscheiden.

Die Zivilehe wurde im Bereich des Deutschen Reiches erstmals 1798 in den von Frankreich besetzten Gebieten eingeführt, später im Zuge der Restauration jedoch weitgehend wieder abgeschafft. Hier wie in den anderen Gebieten galt sodann wieder das traditionelle Eherecht fort, das das Recht, legale Eheschließungen durchzuführen, vorrangig der jeweiligen Staatskirche zuerkannte. Im Zuge des → Kulturkampfes zwischen dem Staat und der

Katholischen Kirche wurde 1875 im gesamten Deutschen Reich einheitlich die obligatorische Zivilehe eingeführt. Damit wurden die Kirchen aus dem für den staatlichen Bereich rechtswirksamen Eheschließungsvorgang ausgeschlossen. Die obligatorische Zivilehe gilt ebenfalls beispielsweise in Österreich, der Schweiz, den Niederlanden, Belgien und Luxemburg. Bis Ende 2009 war mit der obligatorischen Zivilehe das Verbot einer religiösen Voraustrauung verbunden. Seitdem ist eine kirchliche Trauung möglich, ohne dass zuvor eine zivilrechtliche Ehe geschlossen wurde. Die Folgen für die Traupraxis der Kirchen wurden vor dem Hintergrund des konfessionell unterschiedlichen Eheverständnisses kontrovers diskutiert.

Das katholische Kirchenrecht kennt die Ehe als eigenes Rechtsinstitut und Sakrament. Aus diesem Grund lässt die Katholische Kirche für das Gebiet der Deutschen Bischofskonferenz eine kirchliche Trauung ohne vorhergehende Zivileheschließung unter bestimmten Bedingungen zu. Nach protestantischem Eheverständnis ist die Eheschließung ein weltlicher Rechtsakt, der durch einen Gottesdienst anlässlich der Eheschließung begleitet werden kann, in dem die Eheleute vor der Gemeinde das Ehegelöbnis bestätigen und um den Segen für die Ehe bitten. Dieses Eheverständnis schließt eine kirchliche Trauung ohne vorangegangene standesamtliche Eheschließung aus.

Andere Länder wie Schweden, England, Italien, Griechenland, Spanien, Portugal, Tschechien, die Slowakei und etliche US-Bundesstaaten kennen die fakultative Zivilehe. Neben den staatlichen Stellen können auch kirchliche Amtsträger mit zivilrechtlicher Wirkung die Eheschließung vornehmen. Teilweise bedarf es hier zur vollen Wirksamkeit der Eheschließung neben den Erklärungen der Eheschließenden noch der Eintragung in ein staatliches Register.

Literatur: *Pirson, Dietrich*: Staatliches und kirchliches Eherecht, in: HdbStKirchR I, S. 787–825 – *Evangelische Kirche in Deutschland* (Hg.): Soll es künftig kirchlich geschlossene Ehen geben, die nicht zugleich Ehen im bürgerlich-rechtlichen Sinne sind? Zum evangelischen Verständnis von Ehe und Eheschließung. Eine gutachtliche Äußerung, EKD-Texte 101, 2009 – *Deutsche Bischofskonferenz*: Ordnung für kirchliche Trauungen bei fehlender Zivileheschließung, ABl. Erzdiözese Freiburg 2008, Nr. 33, S. 453.

Anne-Ruth Wellert

Zuordnung

Die Kirchen in Deutschland bedienen sich bei der Erfüllung ihrer Aufgaben z. B. im Bereich von → Diakonie und Caritas neben unselbständiger Einrichtungen in kirchlicher Trägerschaft auch solcher Werke und Verbände, die in privatrechtlicher Rechtsform organisiert sind. Diese Werke, Verbände und Einrichtungen verstehen sich selbst als kirchlich. Mit Rücksicht auf das theologische Selbstverständnis und die Religionsausübungsfreiheit des Art. 4 Abs. 1 GG (→ Religionsfreiheit) unterstehen auch diejenigen selbständigen Einrichtungen dem verfassungsrechtlichen Schutz der → Religionsgemeinschaften, die »nach kirchlichem Selbstverständnis ihrem Zweck und ihrer Aufgabe entsprechend berufen sind, ein Stück Auftrag der Kirche in dieser Welt wahrzunehmen und zu erfüllen« (BVerfG 46, 73 – Goch-Entscheidung).

Um von staatlicher Seite im verfassungsrechtlichen Sinne als Teil einer Religionsgemeinschaft anerkannt zu werden und am → Selbstbestimmungsrecht des Art. 137

Abs. 3 WRV teilhaben zu können, müssen die Einrichtungen der Kirche anhand bestimmter Merkmale zugeordnet werden können. Die Rechtsprechung insbesondere des Bundesverfassungsgerichts und des Bundesarbeitsgerichts haben hierzu in langjähriger Rechtsprechung einen Kriterienkatalog entwickelt. Danach kann eine Einrichtung der Kirche zugeordnet werden, wenn sie »teilhat an der Verwirklichung eines Stücks Auftrag der Kirche im Geist christlicher Religiosität, im Einklang mit dem Bekenntnis der Kirche und in Verbindung mit deren Amtsträgern« (BVerfGE, 46, 73 [87]). Werke, Verbände und Einrichtungen, die einen Teilbereich des Auftrags der Kirche verwirklichen, sind beispielsweise solche der → Diakonie und Caritas, der Mission und der Diasporaarbeit, der Entwicklungshilfe, der kirchlichen Öffentlichkeitsarbeit und der Arbeit an bestimmten Gruppen.

Die Entscheidung über eine Zuordnung obliegt der Religionsgemeinschaft. Diese muss anhand der satzungsrechtlichen und tatsächlichen Gegebenheiten beurteilen, ob eine Aufgabe zum Auftrag der Kirche gehört und ob deren Wahrnehmung im Einzelfall im Einklang mit dem Bekenntnis steht. Letztlich muss in organisatorischer Hinsicht eine Verbindung zur verfassten Kirche und deren Personal bestehen, um ein Mindestmaß an dauerhafter Einflussmöglichkeit der Kirche zu gewährleisten. Die Anerkennung als der Kirche zugeordnete Einrichtung kann durch Gesetz (so regelmäßig bei den als Vereinen organisierten Diakonischen Werken der Landeskirchen), aufgrund eines einmaligen Anerkennungsaktes oder in abgeleiteter Form durch Aufnahme in ein der Kirche zugeordnetes Werk geschehen.

Für den Bereich der evangelischen Diakonie hat der Rat der EKD 2007 eine Zuordnungsrichtlinie erlassen, die die

Voraussetzungen für eine Zuordnung aufführt und in vielen Landeskirchen in eigenes Recht umgesetzt wurde. Im Bereich der katholischen Kirche sind beispielsweise die Voraussetzungen für die Zuordnung von katholischen Krankenhäusern in Grundordnungen der (Erz-)Diözesen für katholische Krankenhäuser geregelt.

Mit der Zuordnung genießen die Einrichtungen, Werke und Verbände den gleichen verfassungsrechtlichen Schutz wie unselbständige Einrichtungen der verfassten Kirchen. Insbesondere können sie die Freistellung von bestimmten staatlichen Gesetzen, z. B. im Arbeitsrecht, für sich in Anspruch nehmen und kirchliches Recht (→ Kirchenrecht) anwenden. Die Verpflichtung zur Anwendung kirchlichen Rechts ist auf der anderen Seite regelmäßig Bedingung für eine Zuordnungsentscheidung der Kirche.

Literatur: *Glawatz, Anne-Ruth*: Die Zuordnung privatrechtlich organisierter Diakonie zur Kirche, 2003 – *Ludemann, Gunter / Negwer, Werner*: Rechtsformen kirchlich-caritativer Einrichtungen. Verein – Stiftung – GmbH, 2000 – *Wasse, Günter*: Werke und Einrichtungen der evangelischen Kirche, 1954.

Anne-Ruth Wellert

Rechtstexte

Grundgesetz

Präambel. Im Bewusstsein seiner Verantwortung vor Gott und den Menschen, von dem Willen beseelt, als gleichberechtigtes Glied in einem vereinten Europa dem Frieden der Welt zu dienen, hat sich das Deutsche Volk kraft seiner verfassunggebenden Gewalt dieses Grundgesetz gegeben. ...

Artikel 3. (1) Alle Menschen sind vor dem Gesetz gleich. ...

(3) Niemand darf wegen seines Geschlechtes, seiner Abstammung, seiner Rasse, seiner Sprache, seiner Heimat und Herkunft, seines Glaubens, seiner religiösen oder politischen Anschauungen benachteiligt oder bevorzugt werden. ...

Artikel 4. (1) Die Freiheit des Glaubens, des Gewissens und die Freiheit des religiösen und weltanschaulichen Bekenntnisses sind unverletzlich.

(2) Die ungestörte Religionsausübung wird gewährleistet.

(3) Niemand darf gegen sein Gewissen zum Kriegsdienst mit der Waffe gezwungen werden. Das Nähere regelt ein Bundesgesetz.

Artikel 7. (1) Das gesamte Schulwesen steht unter der Aufsicht des Staates.

(2) Die Erziehungsberechtigten haben das Recht, über die Teilnahme des Kindes am Religionsunterricht zu bestimmen.

(3) Der Religionsunterricht ist in den öffentlichen Schulen mit Ausnahme der bekenntnisfreien Schulen ordentliches Lehrfach. Unbeschadet des staatlichen Aufsichtsrechtes wird der Re-

ligionsunterricht in Übereinstimmung mit den Grundsätzen der Religionsgemeinschaften erteilt. Kein Lehrer darf gegen seinen Willen verpflichtet werden, Religionsunterricht zu erteilen. …

Artikel 140. Die Bestimmungen der Artikel 136, 137, 138, 139 und 141 der deutschen Verfassung vom 11. August 1919 sind Bestandteil dieses Grundgesetzes.

Weimarer Reichsverfassung

Artikel 136 WRV. (1) Die bürgerlichen und staatsbürgerlichen Rechte und Pflichten werden durch die Ausübung der Religionsfreiheit weder bedingt noch beschränkt.

(2) Der Genuss bürgerlicher und staatsbürgerlicher Rechte sowie die Zulassung zu öffentlichen Ämtern sind unabhängig von dem religiösen Bekenntnis.

(3) Niemand ist verpflichtet, seine religiöse Überzeugung zu offenbaren. Die Behörden haben nur soweit das Recht, nach der Zugehörigkeit zu einer Religionsgesellschaft zu fragen, als davon Rechte und Pflichten abhängen oder eine gesetzlich angeordnete statistische Erhebung dies erfordert.

(4) Niemand darf zu einer kirchlichen Handlung oder Feierlichkeit oder zur Teilnahme an religiösen Übungen oder zur Benutzung einer religiösen Eidesform gezwungen werden.

Artikel 137 WRV. (1) Es besteht keine Staatskirche.

(2) Die Freiheit der Vereinigung zu Religionsgesellschaften wird gewährleistet. Der Zusammenschluss von Religionsgesellschaften innerhalb des Reichsgebiets unterliegt keinen Beschränkungen.

(3) Jede Religionsgesellschaft ordnet und verwaltet ihre Angelegenheiten selbständig innerhalb der Schranken des für alle geltenden Gesetzes. Sie verleiht ihre Ämter ohne Mitwirkung des Staates oder der bürgerlichen Gemeinde.

(4) Religionsgesellschaften erwerben die Rechtsfähigkeit nach den allgemeinen Vorschriften des bürgerlichen Rechtes.

(5) Die Religionsgesellschaften bleiben Körperschaften des öffentlichen Rechtes soweit sie solche bisher waren. Anderen Religionsgesellschaften sind auf ihren Antrag gleiche Rechte zu gewähren, wenn sie durch ihre Verfassung und die Zahl ihrer Mitglieder die Gewähr der Dauer bieten. Schließen sich mehrere derartige öffentlich-rechtliche Religionsgesellschaften zu einem Verbande zusammen, so ist auch dieser Verband eine öffentlich-rechtliche Körperschaft.

(6) Die Religionsgesellschaften, welche Körperschaften des öffentlichen Rechtes sind, sind berechtigt, auf Grund der bürgerlichen Steuerlisten nach Maßgabe der landesrechtlichen Bestimmungen Steuern zu erheben.

(7) Den Religionsgesellschaften werden die Vereinigungen gleichgestellt, die sich die gemeinschaftliche Pflege einer Weltanschauung zur Aufgabe machen.

(8) Soweit die Durchführung dieser Bestimmungen eine weitere Regelung erfordert, liegt diese der Landesgesetzgebung ob.

Artikel 138 WRV. (1) Die auf Gesetz, Vertrag oder besonderen Rechtstiteln beruhenden Staatsleistungen an die Religionsgesellschaften werden durch die Landesgesetzgebung abgelöst. Die Grundsätze hierfür stellt das Reich auf.

(2) Das Eigentum und andere Rechte der Religionsgesellschaften und religiösen Vereine an ihren für Kultus-, Unterrichts- und Wohltätigkeitszwecken bestimmten Anstalten, Stiftungen und sonstigen Vermögen werden gewährleistet.

Artikel 139 WRV. Der Sonntag und die staatlich anerkannten Feiertage bleiben als Tage der Arbeitsruhe und der seelischen Erbauung gesetzlich geschützt.

Artikel 141 WRV. Soweit das Bedürfnis nach Gottesdienst und Seelsorge im Heer, in Krankenhäusern, Strafanstalten oder sonstigen öffentlichen Anstalten besteht, sind die Religionsgesellschaften zur Vornahme religiöser Handlungen zuzulassen, wobei jeder Zwang fernzuhalten ist.

Autorenverzeichnis

Anke, Hans Ulrich, Dr., Kirchenamt der EKD, Hannover (Kirchenfinanzen)

Beckers, Dennis, Dipl. Jur., Lehrstuhl für deutsches und europäisches Verwaltungsrecht, Universität Bochum (Subventionen)

Classen, Claus Dieter, Prof. Dr., Lehrstuhl für Öffentliches Recht, Europa- und Völkerrecht, Universität Greifswald (Arbeitsrecht, kirchliches; Dritter Weg; Selbstbestimmungsrecht der Religionsgemeinschaften)

Droege, Michael, Prof. Dr., Lehrstuhl für Öffentliches Recht, Finanz- und Steuerrecht, Universität Mainz (Baulasten für Kirchen; Kirchensteuer; Säkularisation / Säkularisierung)

Ennuschat, Jörg, Prof. Dr., Lehrstuhl für deutsches und europäisches Verwaltungsrecht, Universität Bochum (Privatschulfreiheit; Seelsorge in Militär, Polizei, Gefängnis und Krankenhaus; Subventionen)

Germann, Michael, Prof. Dr., Lehrstuhl für Öffentliches Recht, Staatskirchenrecht und Kirchenrecht, Universität Halle-Wittenberg (Kircheneintritt / -austritt / -übertritt; Kirchenmitgliedschaft; Taufe / Kindertaufe; Trennung von Staat und Kirche; Verträge zwischen Staat und Kirche)

Goos, Christoph, Dr., Institut für Öffentliches Recht, Universität Bonn (Amtshaftung; Disziplinarrecht, kirchliches; Gewissensfreiheit, Kriegsdienstverweigerung)

Heinig, Hans Michael, Prof. Dr., Lehrstuhl für öffentliches Recht, insb. Kirchen- und Staatskirchenrecht, Universität Göttingen, Kirchenrechtliches Institut der EKD, Göttingen (Ämterfreiheit; Dienstgemeinschaft; Ernennung von Geistlichen; Islam; Judentum; Laizismus; Loyalitätsobliegenheiten; Res sacrae; Schulen, kirchliche)

Hense, Ansgar, Prof. Dr., Institut für Staatskirchenrecht der Diözesen Deutschlands, Bonn (Konkordate)

Hörnle, Tatjana, Prof. Dr., Lehrstuhl für Strafrecht, Strafprozessrecht, Rechtsvergleichung und Rechtsphilosophie, Humboldt-Universität Berlin (Religionsstrafrecht)

Janz, Norbert, Priv.-Doz. Dr., Landesrechnungshof Brandenburg, Potsdam (Bremer Klausel; Ethikunterricht; Gottesbezug; Weltanschauungsgemeinschaft)

Kästner, Karl-Hermann, Prof. Dr., Lehrstuhl für öffentliches Recht und Kirchenrecht, Universität Tübingen (Gerichtlicher Rechtsschutz; Grundrechte in der Kirche; Kirchengerichte; Religionsunterricht; Sonntagsschutz / Feiertage; Theologische Fakultäten / Lehrstühle)

Krüper, Julian, Prof. Dr., Professur für Öffentliches Recht, Verfassungstheorie und interdisziplinären Rechtsforschung, Universität Bochum (Beschneidung, religiös motivierte; Kopftuch; Moscheebau; Schulfrieden)

Kühl, Daniel, Rechtsanwalt, Hannover (Gebühren; Rundfunkaufsicht / Rundfunkrat)

Kuntze, Johannes, Dr., Rechtsreferendar, Kassel (Meldewesen; Seelsorgegeheimnis; Sekten, sogenannte)

Morlok, Martin, Prof. Dr., Lehrstuhl für Öffentliches Recht, Rechtstheorie und Rechtssoziologie, Universität Düsseldorf (Religionsfreiheit im Grundgesetz; Religionsfreiheit im Völkerrecht)

Muñoz, Clemens, Rechtsanwalt, Konstanz (Seelsorge in Polizei / Militär / Gefängnis / Krankenhaus)

Munsonius, Hendrik, Dr. M.Th., Kirchenrechtliches Institut der EKD, Göttingen (Datenschutz; Diakonie und Caritas; Kindergärten, kirchliche; Kirchengemeinde; Staatskirchentum)

Neureither, Georg, Dr., Lehrbeauftrager für Staatskirchenrecht und Kirchenrecht, Universität Heidelberg (Religiöses Existenzminimum)

Otto, Martin, Dr., Lehrstuhl für Bürgerliches Recht, Privatrechtsgeschichte sowie Handels- und Gesellschaftsrecht, Fern-Universität Hagen (Friedhöfe; Landeskirchen; Patronat)

Pabel, Katharina, Prof. Dr., Institut für Verwaltungsrecht und Verwaltungslehre, Universität Linz (Kindererziehung, religiöse; Symbole, religiöse)

Penßel, Renate, Dr. M.A., Lehrstuhl für Kirchenrecht, Staats- und Verwaltungsrecht, Universität Erlangen (Freie Wohlfahrtspflege; Kirchenleitung; Krankenhäuser, kirchliche; Parochialrecht; Reichsdeputationshauptschluss)

Thiele, Christoph, Dr., Kirchenamt der EKD, Hannover (Anerkennung; Glockenläuten; Islamkonferenz; Öffentlichkeitsauftrag; Zeugnisverweigerungsrecht)

Towfigh, Emanuel V., Priv.-Doz. Dr., Max-Planck-Institut zur Erforschung von Gemeinschaftsgütern, Bonn (Bahai)

Trapp, Dan Bastian, Dr., Institut für Öffentliches Recht, Abteilung Staatsrecht, Universität Bonn (Drittsendungsrechte für Religionsgemeinschaften)

Traulsen, Christian, Priv.-Doz. Dr., Juristische Fakultät, Universität Tübingen (Gleichbehandlung; Kirchenasyl; Kirchenrecht; Kompetenzen; Neutralität)

Unruh, Peter, Prof. Dr., Nordelbisches Kirchenamt, Kiel (Kirchenbeamte; Schächten; Staatsleistungen)

Vogel, Viola, Kirchenrechtliches Institut der EKD, Göttingen (Pfarrerdienstrecht / Pfarrerbesoldung)

Waldhoff, Christian, Prof. Dr., Lehrstuhl für Öffentliches Recht und Finanzrecht, Humboldt-Universität zu Berlin (Kulturkampf; Religionsrecht / Religionsverfassungsrecht; Schulpflicht; Staatskirchenrecht; Subsidiarität)

de Wall, Heinrich, Prof. Dr., Lehrstuhl für Kirchenrecht, Staats- und Verwaltungsrecht, Universität Erlangen (Dachverband; Konkordatslehrstuhl; Körperschaftsstatus; Religionsgemeinschaft; Toleranz)

Walter, Christian, Prof. Dr., Lehrstuhl für Völkerrecht und öffentliches Recht, Universität München (Europäische Menschenrechtskonvention; Europarecht)

Weinbuch, Christian, Mag. jur., Lehrstuhl für Öffentliches Recht und Europarecht mit Schwerpunkt Verwaltungsrecht, Universität Konstanz (Privatschulfreiheit)

Autorenverzeichnis

Wellert, Anne-Ruth, Dr., Landeskirchenamt der Ev. Kirche von Kurhessen-Waldeck, Kassel (Zivilehe; Zuordnung)

Winkel, Burghard, Dr., Kirchenrechtliches Institut der EKD, Göttingen (Kirchengebäude; Kirchenvermögen; Stiftungen, kirchliche)